beck'sche reihe

bsr

Die Kulturrevolution in China schien die jahrtausendealten religiösen Traditionen unwiderruflich beendet zu haben. Doch seit einigen Jahren erlebt China eine kaum noch für möglich gehaltene religiöse Renaissance. Florian C. Reiter beschreibt zunächst die erstaunliche Vielfalt von Tempeln, Festen und Gottheiten, die Tradition der Hausaltäre und die Ahnenverehrung, erläutert dann die allen chinesischen Religionen gemeinsamen Grundlagen und führt von hier aus in den Taoismus und den chinesischen Buddhismus ein. Zwei Kapitel zum Islam und zum Christentum in China sowie ein Blick auf moderne Sekten am Beispiel von Falun Gong beschließen den Band.

Florian C. Reiter ist Professor für Sinologie an der Humboldt-Universität zu Berlin. Er ist als Experte für den Taoismus international renommiert und wurde in Deutschland mit zwei Einführungen in den Taoismus bekannt.

Florian C. Reiter

Religionen in China

Geschichte, Alltag, Kultur

Verlag C.H.Beck

Mit 7 Abbildungen

Die Deutsche Bibliothek – CIP-Einheitsaufnahme

Ein Titeldatensatz für diese Publikation
ist bei Der Deutschen Bibliothek erhältlich

Originalausgabe

Gesamtherstellung: Druckerei C. H. Beck, Nördlingen
Umschlagentwurf: +malsy, Bremen
Umschlagabbildung: Der Tausendhändige Buddha Guan-yin
in Dazhu, Provinz Sichuan.
Printed in Germany
ISBN 3 406 47630 9

www.beck.de

Inhalt

Hinweise zur Aussprache chinesischer Namen und Wörter

Außer in Zitaten wird die in der Volksrepublik China übliche Pinyin-Umschrift verwendet.

Zur Aussprache der Vokale:

e	wie ein kurzes «e» in «Ende»
o	klingt vor «ng» wie ein kurzes «u» wie in «und», als Endlaut aber wie «o» in «Ohr»
u	wird nach «j, q, x, y» wie «ü» in «Übung» gesprochen, sonst wie «u» in «Uhr»

Doppelvokale werden einzeln ausgesprochen, jedoch «ai» wie «ei» in «Weide»; «ei» wie im englischen Wort «weight».

Zur Aussprache der Konsonanten:

Die Konsonanten entsprechen deutschen Lautwerten mit folgenden Ausnahmen:

c	wie «tz»	x	wie «ch»
ch	wie «tsch»	z	wie «ds»
j	wie «dj»	zh	wie «dsch»
q	wie «thch»		

Vorwort

Religion ist in Deutschland und in unserer eigenen Lebenserfahrung vorwiegend mit dem Christentum verbunden. Wir sind in einer Gesellschaft aufgewachsen, in der Kirchen und Glockengeläut ländliche Gemeinden und vielerorts auch Stadtviertel prägen. Kirchen sind oft alte Baudenkmäler der Gotik oder des Barock, deren Innenausstattung mit sakralen Objekten die europäische Religions- und Kulturgeschichte dokumentiert. Die Eindrücke, die wir gewinnen, lassen uns auf das historische und gesellschaftliche Umfeld schließen. Es sei an die barocken Kirchen etwa in Bayern oder Österreich erinnert, in denen der Duft von Weihrauch und die Opferbänke mit brennenden Kerzen vor Altarbildern und Heiligenfiguren auf Formen von Religiosität und Liturgie verweisen, welche in norddeutschen Kirchen in der Regel nicht ausgeübt werden.

Auch in dieser modernen Zeit schlummern religiöse Vorstellungen in unserem Bewußtsein. Sie sind auf dem Boden des Christentums, in welcher Ausprägung auch immer, gewachsen und bestimmen unsere Reaktionen auf aktuelle Fragen des Lebens. Wie stehen wir Manipulationen des menschlichen Lebens gegenüber? Genforschung und Transplantationsmedizin finden größte Aufmerksamkeit in der Öffentlichkeit. Bei Fragen dieser Art belegen die öffentlichen Diskussionen, daß religiöse Gesichtspunkte weithin wirken, wenn dies auch nicht offen formuliert wird.

Zum monotheistischen Gottesbild im Christentum hat sich im Laufe der zweitausendjährigen Geschichte eine große Facette an festgelegten Lehrinhalten entwickelt, die zu «glauben» sind. Was dem einen die Dogmen und die Lehrmeinung der katholischen Kirche sind, ist dem anderen «das Wort» oder die «Heilige Schrift». In jedem Fall richtet sich der «Glaube» auf den einen gleichen Gott. Wenn wir von «Religion» sprechen, schwingen dabei – meist unbewußt – christliche Vorstellungen von Religion mit. Daß es auch noch ganz andere Formen der Religiosität gibt, bemerken wir, wenn wir uns mit der sakralen Kunst Chinas befassen. Plastische und bildliche Darstellungen von Buddhas und

Heiligen künden von einer fremden Welt, die uns auf Werte und Traditionen schließen läßt, die uns ansprechen, auch wenn wir sie nicht kennen und definieren können. Eine erste Begegnung mit chinesischer Religion kann sich in unserem täglichen Leben ergeben, etwa bei der Entdeckung des kleinen Schreins im chinesischen Restaurant, der dem «Gott des Wohlstands» gewidmet ist. Schutzgottheiten in Lokalen, Buddhas und Unsterbliche auf Bildrollen in Museen führen uns eine scheinbar unendliche Vielfalt an Gottheiten vor Augen.

Andere Berührungspunkte mit chinesischer Religion ergeben sich durch die Aktivitäten buddhistischer Gruppierungen, die in größeren Städten Tempel einrichten und buddhistische Gemeinden gründen. In letzter Zeit hat eine neue Gruppierung unter dem Namen *Falun Gong* auf sich aufmerksam gemacht. Sie scheint gymnastische *Qi-gong*-Übungen mit einer Symbolik zu verbinden, die aus alten Religionen Ostasiens bekannt ist. Zwei konzentrische Scheiben, die größere orange, die kleinere dunkelrot, zeigen in ihrem Zentrum jenes Swastika-Zeichen, das auf der Brust von Buddhafiguren zu sehen ist. Zudem zeigen sie vier ähnliche abgerundete Symbole im äußeren Kreis. Der Schulgründer Li Hongzhi erklärt, daß dieses Zeichen «die ganze Welt» bedeutet. Es sei das «*falun*», das «grenzenlose Buddhagesetz».[1]

Was ist davon zu halten? Hat *Falun Gong* etwas mit Religion zu tun? Das vorliegende Buch will helfen, solche und andere Fragen zu beantworten. Es präsentiert keine chronologische Religionsgeschichte Chinas. Vielmehr werden ausgehend vom religiösen Alltag große, bis in die Gegenwart prägende Themen chinesischer Religionen beschrieben. Das Land, der Staat, die Welt und in ihr der Mensch besitzen religiöse Konnotationen, die in Deutschland unbekannt sind. Von diesen Grundlagen ausgehend könnte man sich mit einzelnen Schulbildungen und Besonderheiten philosophischer Systeme befassen. Diese Themen würden jedoch den Rahmen dieses Buches sprengen. Es soll genügen, Buddhismus und Taoismus anhand von Leben und Werk herausragender Vertreter und anhand zentraler Konzepte zu erklären. Berücksichtigt werden auch der Islam und das Christentum, weil sie dauerhaft in China Fuß gefaßt haben und seit langem Teil der chinesischen Lebenswelt sind. Das Ziel dieses Buches ist es, Elemente chinesischer Religionen zu verdeutlichen, die grundsätzliche Bedeutung haben. Der Leser wird so in der Lage sein, chinesische Religion und Religiosität zu verstehen.

Berlin, im März 2002
Florian C. Reiter

I. Begegnungen mit chinesischer Religion

1. Der Tempel als Prisma religiöser Möglichkeiten

Als Touristen haben wir Taiwan erreicht und durch die Insel reisend viele Tempel gesehen, die alle ähnlich aussehen. Sie liegen an Straßen und Wegen oder auch an den zentralen Plätzen der Ortschaften. Die großen und kleinen Hallen imponieren uns. Mit ihrem geschwungenen Dachfirst, der an den Enden weit nach oben gezogen ist, sehen sie aus wie Schiffe. Dies erinnert an Seefahrt und Fischerei, die wesentlichen Bestandteile der Wirtschaft und der Kultur Taiwans und mancher Küstenregion des gegenüberliegenden chinesischen Festlandes. Auf dem Dachfirst spielen zwei bunte aus Ton modellierte Drachen um eine rote Perle in ihrer Mitte. Neben der Form des Daches ist dies ein eindeutiges Zeichen, daß wir es tatsächlich mit einem Tempel zu tun haben. Dachreiter in Form von gepanzerten Kriegern und mythischen Tieren, die Böses abwehrend in die Ferne weisen, verleihen dem schweren Dach mit seinen gelben Ziegeln eine Bedeutung, die über seine praktische Funktion hinausweist.

Im alten China waren vor allem im Norden des Landes die Dachformen der Paläste des Kaiserhofs mit ihrem geraden Dachfirst und eben auch mit goldenen oder gelben Ziegeln nur bei großen offiziellen Tempeln zugelassen, niemals bei privaten Wohnhäusern. Taiwan gehört zum südchinesischen Kulturbereich mit seinen eigenen, weicheren Formen, wie sie das Dach taiwanesischer Tempel zeigt.

Welchem Kult aber die Tempel gewidmet sind, das können wir äußerlich nur schwer erkennen. Auch der Tempelname verweist nicht immer direkt auf eine bestimmte Zuordnung. Namen wie «Palast Gnade und Frieden» enthalten einen frommen Wunsch, der sich mit der Tempelgründung und mit dem Erhalt der Einrichtung verbinden mag, ohne daß ein bestimmter Tempelpatron genannt wäre. Betreten wir einen Tempel, so zeigt sich rasch, daß auch Zuordnungen zu einer bestimmten Gottheit nur im übergeordneten Sinne zu verstehen sind, indem die zentrale Gottheit des Tempels noch von einer Schar göttlicher Begleiter umgeben wird, denen eine unterstützende oder dienende Funktion zukommt.

Im Tempel der Göttin Ma-zu

Wir besuchen einen der farbenprächtig geschmückten Tempel, der als «Tempel der *Ma-zu*» bezeichnet wird. Die Vielfalt der Ausstattung ist verwirrend und eindrucksvoll. Hier ist in großem Stil investiert worden. Um gemeißelte Steinsäulen winden sich Drachen. Bunte Reliefs und Schnitzereien mit hagiographischen Darstellungen von Heiligengeschichten zieren die Außenwände. An den Wänden im Inneren sollen Darstellungen von Höllenqualen auf Rollbildern die Besucher animieren, auf dem rechten Weg zu bleiben und «gute Taten» zu vollbringen, sei es für die eigene Zukunft oder sei es für die Rettung der Seelen der Ahnen. Wer die Legenden zu den Bildrollen nicht lesen kann, der versteht sicher diese Bilder und ihre Botschaften. In Taiwan und China haben solche Bilder und Wandgehänge in Tempeln eine erzieherische Funktion.

Bunt bestickte Fahnen und Blumen schmücken die Altäre. Baldachine und bunte, mit goldenen Zeichen beschriebene Stoffbahnen verhängen weitgehend die zum Teil aufwendig gekleideten Figuren von Heiligen und Göttern. Neben der zentralen Kultfigur im hinteren großen Glasschrein, den üppige Holzschnitzereien zieren, gibt es noch die vielen begleitenden Gestalten eines himmlischen Hofstabs.

Die zentrale Kultfigur zeigt eine feine junge Frau namens *Ma-zu*. Sie ist bekleidet mit einem Gewand aus schwerem Brokat und trägt eine Kopfbedeckung, die kaiserlichen Rang anzeigt. Fast vor jeder größeren Figur befindet sich ein Altartisch, gedeckt mit roten Tüchern, auf denen gestickte Inschriften in goldenen Zeichen aufscheinen. Blumenvasen und Weihrauchkessel stehen vor jeder dieser Darstellungen. Eine große Holzschelle auf der einen Seite und ein Metallbecken mit Schlegel auf der anderen Seite des Hauptaltartisches erinnern daran, daß Tempel Stätten für Ritual und Rezitation sind, bei denen Schlaginstrumente den Sprechgesang der rezitierenden Mönche oder Priester begleiten.

Besucher des Tempels gehen zunächst direkt in seinen hinteren Teil zum Schrein der *Ma-zu*, um Opfergaben auf dem Altartisch abzulegen und sich vielfach verneigend Weihrauch abzubrennen. Sie knien auf Kniebänken und verweilen in Andacht. Danach erst werden die begleitenden oder untergeordneten Gottheiten auf den rechten und linken Längsseiten des Tempels mit Gaben und Gebeten bedacht. Die meisten anderen Darstellungen im Tempel zeigen gebieterische Erscheinungen, deren Sinn oft aus den Namen hervorgeht. Eine der Figuren zeigt z.B. ein zweigeteiltes Gesicht, die eine Seite ist weiß, die andere blau. Sie soll die Aspekte *Yin* und *Yang* vereint repräsentieren. So finden wir hier neben der «Himmelsherrscherin» *Ma-zu* auch die Personifizierung eines abstrakten Begriffspaars, nämlich von *Yin* und *Yang*, das als Gottheit identifiziert wurde und Opfer erwarten kann.

Neben den vielen religiösen Darstellungen, Bildern und Figuren finden wir in einem Seitenraum, in einer Art Seitenkapelle, auf einem mächtigen Podest thronend die golden glänzende Erscheinung eines breit lächelnden Dickbauchbuddha. Diese Darstellung zeigt eine populäre Form des Maitreya, des «Buddha der Zukunft», der *Mi-lo-fo* genannt wird. In einer Hand hält er einen Rosenkranz, in der anderen den Zipfel seines Bettelsacks aus Hanf mit seinen geringen Habseligkeiten, weshalb *Mi-lo-fo* auch «Mönch mit dem Leinensack» genannt wird. Maitreya soll sich eben in der Inkarnation eines Bettelmönchs in der Welt schon im voraus umgesehen haben. Auch hier finden sich Blumenvasen, Weihrauchkessel, Kerzenhalter und Kniebänke. Besucher streicheln den dicken Bauch der Figur, was Glück und Wohlergehen bringen soll.

Die von der Decke hängenden Weihrauchstäbchen in Form von riesigen Spiralen lassen jenen unverkennbaren Duft ausströmen, den es nur in chinesischen Tempeln gibt und den wir nach Lärm und Gestank der Straße gerne wahrnehmen. Diese Mischung von Kultobjekten, die offenkundig verschiedene Traditionen vertreten, verwirrt. Sind wir in einem buddhistischen Tempel oder in einem taoistischen? Eine starre Einteilung dieser Art würde an der Realität vorbeigehen.

Schon bevor wir den Tempel erreichten, haben wir aus seinem Inneren den Sprechgesang von Rezitationen hallen hören, begleitet vom gelegentlichen Anschlagen eines Klangbeckens und anderer Instrumente. Außen vor den einzelnen Hallen, denn die Haupthalle des Tempels hat kleinere Schreine zur Linken und Rechten, stehen dreibeinige gußeiserne Weihrauchbrenner, in die immer wieder Besucher kleine Bündel von Weihrauchstäbchen stecken. Zuvor freilich hatten sich diese Tempelbesucher, die glimmenden Weihrauchstäbchen zwischen den gefalteten Händen haltend, vor oder neben dem Weihrauchbrenner in Richtung Tempelhalle verneigt.

Einige Weihrauchstäbchen werden anschließend mit in den Tempel hinein genommen, wo kniend und unter Verbeugungen Gebete und Bitten vorgebracht werden. Auch im Tempel selbst werden die Weihrauchbrenner zum Abschluß der Gebete mit Weihrauchstäbchen bestückt. Sowohl außen an den großen Weihrauchbrennern wie an den Weihrauchbrennern im Tempel, vor großen und kleinen Kultbildern, stehen oftmals kleine neu gefertigte Kultfiguren, die Privatpersonen gehören. Sehr häufig handelt es sich um die buddhistische Göttin *Guan-yin*. Sie werden im Tempel durch die Rezitationen und Weihrauchopfer der Besucher und Mönche mit spiritueller Kraft «aufgeladen», sind sie doch der Kraft von Gebeten und Weihrauchopfern ausgesetzt. Nach einer gewissen Zeit werden sie wieder abgeholt und in rote Tücher gehüllt nach Hause getragen, wo sie auf dem Hausaltar die spirituelle Sphäre des Tempels und seine positive göttliche Kraft in Haus und Heim vergegenwärtigen.

Wir beobachten, daß sich einige Tempelbesucher vor dem Betreten der Tempelhallen nach außen wenden, um nach außen ein Weihrauchopfer darzubringen. Dies ist eine wichtige und doch oft übergangene religiöse Praxis. Das Opfer nach außen gilt der höchsten Instanz überhaupt, und das sind Himmel und Erde, deren kosmische und alles bestimmende Funktion mit ihren verschiedenen Einzelaspekten all jene göttlichen Repräsentanten im Tempel vertreten, unabhängig von ihren konkreten Namen. Das Tempelopfer sollte zuerst immer der obersten Instanz dargebracht werden, und dann erst den nachgeordneten.

Gelegentlich sehen wir kleine Kinder, deren Eltern oder Großeltern sie in den Tempel mitgenommen haben und ihnen vor Ort durch das eigene Beispiel zeigen, wie «richtig» gebetet und geopfert wird. Offensichtlich ist die Unterweisung in der Art und

Weise, wie ein Tempelbesuch durchgeführt wird, der Familie und dem Vorbild der Älteren überlassen. Wünsche und Gebete werden kniend vorgebracht, wobei versucht wird, deren Erfüllung durch ein Orakel vorweg zu bestätigen. Zwei halbmondförmige Holzstücke, die eine Seite ist flach, die andere gewölbt, werden dafür auf den Boden geworfen. Aus ihrer Lage wird dann geschlossen, ob der Wunsch in Erfüllung gehen wird oder nicht. Im negativen Falle werden die Gebete wiederholt, und der Wurf der beiden Holzstücke ebenso, bis sich schließlich ein positiver Bescheid einstellt.

Kein Mönch würde sich zeigen, der dieses oder jenes Verhalten kritisieren, korrigieren oder lehren würde. Wer sich jedoch im Tempel unangemessen benimmt, der kann durch jene alten Herren aus dem Tempel verwiesen werden, die an einer Seite auf Bänken hinter Tischen sitzen und jene Orakeltexte lesen und deuten, die von den Besuchern gezogen und ihnen vorgelegt werden. Die Art, wie sie gezogen werden, ist unterschiedlich. In Taiwan wird mancherorts nach Gebet und Weihrauchopfer ein Gefäß mit Bambusstäbchen geschüttelt. Von ihnen wird eines dann gezogen. Die Ziffern auf dem Stäbchen verweisen auf einen bestimmten Orakeltext. Die alten Herren haben die Orakeltexte in ihrer Obhut, und so suchen sie denn den «gezogenen» Text, um ihn zu interpretieren.

Diese Aktionen finden im hinteren Teil des Tempels statt, in der Nähe des reich drapierten Altars und Kultbilds jener weiblichen Gottheit, die nach Kopfschmuck und Kleidung zu schließen eine kaiserliche Prinzessin darstellt. «Die Heilige Mutter im Himmel» steht in goldenen Lettern auf der reich geschnitzten Vitrine. Nicht weit von ihr befinden sich, links und rechts, zwei Figuren männlicher Gestalten, deren Ohren und Augen auffällig vergrößert sind. Der «Zehntausend Meilen weit Hörende» und der «Zehntausend Meilen weit Sehende» sind Diener der Schutzpatronin der Seefahrer und Fischer, der «Heiligen Mutter im Himmel», deren populärer Name *Ma-zu* lautet. Diese Gottheit wird hier zwar mit einem ihrer religiösen Titel benannt, aber jeder Tempelbesucher kennt ihre Identität als «*Ma-zu*».

In chinesischen Tempeln finden sich immer wieder ähnliche Formationen. Da gibt es die von Ort zu Ort verschiedene zentrale Gottheit, die von einem Stab würdig strenger Beamter in der

Aufmachung traditioneller Mandarine oder von Schutzgottheiten militärischen Charakters flankiert wird. Es ist nicht schwer, in ihnen einen himmlischen Hofstaat zu erkennen. Speziell die beiden herausragenden Diener der *Ma-zu* geben Aufschluß über den Zuständigkeitsbereich dieser zentralen Gottheit.

So hat zum Beispiel jene Gottheit, die über die Beamtenprüfungen und die Literatenkultur wacht, *Wen-di* (oder *Wen-chang di-jun*), zwei Bedienstete zur Seite, die helfen, die Prüfungsgeheimnisse zu bewahren. Es handelt sich um die «Stumme auf Erden» und den «Tauben im Himmel». Dieser hält eine Schriftrolle, vermutlich die Prüfungslisten, «die Stumme» ein Kästchen, in dem sich die Amtssiegel befinden.[1]

Die Göttin Ma-zu auf Taiwan

Ma-zu jedenfalls sieht freundlich und fein zurückhaltend aus. Sie soll mit dem Namen Lin Mo-niang geboren worden sein, als sechste Tochter eines Beamten in der Provinz Fukien. Als junges Mädchen war sie vorbildlich in ihrer pietätvollen Haltung gegenüber den Eltern und in ihrer Intelligenz und frommen Verehrung des Buddha, dem sie gerne Rezitationen darbrachte. Sie war jeglichem Geschwätz abhold und allen Albereien abgeneigt. Eines Tages, sie war sechzehn Jahre alt, soll sie mit Freunden bei einem Brunnen gespielt haben, als eine Fee mit einem taoistischen Talisman in der Hand aus diesem hervorkam. Während die anderen Freunde davonliefen, kniete sie nieder und erwies der Fee ihre Reverenz. Die Fee übergab *Ma-zu* den Talisman und verschwand. *Ma-zu* konnte den Talisman verwenden, um Kranke zu heilen, Unheil auszutreiben und Hilfe zu bringen. Derartige Kontakte mit Erscheinungen Unsterblicher aus jenseitigen Paradieswelten, die würdige Menschen, zumeist Taoisten, erfahren können, sind in der religiösen Literatur häufig der erste Schritt in einer spirituellen Karriere, welche die betroffene Person aus der profanen Welt hinausführt, möglicherweise bis zu einer Position im unendlichen Pantheon Chinas.

Diese himmlische Position erlangte *Ma-zu* durch Ereignisse, von denen eine andere Überlieferung berichtet. Eines Tages sei sie am Webstuhl sitzend eingenickt. Sie träumte, daß das Schiff mit ihrem Vater und den beiden Brüdern auf hoher See kenterte. Sie sprang in das Meer, um sie zu retten. Sie hielt die Brüder mit ihren Händen fest und bewahrte den Vater vor dem Versinken, indem sie in dessen Kleiderzipfel biß. Als sie in eben diesem Moment von der Mutter aufgeweckt wurde, hatte sie zu antworten. Sie öffnete den Mund, und der Vater entglitt in die See. Gänzlich erwacht, erzählte sie der Mutter den Traum, die ihr keinen Glauben schenkte. Als später die Nachricht kam, daß ihr Vater mit seinem Schiff verunglückt war und nur die beiden Brüder errettet wurden, schwor das Mädchen, niemals zu heiraten und sich bis zu ihrem Lebensende um die Mutter zu kümmern. Nachdem *Ma-zu* mit 28 Jahren verstorben war, soll sie vielen Seeleuten bei schwerem Wetter über der See erschienen sein und sie vor Unglück bewahrt haben.

Seeleute, die von Fukien nach Taiwan segelten, führten oft Figuren von *Ma-zu* mit sich sowie Weihrauchasche aus dem heimatlichen *Ma-zu*-Tempel, um in Taiwan «Zweigtempel» zu gründen, in denen der Kult für ihre Schutzpatronin fortgesetzt wurde. So entstand ein Netz von religiösen Affiliationen zwischen den Heimattempeln auf dem Festland und denen in der «Diaspora» Taiwan.[2]

Auf den großen Weihrauchbrennern vor dem Tempel, den wir besuchen, stehen die Namen der Spender und Finanziers, «der Menschen unter dem Weihrauchbrenner», die in einem rein praktischen Sinne die Gemeinde ausmachen. Dabei handelt es sich um die Haushalte des Viertels oder Dorfes, die aus freien Stücken finanziell zum Unterhalt des Tempels beitragen. Es gibt in den chinesischen Religionen keine Taufe oder ähnliche Sakramente, die in einem religiösen Sinne in eine Gemeinde einführen würden, ganz zu schweigen von Einrichtungen wie einer Kirchensteuer oder «Glaubensbekenntnissen». Wer den Schutz oder die Hilfe der Gottheit *Ma-zu* sucht, kann jederzeit im Tempel nach eigener Gewohnheit beten, Weihrauch opfern oder Gaben darbringen. Wer gewichtige Anliegen hat, mag einen oder mehrere buddhistische Mönche bitten, *sûtren* im Tempel vor *Ma-zu* feierlich zu rezitieren oder andere Opferrituale auszuführen. Da gibt es etwa die neu erworbene Figur der buddhistischen Gottheit *Guan-yin*, die geweiht werden soll, um dann zu Hause ihre magische Wirkung zu entfalten. Mit diesem Auftrag mag ein buddhistischer

Mönch beschäftigt werden. Sollte das Viertel um den Tempel oder das lokale Gemeinwesen gemäß Kalender eines der taoistischen Feste feiern wollen, dann werden im selben Tempel taoistische Priester ihren Altarraum einrichten und Abbildungen der Repräsentanten des abstrakten taoistischen Pantheon installieren, an die allein sich ihr Ritual richtet. *Ma-zu* als lokale Patronin und die anderen Gottheiten im Tempel nehmen am Ritual in der Position von Gästen teil. Buddhismus und Taoismus können dieselben Einrichtungen nutzen. Da sie sich nicht gegenseitig ausschließen, werden sie nach Bedarf oder Anlaß von denselben Personen in Anspruch genommen. Diese freizügige Nutzung der religiösen Einrichtungen orientiert sich allein am erhofften Vorteil, der als Ergebnis religiöser Verehrung für diese oder jene Gottheit verstanden wird.

Ähnlich großzügig verfuhr die kaiserliche Administration, die aufmerksam die religiösen Aktivitäten im Land verfolgte und religiöse Bewegungen im Volk zu kanalisieren suchte. In der Song-Zeit gelangte der Kult der *Ma-zu* in das Gesichtsfeld der zentralen Verwaltung. Immer häufiger berichteten z.B. Beamte von Wundern und positiven Ereignissen, die auf diese Gottheit zurückgeführt wurden. Im Jahre 1122 soll der Staatsbeamte Lu Yundi auf einer dienstlichen Seereise nach Korea durch diese Gottheit aus Seenot gerettet worden sein. Die Gottheit hat mit der Errettung jenes Beamten zur ordentlichen Führung der Staatsgeschäfte beigetragen, weshalb ein Opfer von staatlicher Seite angebracht war. Was war die allgemeine Regel? Im klassischen Buch der Riten steht geschrieben:

> Wer Gesetze schuf für das Volk, dem wurde geopfert; wer im Dienst seiner Pflicht starb, dem wurde geopfert; wer durch seine Mühen das Reich festigte, dem wurde geopfert, wer große Plagen abzuwenden vermochte, dem wurde geopfert; wer große Mißstände zu beseitigen vermochte, dem wurde geopfert.[3]

Aus dieser antiken Position ergibt sich, daß *Ma-zu*, wie manch andere hervorragende Person, im Lauf der Geschichte von Staats wegen mit Titel und Kult geehrt wurde. So schoben sich von unten aus dem Bereich des Volkslebens, durch die Tätigkeit der Lokalverwaltungen befördert, ganz allmählich immer mehr Namen nach oben ins Blickfeld der kaiserlichen «Verwaltung der Riten». Wie der Staat seine Beamten nach Leistung befördert oder herabstuft, so verhält er sich auch gegenüber den Gottheiten des Staatskults, die eine dem Beamtenstaat vergleichbare Hierarchie bilden. Es war im Jahr 1314, daß Kaiser Ren-zong aus der Yuan-Dynastie an *Ma-zu* den Titel «Himmelsprinzessin» verlieh. Mit dieser Titelvergabe ging die Erwartung einher, daß der Kult zur Stärkung und zum Wohlergehen des Staates beitrage. Es wurden regelmäßige Staatsopfer im Frühling und im Herbst dargebracht, aber auch Sonderopfer für besondere Angelegenheiten ausgerichtet. In dem Maße, in dem die zentrale Administration bei Getreidetransporten auf Schiffen oder bei Expeditionen zur See nautischen Problemen und Gefahren ausgesetzt war, wurde die Inanspruchnahme bzw. Verpflichtung der Gottheit der Seefahrer durch den staatlichen Kult forciert. Während der letzten Dynastie, der Qing Dynastie, wurde ein ungemein langer göttlicher Ehrentitel an *Ma-zu* verliehen, dessen zentraler Bestandteil «Himmelsherrin» lautete. Dies war der Ausgangspunkt für die im populären Kult übliche Benennung *Tian-shang sheng-mu* («Heilige Mutter im Himmel»). Der *Ma-zu*-Kult hat auch nach dem Ende des Kaiserreichs im Volk, entlang der südchinesischen Küste, seinen Platz behauptet. Vielleicht rührt dies auch daher, daß dieser Kult, wie manch anderer, nicht von oben verordnet wurde, sondern allmählich aus dem Volk heraus gewachsen war, bis der Staat ihn durch seinen Führungsanspruch in den Staatskult integrierte. Der Name «Himmelsherrin» wird gelegentlich in taoistischen Quellen mit der «Mutter des [Sternbilds] Ursa Major» (*Dou-mu*) verbunden, so daß nicht immer deutlich ist, wen der Titel «Himmelsherrin» allein für sich bezeichnet.[4] Es ist möglich, daß aufgrund der Ähnlichkeit der figürlichen Darstellungen das Objekt der religiösen Verehrung unabsichtlich vertauscht werden kann. Daher wird manchmal statt *Ma-zu* die buddhistische Göttin *Guan-yin* verehrt.

Schon zur Ming-Zeit (15. Jahrhundert), als Zheng He im kaiserlichen Auftrag Expeditionen zur See unternahm, sollen auf den Schiffen die Gottheiten *Ma-zu* und *Guan-yin* als Schutzpatroninnen nebeneinander verehrt worden sein. *Ma-zu* war durch ihre Geschichte mit der Seefahrt und den Seeleuten besonders verbunden. Handwerker und Händler, die oft auf Reisen waren, organisierten sich außerhalb ihrer Heimat landsmannschaftlich. Schon in den Epochen vor der Zeitenwende hatten sie ihre Versammlungsorte, zumeist in Verbindung mit privaten Tempeln, in denen Gildengottheiten das gemeinsame religiöse Band darstellten. Diese Gottheiten kamen zumeist aus dem Kreis der legendären Erfinder der jeweiligen Profession. So galt und gilt Lu Pan als Gott der Zimmermänner und Schiffsbauer. Lu Pan soll zur Zeit des Konfuzius einen Holzvogel gefertigt haben, der drei Tage in der Luft bleiben konnte. Bei Richtfesten wurde ihm geopfert. General *Meng Tian* (gest. 20 v. Chr.) war Patron der Pinselmacher, und *Cang Jie*, der legendäre Erfinder der Schrift, war Patron der Geschichtenerzähler. Der «Gelbe Kaiser» galt als Patron der Schneider, *Lao-jun* als Patron der Zinnarbeiter, und viele andere könnten aufgelistet werden.[5]

Wenn wir all diese Dinge bedenken, dann erscheint plötzlich der kleine taiwanesische *Ma-zu*-Tempel für den großen Raum der chinesischen religiösen Imagination zu stehen, der von Traditionen geprägt ist, die Volk und Staat eng verbinden, die aber auch unabhängig voneinander bestehen können. Hier glimmt Weihrauch vor dem *Mi-lo-fo* der Buddhisten, dort vor der «Himmelsherrin», die vielleicht auch als *Guan-yin* anzusprechen wäre, oder handelt es sich doch um die «Mutter des Gestirns [Ursa Major]», mit der die Sphäre des Taoismus unmittelbar berührt wäre? Die Tempelbesucher sind nicht irritiert, glauben sie doch an die Wirksamkeit ihrer Opfer und Gebete und fühlen sich befriedigt durch die Aura des Numinosen, das hier plastische und ansprechende Formen angenommen hat. Zufriedenheit und die Freiheit der Wahl eines bestimmten Kults kennzeichnen die Sphäre dieses Tempels, der für die Vielzahl der Tempel stehen mag, die wir in Taiwan und in anderen chinesischen Siedlungsräumen antreffen.

Im «Kloster zur Weißen Wolke» in Peking

Weit weniger gedrängt und im Land verstreut finden wir auf dem chinesischen Festland die Reste eines ehemals dichten Bestands an Tempeln. Zum großen Teil sind es Anlagen, welche die «Kulturrevolution» überlebt haben, oder deren Zerstörungen sich später beheben ließen. Wenn sie vom «Amt für Denkmalpflege» verwaltet werden, können sie nach dem Kauf von Eintrittskarten besucht und wie Museen besichtigt werden. Hier darf kein Weihrauch verbrannt werden, und es dürfen keine «normalen religiösen Aktivitäten» stattfinden. Vom Wissen der chinesischen Besucher um den sakralen Charakter des Ortes zeugen die als Opfergaben kalt abgelegten Weihrauchstäbchen. Opferstöcke sind auch hier aufgestellt und sind zumeist gut gefüllt. Am Verhalten von Besuchern, die vor einzelnen Figuren mit gefalteten Händen und geschlossenen Augen verharren mögen, können wir sehen, daß diese Museen unterschwellig religiöse Bedürfnisse bedienen. Möglichkeit, Form und Ausmaß der religiösen Aktivitäten hängen von den lokalen Kadern und Aufsehern ab, von ihrem Verständnis «für die Wünsche des Volkes», wie gerne formuliert wird.

Andere Anlagen werden vom «Amt für Religionen» verwaltet, wodurch sie den staatlich anerkannten und geführten Organisationen der Buddhisten und Taoisten als Stätten der Religionsausübung offenstehen.[6] Wo immer möglich werden dieselben Formen der religiösen Verehrung praktiziert, die wir in Taiwan gesehen haben. Weit im Landesinneren, fern von der Küste und ihren Seefahrern, wird die Gottheit *Ma-zu*, die «Himmelsherrin», ohne Zögern mit der «Mutter des Gestirns [Ursa Major]» identifiziert. *Ma-zu* als Patronin der Seefahrer scheint hier nicht gegenwärtig oder persönlich naheliegend zu sein.

Im «Kloster zur Weißen Wolke» (*Bai-yun guan*) aus dem 12. Jahrhundert, dem taoistischen Zentrum am Südrand Pekings, hat heute die offizielle Vereinigung der Taoisten ihren Sitz, die in der ausgedehnten Tempelanlage ein Schulungszentrum für taoistische Priester (*dao-shi*) betreibt. In den vielen Hallen entlang der Zentralachse der Anlage wird das taoistische Pantheon verehrt sowie die «Sieben Perfekten», die historische Gründergeneration der «Schule der vollkommenen Integrität» aus dem 12. Jahrhundert. Die ausgedehnte Tempelanlage, die in ihrer Geschichte auch noch andere Namen trug, wurde für einen der «Sieben Perfekten», den Taoisten Qiu Chang-chun («Ewiger Frühling»), eingerichtet. Uns interessiert besonders eine neue Halle, die in den letzten Jahren etwas abgelegen im hinteren Teil der Anlage aufgebaut wurde. In ihr befinden sich 60 Figuren, mit teils strengem, furchteinflößendem Ausdruck, neben denen jeweils ein eigenes

Opferstöckchen steht. Auf Holztafeln neben den Figuren steht der Name der betreffenden Gottheit. Die 60 Namen sind Personifizierungen der traditionellen Kalenderbezeichnungen für die Jahreszählung. Die Jahre wurden in einem Sechziger-Zyklus beschrieben, wobei die einzelnen Jahre mit Kombinationen aus zwei Zeichen benannt wurden, den sogenannten zehn «himmlischen Stämmen» und zwöf «irdischen Zweigen». Für das einzelne Jahr steht jeweils eine Kombination zweier dieser Zeichen, die in dieser Tempelhalle zusätzlich um den Titel «himmlischer Verehrungswürdiger» erweitert werden, versehen mit dem weiteren Zusatz «zuständig für die Leben dieser (...) Zeit». Selbstverständlich können auch die Jahre unserer heutigen Zeit mit diesem zyklischen Zeichensystem ausgedrückt werden, und daher kann der heutige Besucher sich leicht diejenige Gottheit aussuchen, die für die himmlischen Lebensregister des eigenen Jahrgangs zuständig ist und somit auch für das individuelle eigene Lebensregister. Zu diesem Zwecke werden die modernen Jahreszahlen unserer Zeitrechnung neben den alten Kalenderdaten notiert. Hier kann jeder fündig werden, Geld und Weihrauch opfern und sich göttlicher Hilfe versichern. Nach chinesischer Vorstellung erhält jeder Mensch mit seiner Lebensgabe (*xing*) ein Mandat (*ming*), das er in seinem irdischen Leben positiv erfüllen sollte. Darüber werden himmlische Register geführt, ganz ähnlich einer weltlichen Administration, in denen die verdienstvollen und natürlich auch die schlechten Taten zu Buche schlagen. Die furchtbaren Höllenstrafen in der Unterwelt, die Frevler und Übeltäter erwarten, kann erahnen, wer in Peking den als Museum wiedereröffneten «Tempel des Ostgipfels» besucht und seine Seitenkapellen mit den drastischen Höllendarstellungen betrachtet. Der «Ostgipfel» ist der antike Seelenberg *Tai-shan* in der Provinz Shandong, der in diesem Tempel vergegenwärtigt wird. Solche Tempel gab es in jeder größeren Stadt. Die Besucher im Pekinger *Bai-yun guan* suchen in diesem Tempel ihre persönliche Schutzgottheit. Sie spenden Geld und opfern Weihrauchstäbchen, um sich für das Jenseits abzusichern sowie Unglück und Krankheit als Strafen im gegenwärtigen Leben zu vermeiden.

Eine der Grundlagen chinesischer Religiosität ist das Wissen um einen umfassenden Wirkzusammenhang, der Welt, Gesellschaft und Natur verbindet. Diese Ordnung gilt es zu wahren oder wieder herzustellen, was durch gute Taten und pietätvolles Verhalten, aber auch durch Reue und Umkehr erwirkt werden kann. Es sei bemerkt, daß gute Taten, Hilfe und Rettung «für die Lebewesen» und dazu ein gesetzestreues und pietätvolles Verhalten von Konfuzianismus, Taoismus und Buddhismus gleichermaßen gefordert werden. Solche moralischen Ansätze wurden Teil einer allgemeinen Befindlichkeit, die von individueller Güte und dem Sinn für Lebensqualität geprägt ist, ohne daß religiöse Gebote bestimmter Gottheiten oder Offenbarungen notwendig wären. Im *Bai-yün guan* können wir sehen, wie diese Veranlagung einen praktischen religiösen Ausdruck findet, der dem einzelnen Handlungsspielraum und Initiative einräumt.

Pietät und Achtung ist der allgemeinen spirituellen Natur entgegenzubringen, an der alle Wesen teilhaben. Als ich einmal sah, wie glimmende Weihrauchstäbchen an einem hohen alten Baum befestigt wurden, und fragte, was dies zu bedeuten habe, erhielt ich die Erklärung, daß der Baum göttliche Lebenskraft (*ling*) besitze, «magisch» sei. Ein Blitz habe ihn vor langer Zeit getroffen, wodurch er in seiner Mitte gekappt worden sei. Der Baum aber habe einen neuen mächtigen Gipfel getrieben, der kerzengerade zu großer Höhe aufgewachsen sei. Es mag eine Rolle spielen, daß jener Baum im buddhistischen «Kloster zum *sûtra* auf Steintafeln» (*Shi-jing si* in Sichuan, Raum Chengdu) steht. Hier werden Steintafeln aus der Qing-Zeit mit der Gravur des «Diamant-*sûtra*» aufbewahrt.

Die Anlage wird von Buddhisten bewirtschaftet. Pilger lassen Mönche religiöse Zeremonien abhalten und praktizieren Formen der Andacht und Frömmigkeit, die «innerhalb der Klostermauern erlaubt sind». Vielleicht bestätigt jener Baum mit seiner Geschichte die Heiligkeit dieses Ortes. Seltene Steine oder Formationen von Steinen, Bäume und Erdformationen gelten als Ausdruck einer umfassenden Lebensenergie (*qi*), welche gebären und physische Form annehmen kann. Genau besehen zeigt sich hier die Vorstellung von einer generellen Göttlichkeit von allem Wesen und Sein. Wer dies versteht, für den sind die Darstellungen von Heiligen und Weisen, von hohen und geringeren Gottheiten allesamt Ausdruck der vielen Funktionen und Äußerungen dieses umfassenden Seins, das in unserer Welt seine Form findet.

Vor diesem Hintergrund entfaltet sich in großer Freizügigkeit eine pietätvolle Religiosität. Natürlich gibt es auch in China Menschen, die Glaubensbekenntnisse formulieren, etwa in der Art «ich glaube an Buddha» (oder: «ich verlasse mich auf Buddha»). In der Provinz Sichuan, die bis zur Kulturrevolution reich gesegnet war mit vielen buddhistischen Kulthöhlen und Tempeln, finden sich auch heute noch beeindruckende Zeugnisse der über tausend Jahre alten buddhistischen Kultur. Fernab von den bekannten, touristisch vermarkteten Kulthöhlen mit ihren in Stein gemeißelten Figuren und *sûtra*-Texten, finden sich an vielen kleineren und unbeachteten Orten ähnliche Anlagen. Auch hier hat fast immer die Kulturrevolution gewütet. Heute werden die leeren Höhlen oft verdeckt oder mit Stroh ausgefüllt, als ob man die Schande nicht sehen wollte. Manchmal werden die abgeschlagenen Köpfe der Kultfiguren restauriert, teils mit einfachen Nachbildungen aus Lehm. Oftmals sehen wir auch rote Tücher über Schultern und Arme von Buddhas hängen. Pilger haben sich für die Erfüllung ihrer Wünsche bedankt, vermutlich dieselben Personen, die zuvor Weihrauch und Speisen als Bittsteller dargebracht hatten, um ihren Wünschen Nachdruck zu verleihen.

Die Ähnlichkeiten in den religiösen Grundeinstellungen in chinesischen Siedlungsräumen sind unverkennbar. In ländlichen Gebieten im chinesischen Hinterland, wie natürlich auch in Taiwan, können wir immer wieder am Wegesrand oder am Rand der Felder kleine und kleinste Schreine sehen, in denen die Figur eines bärtigen alten Mannes sitzt, vor dem Getreideähren oder andere Gaben ausgebreitet sind. Dies ist der «Alte Herr des Bodens», der über die Fruchtbarkeit des Bodens und die Ernte wacht.[7] Er hat seinen Amtsbereich, den er verwaltet und abschreitet, daher der Wanderstab in seiner Hand. Dieser «Alte Herr des Bodens» darf nicht in großen Tempeln installiert werden, denn «er muß draußen im Feld sein». Gelegentlich sehen wir aber in großen Tempeln eigene Schreine für jene Gottheiten, die ebenfalls mit der Fürsorge für die Landwirtschaft betraut sind. Der «Rinderkönig» hat einen

Menschenleib mit einem Rinderkopf. Der alte bärtige Herr aber, der nicht weit von ihm thronen mag, mit Ähren in den Armen, ist der «Vater des Getreides» (*Gu-fu*),[8] nicht zu verwechseln mit dem «Alten Herrn des Bodens».

Sein Amtsbereich mag relativ klein sein, doch fehlt er wohl nie in ländlichen Bereichen mit Agrarkultur. Man findet ihn auch als Wächter des Bodens in kleinen Seitenschreinen von Grabanlagen, die in der Regel von einem Klan über viele Generationen hinweg geführt werden.[9] Hier beschränkt sich sein Bereich auf den individuellen Grabhügel und seine Einfassung. In Taiwan und auf dem chinesischen Festland finden wir diese fundamentalen Ausdrucksformen von Religiosität, die auch in der heutigen Volksrepublik als «menschliche Grundanlage» anerkannt wird.

2. Tempel der offiziellen Sphäre

Der Tempel des Gottes der Stadtmauern

Äußerlich gesehen sind die Tempel des Gottes der Stadtmauern (*Cheng-huang miao*) und die Tempel des Konfuzius von den oben beschriebenen kaum zu unterscheiden, wenn auch die Tempel für Konfuzius und seine Schüler von außen und innen fast spartanisch nüchtern wirken im Vergleich mit allen anderen Tempeln. Wie die Namen sagen, handelt es sich um den Stadttempel, der mit der Gesamtheit der Stadtanlage und einem Gemeinwesen verbunden ist, und um den Tempel für Konfuzius. Dessen Name verweist auf die traditionelle Staats- und Gesellschaftsordnung sowie auf Lehr- und Bildungsideale, welche das intellektuelle Leben des Landes über zwei Jahrtausende prägten.

Der Gott der Stadtmauern (*Cheng-huang shen*) ist mit ihm dienstbaren Dämonenbütteln oder Gottheiten verbunden, die auf beiden Seiten der Stadtmauer ihre Bereiche haben und das Treiben der Menschen observieren. Das Wort *huang*, «Stadtgraben», bezeichnet den Sicherungsgraben außerhalb der Stadtmauer. Es wird in der Übersetzung des Namens aus Bequemlichkeit fortgelassen.[10] Menschen, die schlecht handeln, müssen fürchten, daß ihre Taten durch Dämonenbüttel dem Gott der Stadtmauern berichtet werden, welcher die individuellen Lebensregister führt. Nach dem Tode wird der Gott der Stadtmauern über den Verstorbenen zu Gerichte sitzen und, wenn nötig, ihn schweren Bestrafungen zuführen. Seine dämonischen Handlanger stehen links und rechts am Haupteingang dieser Tempel, zwei häßliche, abschreckende Figuren. Es ist verständlich, daß diesem Gott, der vor Ort die spirituelle Registratur über die Einwohner führt, in den Städten zumeist ein gut ausgestatteter Tempel zugedacht wird. In der Regel liegt er nahe dem zentralen Markt. Seinem Haupteingang gegenüber befindet sich oft eine fest eingerichtete Bühne für Theateraufführungen, nicht zuletzt zugunsten der öffentlichen Bezeugung von Verehrung für diese Gottheit, deren populärer Kult weit in die Geschichte zurückreicht.

Im Jahr 239 unserer Zeit hat ein lokaler Machthaber im Östlichen Wu-Reich, die große Han-Dynastie war bereits untergegangen, in der Provinz Anhui einen *Cheng-huang shen*-Schrein errichten lassen. Dies ist der erste Beleg für einen solchen Kult, wobei sein genauer Inhalt damals wohl nicht mehr eruiert werden kann. Mit Sicherheit ist diese Gottheit seit dem 6. Jahrhundert als Schutzgottheit für die Stadtmauern und ihren Innenbereich bekannt. So gibt es aus dieser Zeit eine Geschichte, die seine Gewalt dokumentieren soll. Als feindliche Truppen eine Stadt angriffen, hätten ihre Bewohner den Gott der Stadtmauern um Schutz angefleht. Der Gott habe seine göttliche Kraft entfaltet und den Feind vernichtet. Seit der Tang-Zeit haben Literaten Opfertexte und Anrufungstexte geschrieben, die seine Hilfe bei militärischen Auseinandersetzungen erbaten. Von Literaten stammten aber auch die Gebetstexte an die Gottheit, um gutes Wetter, das Ende von Dauerregen oder auch das Aufkommen von Regen zu erbitten. Es handelt sich also offenkundig nicht um «einfachen Volksglauben», sondern um religiöse Elemente einer allgemeinen Kultur, deren literarische Seite von der schriftkundigen Elite getragen und gestaltet wurde. Solche Tempel finden sich in allen Städten Taiwans, und es gab sie früher auch allerorts auf dem Festland.

In der Vergangenheit geschah all dies mit Billigung der örtlichen Lokalverwaltungen, in deren Auftrag Literaten die für eine rituelle Verehrung erforderlichen Texte schrieben. Ihr Beitrag zum Kult bestand freilich nicht nur aus religiösen Bittschriften, oft in der Form von Petitionen ähnlich den Schriftstücken für irdische bürokratische Belange, sondern sie erstellten auch die Texte für Inschriftentafeln zur Einweihung oder Restauration solcher Tempel. Dieser enge Bezug von literarisch gebildeten Personen des staatlichen Lebens zur lokalen Religion sowie zum Staatskult bestand schon seit dem Anfang der chinesischen Geschichte, was die Zeugnisse der Priester-Schreiber der Zhou-Epoche mit den Orakelschriften dokumentieren.

Der Gott der Stadtmauern gehört allerdings eher zu einer geringeren Kategorie von Gottheiten. Dabei spielen sowohl seine lokale Angebundenheit eine Rolle als auch der Umstand, daß er in jene Kategorie von Gottheiten fällt, die als Apotheosen menschlicher Heroen oder lokaler Wohltäter gelten. Diese Kategorie von Gottheiten ist aus dieser profanen Welt heraus entstanden, was mit dem Begriff des «späteren Himmels» (*hou-tian*) bezeichnet wird. Mancher *Cheng-huang shen* ist daher mit einem menschlichen Namen zu identifizieren. In der Ming-Zeit hat Kaiser Taizu (14. Jahrhundert) die Rangstufen der verschiedenen Gottheiten der Stadtmauern festgelegt. Der Gott der Hauptstadt hat demnach in seiner Klasse den höchsten Rang. Die Ränge darunter entsprechen der abnehmenden Größe und Bedeutung der «göttlich verwalteten» administrativen Einheit. Kaiser Cheng-zu (15. Jahrhundert) ernannte den Gott der Hauptstadt zum «Mächtigen und magisch wirksamen König» (*Wei-ling wang*), der die Führung der anderen Götter der Stadtmauern innehabe. Entsprechend erhielten diese untergeordnete administrative Titel, wie «Mächtiger und magisch wirksamer Herrscher» oder «Mächtiger und magisch wirksamer Marquis». Als lokale Gottheit kann der jeweilige Gott der Stadtmauern Aufträge und Befehle vom «Großen Jadekaiser» (*Yu-huang da-di*) oder von *Guan-di*, dem Gott des Militärs und Krieges, erhalten. Ein Gott der Stadtmauer kann gemäß seiner Amtsführung in seiner Position erhöht, vermindert oder sogar von seinem Posten entfernt werden.

Beispiele hierfür finden sich in der Geschichte des Taoismus im Zusammenhang mit dem Aufblühen neuer oder erneut erstarkender Richtungen. Als in der Song-Zeit (12. Jahrhundert) die exorzistischen «Donner-Methoden» (*lei-fa*) deutlich in den Vordergrund taoistisch-ritueller und exorzistischer Praxis traten, agierte in den Provinzen Sichuan und Fukien der Taoist Sa Shou-jian. Er soll einmal in einem Stadtgott-Tempel übernachtet haben. Der Hausherr des Tempels, ein Gott namens *Wang Shan*, war mit dem Aufenthalt des Taoisten im Tempel unzufrieden und ließ ihm durch den örtlichen Präfekten die Türe weisen. Sa Shou-jian zerstörte wenig später den Tempel durch Blitz und Donner. Er erwies auf diese Weise die überlegene Kraft seiner Donner-Methoden und seines spirituellen Rangs, bedingt durch seine Ausstattung mit den «Donner-Methoden». Der nun «wohnungslos» gewordene Gott namens *Wang Shan* verfolgte voll von Rachegefühl Sa Shou-jian, konnte ihm aber nicht schaden. Schließlich wurde *Wang Shan* der untergebene spirituelle «Truppen-Kommandeur» Sa Shou-jians, dem er bei der Ausführung ritueller Aufgaben zur Seite stand. Später, nach dem Tod von Sa Shou-jian, avancierten beide zusammen zu einem Leben als Gottheiten im Pantheon der Donner-Methoden und konnten als göttliche Patrone für bestimmte «Donnerrituale» angerufen werden.[11]

Auch die Stadttempel sind angefüllt mit Figuren und Bildern von Gottheiten und Heiligen, vergleichbar den *Ma-zu*-Tempeln. Der *Cheng-huang miao* vertritt in besonderer Weise den Aspekt der spirituellen Administration geographisch begrenzter Verwaltungsbereiche und wacht über deren gute Ordnung und Beziehung zur Sphäre der himmlischen Administration. Der Stadttempel ist der rechte Platz für Anrufungen und Abbitten, die Privatpersonen, aber auch Mönche und Taoisten gestalten oder begleiten, je nach Gutdünken der Bittsteller.

Der Tempel des Konfuzius

Der *Wen-miao-* (oder *Kong-miao-*) Tempel für Konfuzius (551–479 v.Ch.), macht einen völlig anderen Eindruck, als alles, was bisher beschrieben wurde. Das Wort *wen* bedeutet «Zivilisation», «Literatur» und auch «Ordnungsmuster». Diese Begriffe sind mit dem Wirken der weisen Edlen der goldenen Antike Chinas verbunden. König Wen, Gründer der Zhou-Dynastie, wird die Bildung der Hexagramme des «Buchs der Wandlungen» (*Yi-jing*) zugeschrieben. Er nutzte die «Acht Trigramme» (*Ba-gua*) aus der Hand des legendären Kulturheroen Fu Xi. König Wen wird auch die Einrichtung der «Licht-Halle» (*Ming-tang*) zugeschrieben, die nach den acht Himmelsrichtungen und gemäß symbolischen Zahlenvorstellungen ausgerichtet wurde. Sie war der Ort königlicher Rituale in Abstimmung mit den Jahreszeiten, wodurch Welt, Herrschaftsbereich und Kosmos in Einklang gebracht werden sollten. Mit König Wen verbindet sich die Vorstellung von einer geordneten und harmonischen Herrschaft, die sich nicht auf Gesetze und Gewalt gründete, sondern auf den Gleichklang mit einer kosmischen Ordnung sowie praktisch auf die Vorbildlichkeit und Tugend des «guten Herrschers».

Diese Vorstellung hat Konfuzius formuliert und ausgearbeitet. Seine Schriften, die uns in der späteren Redaktion seiner Schüler und konfuzianischer Gelehrter vorliegen, strömen eine gewisse Nüchternheit aus, sowohl durch ihre Form als auch durch die Postulate eines fundamentalen Humanismus. Konfuzius sieht die Ordnung von Welt und Herrschaft als Erweiterung der Ordnung von Familie und individueller Person. «Loyalität» (*zhong*), «Kindesliebe» (*xiao*), «Mitmenschlichkeit» (*ren*) und «Rechtlichkeit» (*yi*) sind die vier Kardinaltugenden. Es handelt sich nicht um abstrakte Begriffe philosophischer Natur, sondern um Beschreibungen angeborener menschlicher Qualitäten, die es zu verwirklichen gilt. So kann das chinesische Wort für «Loyalität» eben auch «loyal sein», «loyal werden» oder «loyal sein lassen» bedeuten. Der gute Herrscher kann durch sein Vorbild die Untertanen «loyal sein lassen», indem er seinen Part als Herrscher wahrnimmt und die genannten Tugenden vorlebt. Er handelt im Sinne der «Kindesliebe» gegenüber der höchsten Autorität, dem Himmel, als dessen «Sohn» der Kaiser bezeichnet wird. Im «Buch von der Kindesliebe» (*Xiao-jing*) von Zeng Shen (505–436 v. Chr.) wird «Loyalität» in der Perspektive der «Kindesliebe» oder «Pietät» (*xiao*) definiert. Es sei bemerkt, daß diese Tugenden im gesellschaftlichen Leben stets zweiseitig zu realisieren waren, also von «oben» wie von «unten». Es geht nicht um «Gebote» im christlichen Sinne, sondern um die für «gut» gehaltenen Möglichkeiten des menschlichen Seins und Verhaltens. Wir wollen uns nicht mit den vielen philosophischen Ausprägungen dieser Vorstellungen befassen, sondern fragen, was all dies mit dem Tempel *Wen-miao* zu tun hat, den wir äußerlich gesehen für eine religiöse Stätte halten.

Konfuzius hat keinen Kult gefordert, weder für sich noch überhaupt. Er wollte keine Religion begründen. Er wußte aber, daß religiöses Verhalten dem Menschen von Natur aus eigen ist, und so hat er lediglich zu größter Zurückhaltung aufgefordert. Nur den Seelen der eigenen Familie sollte geopfert werden, nicht denen anderer Herkunft. Auch in diesem Punkt steht also die Familie im Mittelpunkt der Überlegung, wobei «Familie» nicht nur ihre lebenden Mitglieder meint, sondern auch die Reihe der Ahnen mit einschließt. Nur für sie sind Konfuzius zufolge religiöse Praktiken angebracht. Vielleicht erklärt dies die Kargheit vieler *Wen-miao*, in denen nur Seelentafeln die Namen des Konfuzius, des «Ersten heiligen Lehrers», aufzeichnen, sowie die seiner 72 Schüler und Nachfolger.

Weihrauchbecken und Kerzenhalter bezeugen die üblichen Formen religiöser Verehrung. Allerdings sind sie zumeist kalt, die Tempel wie verwaist. In manchen *Wen-miao* in Taiwan sah ich innerhalb der Tempelanlagen Sport- und Schuleinrichtungen, etwa Basketballfelder, die für Sport und Erziehung genutzt werden. Der Durchschnittsbürger wird mit seinen Sorgen hier nicht erscheinen, um Hilfe zu erflehen. Am Geburtstag des Konfuzius, im modernen Taiwan am 28. September als «Fest der Lehrer» (*jiao-shi jie*) als nationaler Feiertag begangen, werden Vertreter der örtlichen Verwaltung im Tempel einfache Zeremonien und Weihrauchopfer durchführen, ganz im Sinne der Verehrung des «Ersten Lehrers». Dies ist nicht vergleichbar mit der religiösen Haltung und den Hoffnungen, die in buddhistischen und taoistischen Tempeln geäußert werden.[12]

Konfuzius wird mit der säkularen Kultur und ihren moralischen und intellektuellen Werten verbunden, vielleicht sogar identifiziert. Selbstverständlich verdient er Tempel und Weihrauchopfer, die das letzte Überbleibsel des kaiserlichen Staatskults darstellen. Schon 195 v. Chr. wurden vom ersten Kaiser der Han-Dynastie bei einem Besuch im Lande Lu, dem Heimatland des Konfuzius im heutigen Shandong, Opfer an Konfuzius und seine 72 Schüler dargebracht. Dies stand im Zusammenhang mit dem Aufkommen des Konfuzianismus als prägendem Faktor im Staatsleben. Die Besinnung auf dieses alte Erbe und seine Identität stiftende Funktion trat erst später hervor, vor allem in Zeiten der Teilung des Landes, so unter den Dynastien Ost-Jin und Liu-Song, als seit Beginn des 4. Jahrhunderts der Norden des Landes von nomadischer Fremdherrschaft bestimmt war. Am Heimatort

Qu-fu des Konfuzius avancierte der Kult um ihn zu einem bedeutenden Faktor. Schon die Wei-Dynastie (3. Jahrhundert) hatte den alten Tempel in Qu-fu wieder herstellen lassen und hundert Familien mit seinem Unterhalt beauftragt. Der älteste Sohn in der Stammfamilie des Konfuzius wurde zum «Graf der Verehrung des Heiligen» ernannt, um den Kult fest zu etablieren. Weitere veränderte Titel und Maßgaben zur Förderung des Kults folgten, der im Lauf der Geschichte immer wieder in den Hintergrund trat und insgesamt eine wechselhafte Geschichte erlebte.[13] Konfuzius aber blieb immer Symbol für die Größe der zivilen und literarischen Kultur, sowohl für die Chinesen wie für die Ausländer, die in der Vergangenheit das Land bereisten.

Trotzdem suchen heute wie schon seit der Song-Zeit (12. Jahrhundert) Studenten und Prüflinge, früher die Anwärter auf die traditionellen Beamtenprüfungen, einen Tempel des «Gottes der Literaten» (*Wen-chang di-jun*) eher auf als einen Tempel für Konfuzius. Die Schreine des Konfuzius (*Wen-miao*) können aus dem Geschick, nur selten frequentiert zu werden, nur dann heraustreten, wenn sie mit anderen Kulten innerhalb großer Tempelanlagen verbunden sind. Das Wort *wen* im Namen des «Gottes der Literaten» (*Wen-chang di-jun*) ist dasselbe wie in *Wen-miao*. «*Wen-miao*» haben wir als «Tempel des Konfuzius» wiedergegeben. Genau genommen bedeutet der Name «Tempel der Zivilkultur». Wir können in vielen großen Tempelanlagen feststellen, daß die Elemente *wen*, «zivile Kultur», und *wu*, «Militärwesen», in separaten Schreinen verehrt werden, stehen sie doch für die traditionellen Fundamente von Staat und Gesellschaft. Hier repräsentiert dann der genannte *Wen-chang di-jun* das Element *wen* («Zivilkultur») und der als «Gottkaiser Guan» vergöttlichte General Guan Yu (gest. 220 n. Chr.) das Element *wu* («Militärwesen»).[14]

Die voranstehenden Beispiele zeigen, daß Tempel als Prisma religiöser und kultureller Werte und der Geschichte zu verstehen sind, indem sie lokale und nationale Geschichte mit dem Moment des Religiösen verbinden. Die Palette reicht von der nüchtern formalen Verehrung für den «Ersten heiligen Lehrer» bis zu den durchaus barocken Tempeln für *Ma-zu*, *Guan-yin* oder all die anderen Gottheiten, die oftmals lokale Ursprünge haben und doch ganz abgehoben himmlische Ränge einnehmen, wie etwa die

Gottheit der Stadtmauern. Aber auch eine landesweit akzeptierte und gefeierte Gottheit wie der Gott der Literaten, *Wen-chang di-jun*, hat einen lokalen Ursprung in der Provinz Sichuan, wo er bis heute im örtlichen kulturellen Leben präsent ist und religiöse Verehrung erfährt.

3. Tempel regionaler Kulte

Der Kult um die «Achtzehn Lords»

Die chinesischen Religionen verwirklichen sich in Tempelstätten, groß und klein, in kleinsten Schreinen am Wegesrand, auf Bergen und unter großen Bäumen oder an anderen ungewöhnlichen Orten, in denen ein spirituelles Potential gesehen wird. Fast immer findet sich eine Mischung aus lokalen und landesweit anerkannten Kulten. Nationale Kulte sind solche, die sich im Verlauf ihrer historischen Entwicklung aus einem regionalen Umfeld abheben konnten und von der kaiserlichen Bürokratie und Staatsverwaltung als «korrekte Kulte» und somit als verehrungswürdig gebilligt wurden. Dies war mit Titelverleihungen durch den Kaiser an die betreffende Gottheit verbunden, mit der Einrichtung von Tempelanlagen und mit ihrer materiellen Ausstattung bzw. wirtschaftlichen Unterstützung. Es wurde eine bestimmte Zahl von Haushalten angewiesen, für den Unterhalt einer Tempelanlage zu sorgen. Die im Kaiserreich sanktionierten Kulte wurden dennoch nicht etwa von oben dem Volk aufgedrückt, sondern die Entwicklung verlief umgekehrt, von unten nach oben. Dies ist sicherlich einer der Gründe, weshalb die chinesischen Religionen in Gestalt der vielen Kulte, Schulen oder Gruppierungen und Affiliationen von Mönchen und Taoisten das Ende des Kaiserreichs überlebten und den destruktiven modernistischen Ikonoklasmus der «Volkspartei» des Sun Yatsen überdauerten, der später nur noch von den Exzessen des chinesischen Kommunismus, speziell unter der Kulturrevolution (1966–1976), überboten wurde.

Ein berühmtes Beispiel ist der Kult um den «Gott der Literaten» *Wen-chang di-jun* (wörtl.: «Gottkaiser der Blüte der zivilen und literarischen Kultur»), dessen Wurzeln bis in die chinesische Antike zurückreichen. Seit der Song-Zeit gehörte er zum Staatskult. Während der Kulturrevolution wurden am Ort seines Entstehens auf dem Berg *Qi-qu shan* in der Provinz Sichuan viele tausend Kultfiguren dieser Gottheit zusammengebracht, um sie vor dem «Großen Tempel» (*Da-miao*) des *Wen-chang di-jun* zu zertrümmern.[15] Heute sind die Tempelhallen des *Da-miao* wieder mit neuen Kultfiguren gefüllt, ganz im Sinne der ehemaligen Einrichtung des Tempelkomplexes. Religiöses Leben, das jahrhundertealte Traditionen fortsetzt, scheint allmählich wieder einzuziehen.

In der jüngeren Vergangenheit entstanden aber auch neue Kulte, die nicht durch die kaiserliche Administration – geschweige denn durch die modernen «aufgeklärten» Regierungen – genehmigt worden wären. So tauchen unter dem Namen «Drei Lehren» in Südchina «Drei-Lehren-Tempelstätten» (*San-jiao ci*) auf, die dem Konfuzianismus, dem Buddhismus und dem Taoismus gewidmet sind. Hier bezeichnet zum Beispiel der Name «Ritualtanz der Drei Lehren» (*San-jiao wu-dao*) rituelle Handlungen, die dem Taoismus entlehnt sein könnten. Der Name «Drei Lehren»[16] verweist nicht auf eine bestimmte, anerkannte «Religion», wodurch die ganze Angelegenheit der Kontrolle durch das «Amt für Religion» entzogen wird. Dies ist ein typisches Beispiel für die Art, wie Freiräume für Entwicklungen religiöser Praktiken gewonnen werden. Es ist also wohl ein Schattenbereich, aus dem heraus neue Entwicklungen in den chinesischen Religionen auf dem Festland erfolgen, da unter dem willkürlich auslegbaren Verbot «nicht normaler religiöser Aktivitäten» Entwicklungen innerhalb der etablierten Religionen leicht erstickt werden können.

Neue Entwicklungen im Halbschatten der offiziellen religiösen Sphäre sind keinesfalls auf die Volksrepublik beschränkt. In Taiwan zeigt sich ein vielleicht vergleichbares Phänomen mit dem Kult um die «Achtzehn königlichen Lords», wenn auch grundsätzlich die Bedingungen für religiöses Leben in Taiwan einer freien Entfaltung zuträglich sind. Dieser lokale Kult entstand im 17. Jahrhundert unter der Qing-Dynastie. Seine Tempelstätte befindet sich im Landkreis Taipei, Distrikt Shi-men, im Dorf *Qianhua cun* nahe der Fernstraße *Dan-jin gong-lu*. Sie liegt im weiteren Bereich der Küste und des alten Hafens, nicht allzu weit entfernt von der offenen See der Taiwan-Straße. Es war nicht immer einfach in Begleitung dorthin zu gelangen, denn der Kult galt als «häretisch», und seine Besucher gehören angeblich nicht den besten Kreisen an. Es sollen vor allem Glücksspieler und desperates Volk der Halbwelt sein. Außerdem soll ein Besuch nur nachts sinnvoll sein, denn nur dann gehe es dort «hoch her».

Ein Begleitumstand taiwanesischer Kult- oder Tempelstätten ist ihr kommerzielles Umfeld, in dem vor allem Garküchen und Kleinmärkte für Kurzweil und Vergnügungen sorgen. Floriert der Kult, so blühen die Geschäfte und umgekehrt. Das Publikum also, das hier spät abends angetroffen wird, besteht vielfach aus Personen jüngeren oder mittleren Alters, die meistens zunächst sehr zielstrebig den Tempel der 18 Lords *Shi-ba wang-gong* aufsuchen, da sie sich Glück im Spiel und ähnlichen Unternehmungen sichern wollen. Sie glauben, daß der Lord zuverlässig helfen wird, wenn man ihn nur aufrichtig verehrt und ihm eine Belohnung gelobt. Entsprechend hektisch ist das Gedränge um die Kultfigur.

Die Überraschung des westlichen Besuchers an der Tempelstätte dürfte sicherlich erheblich sein, wenn er dort der stattlichen Figur eines sitzenden Hundes gegenübersteht. Dieser Figur gilt die Verehrung, da sie die 18 Lords verkörpert. Umgeben von einem Meer von Kerzen und glimmenden Weihrauchstäbchen ist die Statue des sitzenden Hundes zwischen den dicken Weihrauchschwaden nur schemenhaft auszumachen, wären da nicht die funkelnden Goldkettchen, Gaben und Unterpfand für zukünftiges (Spiel-)glück, die um den Hals der Hundestatue glitzern. Das Volk drängt sich wie um eine Wunderstätte, und Berichte von Spielerfolgen nach Gelübden vor dieser Hundestatue kursieren. Offenbar steht also eine Hundestatue, einer der 18 Lords, im Mittelpunkt von Opfer und Gebet, die erkennbar inbrünstig vorgebracht werden. Dennoch verdeutlicht schon der Titel, daß es sich nicht um einen Hundekult handelt. Die Geschichte, die sich mit dieser Hundedarstellung verbindet, ist bezeichnend für die Art der Überlieferungen, wie sie sich um Entstehung und Legitimation lokaler Kulte ranken können.

Nach dem Untergang der Ming-Dynastie im Jahr 1644 und der Einrichtung der Mandschu-Dynastie war deren Herrschaft über das ganze Land noch lange nicht gesichert. Ming-Loyalisten in

Süd-China kämpften noch um 1660 gegen die Mandschu (Qing-Dynastie) unter Führung des Generals Guo Xing-ye, in Europa als Koxinga bekannt. Ihm gelang es, die Niederländer von Taiwan zu vertreiben, die im Norden und Süden Stützpunkte hatten, um die Insel für China zurückzugewinnen. Damals entdeckten Fischer am Strand ein riesiges Segelschiff, der Bauart nach ein Schiff von der chinesischen Festlandküste, das auf eine Sandbank aufgelaufen war. Auf dem Schiff befanden sich 17 Leichen von Kriegern, die mit ihren Waffen ausgestreckt auf den Planken lagen. Völlig ausgezehrt waren sie verhungert. Neben ihnen fand sich ein Hund, zwar lebend, aber ebenfalls nur noch Haut und Knochen. Die örtliche Bevölkerung fand es sehr bemerkenswert, daß die Krieger trotz ihres unendlichen Hungers ihren Hund nicht geschlachtet hatten, um ihn zu verzehren. Der Hund wich nicht von der Seite seiner toten Herren, loyale Krieger im Kampf gegen die Mandschu. Auch als die 17 Krieger gemeinsam beerdigt werden sollten, war der Hund nicht zu verjagen, so daß er schließlich lebend mit seinen Herren bestattet wurde. In der Nähe ihres Grabes entstand eine Kultstätte, an der die Bevölkerung mit großem Erfolg um Hilfe und Unterstützung beten konnte.

Devotionalien, Fahnen und Wimpel, die am Tempel mit der Hundestatue gekauft werden können, verbreiten diese Geschichte jener 18 Helden, die alle auf ihre Weise bis zum Tod das konfuzianische Prinzip der Gerechtigkeit und der Loyalität verkörperten. Dabei fällt auf, daß der Hund im Hinblick auf seine moralische Haltung, die auch ihm zugebilligt wird, gleichrangig mit den 17 Kriegern ist. Die Loyalität seiner Herren zur Ming-Dynastie, der großen nationalen Dynastie nach der Fremdherrschaft der Mongolen (Yuan-Dynastie), wurde offenkundig von ihrem Hund in aufopfernder, ganz ungewöhnlicher Weise fortgesetzt und der Welt exemplarisch vor Augen geführt. Er verhielt sich nicht wie ein normalsterblicher Hund, so daß ihm eine besondere innere transzendente Qualität zugesprochen wird. Auf diese Weise also entstand der Kult.

Warum das verbotene Glücksspiel in seine Zuständigkeit fällt, ist schwer zu erklären und hängt offenbar nicht mit dem Ursprung des Kults zusammen. Zwar hat er auf lokaler Ebene seit der Qing-Dynastie (17. Jahrhundert) existiert, aber erst in der neueren Geschichte Taiwans, nach dem Ende der fünfzigjährigen

Herrschaft Japans über Taiwan (bis 1945), ist er weithin bekannt geworden. Es handelt sich um einen lokalen Kult von großer Attraktivität, der von mündlicher Überlieferung lebt. Offenbar hat er sich über dieses Niveau nicht erheben können, anders als die lokalen Kulte am Berg *Qi-qu shan*, die in den Kult um den Literatengott *Wen-chang di-jun* einmündeten und landesweite Verbreitung sowie staatliche Anerkennung fanden. Vor allem erfolgte in letzterem Fall auch die Integration in das Pantheon des religiösen Taoismus.

Für die 18 Helden von der Küste Taiwans kennen wir keinen religiösen Grundtext und keine Offenbarung, die diesen Kult erklären oder bestätigen würde. All die materiellen und personellen Elemente, welche traditionelle chinesische Religionen aufweisen, so die Tätigkeit einer Priesterschaft, der taoistischen Priester oder buddhistischen Mönche, finden wir hier nicht. Das Odium des «Unorthodoxen», das dem Kult hinter vorgehaltener Hand verliehen wird, mag mit dem Ziel der Verehrung, dem «Glück im Spiel», zusammenhängen, was als nicht solide gilt. Vielleicht spielt aber auch der Umstand eine Rolle, daß jene 18 Helden nicht in das Pantheon der taoistischen Religion integriert wurden. Dies mag mit der regionalen Randlage Taiwans, mit den Zeitumständen zum Ende des Kaiserreichs und mit der Integration Taiwans in die japanische Machtsphäre zusammenhängen. Folglich haben sich die historischen und sozialen Bedingungen für diesen Kult völlig anders gestaltet als für den Kult um die Seefahrergöttin *Ma-zu* oder den Literatengott *Wen-chang di-jun*. Diese drei Kulte beleuchten exemplarisch die vielen Möglichkeiten der Entstehung und der Entwicklung von Kulten sowie der Ausdrucksformen von Religion und Religiosität in China.

Die Entwicklung vom lokalen, zunächst als «häretisch» deklarierten Kult bis zu seiner Integration etwa in den Taoismus kann lange dauern. Der Umstand, daß es für die 18 Helden keine zuständigen Priester gibt, die diesen Kult betreuen würden, vermindert weder seine Beliebtheit noch den Glauben an seine wundersame Wirksamkeit. Spenden und andere materielle Opfergaben dienen dem Erhalt der Kultstätte. Natürlich können wir vor Ort Schriften erwerben, Fahnen und Wimpel mit kleinen Texten journalistischer Art, welche die Bedeutung des Kults belegen wollen. Aber im Mittelpunkt des Kultes steht der Glaube an eine transzendente, göttliche Macht, die im Sinne der vertrauensvoll Opfernden wirkt. Es ist schon bemerkenswert, daß auch im Umfeld dieses Kults auf den unabdingbaren echten «Glauben» hingewiesen wird, ohne den Gaben und Weihrauchopfer nichts bewirkten.

Dieser Kult ist ein hervorragendes Beispiel für die Vitalität volksreligiösen Lebens, die nicht durch schriftliche, sondern durch mündliche Überlieferung, orientiert an lokaler Tradition, gespeist wird. Das Wirken des Göttlichen wird für jede Lebenssphäre angenommen, und zwar auch für diejenigen, die jenseits des gesellschaftlich Akzeptierten liegen. Diese Einstellungen und Gegebenheiten finden sich im Volk ohne Anleitung oder Richtungsweisung durch den Staat oder ein religiöses Establishment. Wir können annehmen, daß viele Kulte, die wir heute in offiziellen Tempeln durch Statuen und Schriften dokumentiert sehen, die von Mönchen und Taoisten im Rahmen ihrer Liturgien gefeiert werden, eine Vorgeschichte haben, die in manchen Aspekten vielleicht ähnlich gelagert war wie die des Kultes um *Shi-ba-wang gong*. In mancher Hinsicht gilt dies auch für jenen höchst bedeutsamen Kult, der sowohl im alten wie im modernen China Bestand hatte und sich um den Namen «Gott der Literaten» *Wen-chang di-jun* entwickelte.

Der Kult um den «Gott der Literaten»

Der Name dieser Gottheit (*Wen-chang di-jun*) verweist auf ein Wirkungsfeld, das mit dem Stand des Staatsbeamten direkt verbunden ist. Dieselbe Gottheit ist auch unter dem Namen «Gottkaiser von Zi-tong» (*Zi-tong di-jun*) bekannt. Der Distrikt Zi-tong liegt in der Mitte der Provinz Sichuan. In seiner unmittelbaren Nähe befindet sich der «Siebenfach gewundene Berg» (*Qi-qu shan*), wo der Kult um *Wen-chang di-chün* seinen Anfang nahm. Unsere Quelle, die Lokalgazette zum Distrikt Zi-tong (*Zitong xianzhi*) von 1858, enthält neben vielen Texten auch Karten, die eine Vielzahl von Tempeln und Pavillons auf diesem Berg ausweisen.[17] Sie alle gehören zum Kult des *Wen-chang di-jun* oder verstärken sein Umfeld mit zusätzlichen Stätten religiöser Qualität.

Auf der Spitze des Berges befindet sich der ausgedehnte «Tempel der Göttlichen Antworten und Erweise» (*Ling-ying miao*), bekannt unter dem Namen «Großer Tempel» (*Da-miao*). Der gesamte Tempelkomplex, wie auch die anderen Einrichtungen auf dem Berg, haben unter der Kulturrevolution schweren Schaden genommen und lagen für religiöses Leben lange Jahre brach. Dies hat sich seit einigen Jahren geändert. Die Tempelhallen sind wieder mit Kultfiguren gefüllt, die ihren ursprünglichen Namen entsprechen. Zweimal im Jahr findet das mehrtägige «Tempelfest» (*miao-hui*) statt, zu dem viele Tausende von Pilgern aus dem Land anreisen. Öffentliche Aufführungen von taoistischen Liturgien wurden, nach unserer Information, bisher noch nicht genehmigt und noch nicht durchgeführt. Dennoch wurde dieser ganze Bereich des Berges *Qi-qu shan* wieder Teil der Lokalkultur und eines in der Bevölkerung verwurzelten religiösen Lebens, das sich in Besuchen vor Ort äußert, in individuellen Gebetsandachten, in Geld- und Weihrauchopfern.

Wir nähern uns dem Kult um *Wen-chang di-chün*, indem wir den Weg zum «Großen Tempel» gemäß der Karte in der alten Lokalzeitung verfolgen. Am unteren Rand der Karte schlängelt sich als gepunktete Linie der Weg durch Hügel zu einem Turm. Die Beschriftungen besagen: «Quelle zu den alten Schwertern», «*Guan-yin* am Wasser», und als Obertitel ist geschrieben: «Ort, wo die fünf Knappen ihre Schwerter verloren». Heute findet sich dort ein neu errichteter Tempel, dessen unteres Geschoß eine Nische überspannt, aus der klares Quellwasser sprudelt, dem eine heilende Wirkung zugesprochen wird. Pilger können eine Schöpfkelle nehmen und von diesem Wasser trinken, nachdem sie einen Obolus entrichtet und der buddhistischen Gottheit *Guan-yin* Weihrauchopfer dargebracht haben, die mit einer schönen Figur über der Quelle dargestellt ist. In einem kleinen neu errichteten Schrein außerhalb des Tempels befinden sich fünf kleine Statuen von Frauen, denen Passanten Weihrauch opfern. Die Geschichte zu diesem kleinen Schrein am Wegesrand verweist auf die ältesten Überlieferungen zu diesem Ort. In vorchristlicher Zeit, im Jahre 356, soll König Hui von Qin dem König von Shu fünf schöne Frauen zum Geschenk gemacht haben. Fünf Knappen reisten also von Shu nach Qin, um die Damen abzuholen. Auf der Rückreise gelangte die Gruppe auf diesem Berg an eine Stelle, wo sie in einer Höhle eine große Schlange entdeckte. Die Männer zogen an deren Schwanz, um sie herauszuholen. In diesem Moment stürzte der Berg über der Höhle ein und begrub Knappen und Damen unter sich. Der Berg teilte sich in fünf Gipfel, weshalb später der Name «Berg der fünf Frauen» entstand, der sich ebenfalls auf der Karte in der Zeitung findet.[18] Weitere Namen für diesen Ort sind bekannt. So gibt es die Bezeichnungen «Grabberg der fünf Frauen» und «Grabberg der fünf Knappen». Über diesem Ort, wo die Tempel stehen, soll sich gelegentlich ein wundersames Leuchten zeigen, welches über den am Berg verlorenen Schwertern der fünf Knappen entsteht. Diese Knappen und Damen sind hier auf wundersame Weise in eine andere Existenz mit magischer Ausstrahlung eingegangen. *Guan-yin*, eine der bekanntesten buddhistischen Idole, veredelt die Tempelstätte zu einem buddhistischen Heiligtum, in dessen Umfeld antike Schöne und Mächtige transzendent zugegen bleiben, was in geographischen Namen dokumentiert wird.

Als nächster Halt bietet sich, gemäß Karte, der «Pavillon zum Geleit aus der Gefahr» an. Dies ist der Punkt, an dem der Reisende die Gefahren der Bergwege hinter sich läßt und in das flache Land eintritt, wenn er aus der Richtung des *Da-miao* vom *Qi-qu shan* herunterkommt. Dies jedenfalls bedeutet der neben dem Tempelchen eingezeichnete Ehrenbogen. Bei einem Besuch 1991 fand sich dort gerade noch ein kleines Haus mit einer Kammer, in der reich verziert drei Gottheiten saßen, *Sheng-fu*, der Vater von *Wen-chang di-jun*, *Wen-chang di-jun* und drittens seine Erscheinungsform *Wen-zu*, der Pate der Epidemien. Eine Inschriftentafel aus der Zeit *Guang-xu* (1875–1908) belegt die Erbauungszeit des Hauses, das inzwischen einer neuen, fast überdimensionierten Anlage weichen mußte, in der die buddhistischen 1000 *Lo-han* (Arhat) figürlich dargestellt sind. Dies bedeutet einen wichtigen Beitrag zur Vergegenwärtigung buddhistischer Kulte, die am Berg *Qi-qu shan* immer wieder Fuß zu fassen suchten, was bis in die jüngste Vergangenheit ohne langfristige Wirkung blieb. Freilich ist nicht auszuschließen, daß diese Einrichtung den Versuch darstellt, das Gebiet touristisch vielseitig attraktiv zu machen.

Einer der historisch interessanten Versuche der Einrichtung buddhistischer Kultstätten in der Ming-Zeit wird nur durch unsere Karte noch in Erinnerung gebracht, denn die beiden Orte «Kleines Tausend-Buddha Riff» und «Großes Tausend-Buddha Riff» bestehen nicht mehr. Ursprünglich sehr nahe dem «Großen

Tempel» gelegen, sind sie spurlos verschwunden. Dem Namen nach zu schließen handelte es sich um Felsen oder Felswände, in die buddhistische Kultfiguren gemeißelt waren, ganz in der Art, wie wir sie aus anderen Gegenden von Sichuan kennen. Ihre Geschichte lehrt uns viel über die Art und Weise, wie religiöse Stätten entstanden und welche Vorstellungen sich mit ihnen verbanden.

Ein Beamter der Lokalverwaltung entdeckte, daß am Berg keinerlei buddhistische Zeugnisse, wie Tempel und Kultfiguren, vorhanden waren. Es sei aber üblich, meinte er, daß alle berühmten Berge Chinas sich durch das Vorhandensein solcher Einrichtungen auszeichneten. Auch hier sollte also mit der Herstellung von Kultfiguren das Wirken der buddhistischen Lehre geehrt werden. Am Berg gab es Felswände, große, glatte Flächen. Seit langem hatten Steinmetze versucht, diese Steine zu nutzen. Sie wurden aber bei jedem Versuch durch Unwetter und Gewitter davon abgehalten. Der Beamte schlug vor, es mit der Herstellung buddhistischer Kulthöhlen zu versuchen. Wenn das Wetter mitspiele, dann sei dies ein Zeichen der Zustimmung der Gottheit des Berges, *Wen-chang di-jun*. Die Handwerker waren erfolgreich, und so wurden buddhistische Kulthöhlen entlang des Weges hinauf zum Haupttempel eingerichtet, mit Zustimmung der zentralen Gottheit, dem Beamten zufolge. Die Pilger würden sich fromm eingestimmt auf ihrem Weg *Wen-chang di-jun* nähern, und eine positive Wirkung sei abzusehen.[19] Diese Felsbildnisse sind längst zerstört, sei es durch die Kulturrevolution, sei es durch eine Erweiterung der Straße zur Zeit der Republik.

Diese Überlieferung zeigt, in welch maßgeblicher Weise die säkulare Administration in die Entwicklung religiöser Kultsphären eingreifen konnte. Trotzdem haben die buddhistischen Kultbildnisse das religiöse Gewicht, das sich um den Namen *Wen-chang di-jun* rankte, nicht verschoben oder vermindert. Im Gegenteil, sie haben den älteren Kult unterstützt. Dies ist die Deutung, welche die alte Lokalzeitung präsentiert.

Die Geschichte der Gottheit *Wen-chang di-jun* führt uns zurück in die lokale Geschichte Sichuans. In den ersten Jahrhunderten nach der Zeitenwende gab es am Berg *Qi-qu shan* einen Kult für eine Gottheit namens *E-zi* oder *Zhang E-zi*. Wenn die Bevölkerung ihr Opfergaben darbrachte, holte sie sich diese mit Blitz und Donner. Diese Gottheit wird mit der Gestalt einer

Viper verbunden, die an jene Schlange erinnert, die von den schon erwähnten fünf Schwertmännern aus ihrer Höhle gezogen werden sollte. Ein regionaler Kult, der sich um diese Themen rankte, bestand, als in der Östlichen Jin-Zeit (317–419) der Militärmachthaber Fu Jian die Provinz Sichuan besetzte. Damals trat ein Mann namens Zhang Yu auf, der sich «König von Shu» nannte, Widerstand gegen Fu Jian organisierte, dann aber im Kampf fiel. Die Bevölkerung verehrte ihn posthum am Berg *Qi-qu shan*. Später in der Tang-Zeit (618–905) trat in dieser Gegend der Gelehrte und «hervorragend gute Mann» Zhang Ya auf. Ihm errichtete die Bevölkerung wiederum posthum einen Schrein mit dem Namen «Schrein für den Lord von Zi-tong» (*Zi-tong jun ci*).

Dieser Name, Lord von Zi-tong, verschmolz wohl mit jenen älteren Traditionen um *Zhang E-zi* und Zhang Yu zum «Gottkaiser von Zi-tong», der all die positive und göttliche Macht verband, die das spirituelle Potential seiner historischen Vorgänger vereinte. Gelehrsamkeit und Gewalt über Blitz und Donner ergaben für diesen Lord und Gottkaiser eine ganz erhebliche spirituelle Macht.

Kaiser Tang Xuan-zong kam auf der Flucht vor der Revolte des An Lu-shan (755–757) auf dem Weg nach Chengdu am Berg *Qi-qu shan* vorbei, wo er übernachtete. Er tat dies in unmittelbarer Nähe des heutigen *Da-miao*. Der Lord von Zi-tong erschien dem Kaiser im Traum und bedeutete ihm, daß dieser Ort von ihm für den Kaiser vorbestimmt sei, der hier Hilfe empfange. Im «Pavillon des Unsterblichen, zum erfüllten Traum» sehen wir ein großes steinernes Bett, auf dem Kaiser Xuan-zong geschlafen haben soll. Die Wände zieren Gemälde zu dieser Überlieferung. Traummitteilungen, besonders zu den Beamtenprüfungen in der Hauptstadt, spielten seit der Tang-Zeit eine große Rolle für den Kult am Ort, der von Kandidaten lebhaft frequentiert wurde. Diese Kultstätte mit dem achteckigen kleinen Tempel und seinen Bildern ist seit der Song-Zeit belegt. Als Besonderheit zu diesem Gott der Prüfungskandidaten sei erwähnt, daß die Sternengottheit *Kui-xing shen*, auf einem Meermonster stehend und mit einem Pinsel in der einen und einer Rose in der anderen Hand, als Alter Ego des *Wen-chang di-jun* verstanden wird. Bei dieser Gottheit soll es sich ursprünglich um einen auffällig häßlichen Prüfungskandidaten gehandelt haben, der aber die höchste Staatsprüfung mit Bravour bestand. Da der Kaiser es ablehnte, ihm, dem Häßlichen, die Belohnung einer goldenen Rose persönlich zu überreichen, habe jener sich aus Gram im Meer ertränken wollen. Er wurde jedoch von einem Meermonster errettet und hinauf in das *Kui-xing*-Gestirn verbracht, wo er von nun an über die Prüfungserfolge wacht. Die Verschmelzung von *Zi-tong di-jun, Wen-chang di-jun* und der Sternengottheit *Kui-xing shen* am Berg *Qi-qu shan* ist eine nachvollziehbare Entwicklung des Kults. Die Einbeziehung der Sphäre des Himmels bzw. der Sterne ist bezeichnend für Positionen des religiösen Taoismus.

In der Haupthalle des *Da-miao*, im Tempel *Zheng-dian*, finden sich auf dem Rockschoß zweier der Begleitfiguren von *Wen-chang di-jun* aus Gußeisen Aufschriften zur Herstellung dieser Kunstwerke, die einem Satz von zehn Figuren angehörten. Viele wurden während der Kulturrevolution vernichtet und sind nun durch Lehmfiguren ersetzt. Ein Klan aus Sichuan hatte diese zehn Figuren bei Eisengießern aus Shenxi in Auftrag gegeben, um den gegenwärtigen und zukünftigen Angehörigen des Klans immerwährendes Glück bei den Prüfungen in der Hauptstadt zu sichern. Auch heute finden wir im Tempel frisch dargebrachte rote Wimpel und Altartücher, auf denen für «jüngstes Prüfungsglück» gedankt wird. Es zeigen sich am Berg *Qi-qu shan* also Jahrhunderte alter Glaube und die Zuversicht, daß Prüfungsglück durch spirituelle Hilfe sicherzustellen sei. Nachdem der Tempel wieder zunehmend seiner ursprünglichen Bestimmung geöffnet wird und Restaurationen notwendig sind, tauchen in beeindrukkender Zahl wieder jene Steinstelen auf, auf denen sich Geldgeber und Förderer des Tempels, oder der sogenannten *Wen-chang*-Kultur («Blüte der Zivil- und Literatenkultur»), ihre Namen zur Dokumentation religiösen Verdienstes in Stein meißeln lassen können.

Der Titel *Wen-chang di-jun* wurde im Jahr 1316 durch Kaiser Ren-zong aus der Yuan-Dynastie vergeben, ohne daß seither der lokal begründete Name «Gottkaiser von Zi-tong» in Vergessenheit geraten wäre. Eine Eigenheit dieser Gottheit ist sicherlich, daß sie mit sehr unterschiedlichen Erscheinungen identifiziert wird. Im taoistischen Kanon gibt es ein «Buch von den Transformationen» des *Wen-chang di-jun* mit dem Titel *Zi-tong di-jun hua-shu.*[20] Mit *Kui-xing shen* haben wir sein populäres Alter Ego schon genannt. Im Areal des *Da-miao* finden wir aber auch eine kleine Tempelhalle mit der höchst furchteinflößenden Figur des *Wen-zu* («Pate der Epidemien»). Die Gottheit *Wen-zu*, mit gefurchtem Gesicht, geöffnetem Mund, Bart und starren, hervortretenden Augen, hält in der einen Hand ein Würdezeichen, die andere, ausgemergelt und dürr, krallt sich in die Robe, mit der *Wen-zu* angetan ist. *Wen-chang di-jun* in der Gestalt des *Wen-zu* bedient die Bedürfnisse der Landbevölkerung vor Ort, die sich mit Dürren und Epidemien auseinanderzusetzen hat. Am Berg *Qi-qu shan* ist den Besuchern diese Identität von *Wen-zu* und *Wen-chang di-jun* bewußt, wobei der ältere Name «Lord von Zi-tong» (*Zi-tong di-jun*) eine verbindende Rolle spielen mag. Die Verbindung zwischen den beiden Namen ist im angeführten Titel aus dem Kanon zu den Inkarnationen von *Wen-chang di-jun* belegt.

Die Anlage auf dem höchsten Punkt des Berges, die rings um die große «Halle der Himmelsehrwürdigen» angelegt ist, trägt diesen ländlichen und recht menschlichen Sorgen in besonderer Weise Rechnung. Während diese Halle inzwischen wieder mit den monumentalen Statuen der «Himmelsehrwürdigen» und ihrer Entourage ausgestattet ist und so das höchste Pantheon des Taoismus repräsentiert, kommen die Seitentempel den allgemein menschlichen Sorgen entgegen. Im linken Seitengebäude sehen wir die «Göttin, die Kinder schenkt» (*Song zi niang-niang*). Auf einem Sockel in einer aufwendig gestalteten Vitrine aus Holz stehen drei Figuren von fein gestalteten weiblichen Gottheiten, nämlich die «Goldene Morgenröte», die «Silberne Morgenröte» und die «Jade Morgenröte». Weiteren Beschriftungen ist zu entnehmen, daß wohl die zentrale Figur als *Song zi niang-niang* anzusehen ist, die anderen beiden als ihre Dienerinnen. Diese Vitrine wird von den Besuchern gut frequentiert. Zu Füßen der Figuren sah ich Babyschuhe abgelegt, zwei vermutlich private *Guan-yin*-Figuren sowie eine hölzerne Frauenfigur mit einem nackten Baby in der Hand. Es bedarf keiner Erklärung, was diese Gaben bedeuten.

Im selben Seitenflügel befindet sich die Gestalt des «Königs der Medizinen» (*Yao-wang*). Auf einem Tiger sitzend greift seine linke Hand nach dem Kopf eines Drachen, in der rechten Hand hält er eine Akupunkturnadel. Diese Gottheit ist für den medizinischen Heilerfolg verantwortlich, woraus wir schließen, daß Heilung nicht nur eine medizinisch-technische Seite hat, sondern auch eine spirituelle, religiöse. Vor Ort wurde *Yao-wang* als göttliche Apotheose des berühmten Tang-Gelehrten Sun Si-mo identifiziert, der für Medizin und Alchemie zuständig sein soll. Im rechten Seitengebäude finden sich die Gottheiten «König der Rinder», mit Menschengestalt und Rinderkopf. Eine Darstellung des «Königs der Pferde» soll es früher auch gegeben haben. Sie wurde nach den Zerstörungen der Kulturrevolution noch nicht wiederhergestellt. Im rechten Teil der länglichen und nach vorne offenen Halle sehen wir die Figur eines bärtigen, weißhaarigen Mannes, dem Besucher Reisähren in den Schoß gelegt haben. Dies ist *Gu-fu*, der «Herr des Getreides». Ihm zur Seite befindet sich eine Figur, alles sitzende Darstellungen, der «Frau des Seidenkokons» (*Jian-gu*). Der Sinn der Gebete und Verehrung für diese Repräsentationen ist offensichtlich. Inschriften und Widmungen auf nahen Steinstelen unterstellen allerdings auch dieses Areal dem Machtbereich des «Lords von Zi-tong» und beschwören die spirituelle Dimension dieser Region. In diesem Sinne interpretieren wir das astronomische «Observatorium der Himmelszeichen der acht Richtungen», das sich vor der «Halle der Himmelsehrwürdigen» und zwischen den beiden soeben beschriebenen Seitenflügeln befindet.

Auf einer quadratischen Grundfläche steht eine achteckige Steinsäule, auf der die acht Trigramme (*ba-gua*) eingraviert sind. Darüber befindet sich ein im Querschnitt runder Steinblock, auf dem astronomische Angaben verzeichnet sind. «Rund» (oben) repräsentiert den Himmel, viereckig (unten) die Erde, und in der Mitte walten die acht Trigramme über die Welt der Menschen und Gottheiten. Dies sind jene Symbole, aus denen die 64 Zeichen des Buchs der Wandlungen (*Yi-jing*) zusammengesetzt sind. Dieses «Observatorium» repräsentiert den Kosmos, der in dieser Konstruktion als Größe versinnbildlicht wird, deren Funktionen und einzelne Aspekte die Figuren in den Tempelhallen vertreten.

In einer der Hallen stehen Sänften aus der Qing-Zeit. Sie wurden verwendet, wenn einmal oder zweimal im Jahr eine Figur des *Wen-chang di-jun* in feierlicher Prozession vom Berg herab in die Stadt Zi-tong getragen wurde, wo *Wen-chang di-jun* dem Stadtgott (*Cheng-huang shen*) einen Besuch abstattete, um sich dann in seinem eigenen Stadttempel, der «Reiseresidenz», auszuruhen. Heute ist diese «Reiseresidenz» nur noch an der teilweise erhaltenen Tempelarchitektur zu erkennen sowie an Relikten von Steininschriften. In der Anlage befand sich 1991 das «Gästehaus der kommunistischen Partei». Dennoch, wir können auch heute noch etwas von dem religiösen Eifer, der Geschäftigkeit und der Anteilnahme am Kult ganz verschiedener gesellschaftlicher Kreise erleben, wenn wir zum «Geburtstag» der Gottheit *Wen-chang di-jun* im September das große Tempelfest besuchen. Wenn es einen «Geburtstag der Gottheit» gibt, dann gibt es auch eine «Ahnenhalle», in der die «Familie der Gottheit» (*Jia-qing tang*) verehrt wird. Zeitweise wurde jene Halle als Ausstellungsraum zur Revolutionsgeschichte dieser Region verwendet, doch hat man inzwischen die Halle wieder ihrem alten Zweck zugeführt. Nicht mehr hergerichtet wurde der «Pavillon zum Regen gemäß den Gezeiten». Von hier aus hatte der «Lord von Zi-tong», oder *Wen-chang di-jun*, durch magische Schriften die Beamten im Ort am Fuß des Berges ermahnt, sich in Loyalität und Gerechtigkeit zu befleißigen.

Die staatliche Sphäre wird traditionell von den beiden Elementen der säkularen und literarischen Kultur (*wen*) sowie dem Militär- oder Kriegswesen (*wu*) getragen, wobei ersterem sicherlich die meiste Wertschätzung zukommt. *Wen-chang di-jun* bzw. *Zi-tong di-jun* vertritt die säkulare, literarische Kultur, während die Sphäre des Militärs mit der Gottheit *Guan-di* verbunden wird. Am Berg *Qi-qu shan* befindet sich direkt neben den Tempeln für den Kult des *Wen-chang di-jun* ein gewaltiger Bau, der *Guan-di* gewidmet ist, einer eigenständigen Gottheit. *Guan-di*, eine geläufige Abkürzung für *Guan-sheng di-jun*, ist die Vergöttlichung des Generals Guan Yu (gest. 220), dessen Leben im Geschichtsroman *San-guo yan-yi* beschrieben wird, der den Stoff für Theaterstücke und Opern hergab. Guan Yu als historische Person und literarische Figur gehört zum Volkswissen, und zwar als grandioser Held, dessen Verehrung und Bewunderung in Vergöttlichung mündete.

Guan Yu aus Shansi zog in der ausgehenden Östlichen Han-Zeit als Schwertheld marodierend durch Sichuan, bis er sich mit den beiden Militärführern Liu Bei und Zhang Fei verband. Liu Beis Ziel war die Etablierung seiner persönlichen Herrschaft in Sichuan unter dem Titel «Han Dynastie in Sichuan». In diesen militärischen Auseinandersetzungen wurde Guan Yu zur Verkörperung von Loyalität und Heldenhaftigkeit. Ihm blieb das Kriegsglück nicht treu, und schließlich wurde er hingerichtet. Später avancierte er zum Gott für alles Militärische, wobei die hiermit verbundene Tugend der Loyalität im Vordergrund zu stehen scheint. Sein Rang als «Gott des Militärs» ist seit der Tang-Zeit belegt, und zwar mit dem Namen *Guan-sheng da-di*. Er ist auch unter einer Reihe anderer Namen bekannt, z.B. *Shan-xi fu-zi* («Der Meister aus Shan-xi») oder *Fu-mo da-di* («Großer Gottkaiser, der die Dämonen unterwirft»).

Letzterer Titel taucht am Berg *Qi-qu shan* auf, allerdings variiert in einem ganz anderen Kontext. Es befindet sich im Areal des *Da-miao* ein kleiner Schrein für Zhang Xian-zhong, und hier gilt *Fu-mo jiang-yao Zhang da-di* als Titel einer jüngeren Inkarnation von *Wen-chang di-jun* in Gestalt des Zhang Xian-zhong (etwa 1605–1647).[21] Zhang Xian-zhong war ein notorischer Mordbrenner, der den Tempel für *Zhang E-zi* oder *Zi-tong di-jun* als seinen Ahnentempel (gleiche Familiennamen!) betrachtete. Ende des Jahres 1644 ließ er sich in Rebellion gegen die schon verfallende Ming-Herrschaft zum «König des Großen Westlichen Königreichs» ausrufen und kontrollierte von der «westlichen Hauptstadt» (Chengdu) aus die Region. Den Tempel des *Wen-chang di-jun* erhob er zum *Tai-miao* (Ahnentempel). Das wechselhafte Schicksal dieses Schreins und der Darstellung des Zhang Xian-zhong soll uns nicht weiter beschäftigen, ist doch Guan Yu sicher die bedeutendere Gestalt. Es sei erwähnt, daß die Statue des Zhang Xian-zhong zeitweise durch eine buddhistische *Guan-yin*-Figur ersetzt war. Zhang Xian-zhong wird in der Volksrepublik, in einseitiger Sicht der Geschichte, als «Bauernführer» verehrt.

Guan-di blieb immer mit der positiv bewerteten militärischen Komponente verbunden. Als die Mandschu, die Herrscher der Qing-Dynastie, in der Mandschurei Truppen aushoben, soll die Gottheit *Guang-di* sie unterstützt haben. Er wurde als Schutzgottheit der Qing-Herrschaft anerkannt, für die in fast jedem Ort ein Tempel erbaut wurde. *Guan-di* fand Aufnahme in den offiziellen Kanon und wurde mit staatlichen Opfern verehrt. Angeblich war Guan Yu ein fleißiger Leser der Schriften des Konfuzius, weshalb er in den Rang eines der «fünf *wen-chang*» (die «fünf Förderer der literarischen Kultur») erhoben wurde, womit Guan

Yu dem Namen nach formell in unmittelbare Nähe des *Wen-chang di-jun* rückt. Nach seinem gewaltsamen Tod soll Guan Yu übrigens im Jenseits dem buddhistischen Meister *Pu-jing da-shi* begegnet sein, der ihn an das Geschick all der Menschen erinnerte, die Guan Yu hatte umbringen lassen. Guan Yu habe daraufhin die große «Erkenntnis» erlangt. Auch im Buddhismus wird er folglich als Gottheit verehrt und hat passende Titel, so z.B. *Guan-di pu-sa*. Seiner ursprünglichen Profession nach ist er Beschützer buddhistischer Tempel und der Lehre (*Hu-fa shen*). Diese Aspekte der Vergöttlichung des Guan Yu treten am Berg *Qi-qu shan* jedoch nicht in Erscheinung. Alle diese Namen belegen aber, wie wenig statisch religiöse Vorstellungen sind, und auf welche Weise umfassende Vermischungen oder Verbindungen dieser Elemente über die Jahrhunderte hinweg erfolgten. Eine Tempelsphäre, wie wir sie am Berg *Qi-qu shan* sehen, ist ausgefüllt mit historischen Ereignissen und ihren Überlieferungen, die sich mit dem Gespür der Menschen für transzendente Kräfte verquikken. Auf diese Weise entsteht eine eigene religiöse Aura, in der die menschlichen Erwartungen und zugleich die Erfahrungen wundersamer Wirkungen stets gegenwärtig sind. Die Sphäre des Numinosen erweist sich speziell auch in der Natur, an den «über zehntausend» Zypressen auf dem Berg und im Areal des Tempels, die der Landschaft ihre besondere Schönheit und Ruhe geben. An vielen Stellen im Tempelbereich sind die Stämme der Bäume mit Stacheldraht gegen Touristen, Pilger und Heilung suchende Menschen gesichert, welche die Zypressenrinde als göttliche Medizin (*ling-yao*) zu erhalten suchen.[22]

Die Ausführungen zu *Shi-ba wang-gong* und *Wen-chang di-jun* sowie zu ihrem Umfeld zeigen, daß die Begegnung mit chinesischer Religion immer auch eine Begegnung mit regionaler und nationaler Geschichte ist. Wir haben gesehen, daß sich alle gesellschaftlichen Schichten im beschriebenen religiösen Umfeld in der einen oder anderen Weise wiederfinden können. Es gibt kein Pochen auf Exklusivität und «rechten Glauben», sondern die verschiedensten religiösen Aussagen und Inhalte wirken zusammen. Sie schließen sich nicht aus, sondern ergänzen und potenzieren sich gegenseitig. Wir erkennen das zugrunde liegende Verständnis von einer harmonischen Ordnung in Welt und Gesellschaft, die von einem spirituellen Untergrund getragen wird. Opfer und Gebet, aber auch die materiellen «verdienstvollen» Aufwendungen zum Erhalt von Tempelstätten erlauben es dem einzelnen, sich in dieses Gesamtbild auch öffentlich einzufügen.

4. Der Zeitrahmen: Feste und Gottheiten

Neben diesen Aspekten haben wir den Rahmen der Zeit eines Jahres nach dem Mondkalender *Nong-li* («Agrarkalender») zu berücksichtigen, wozu gerafft wichtige Orientierungspunkte gegeben seien.[23] Das Jahr beginnt mit umfangreichen Feiern, die sehr stark variieren können und lokalen Traditionen entsprechen. Sicher aber findet sich dabei ein Bankett mit gekochten Speisen für die Ahnen, eines mit ungekochten für die Gottheiten und Geister der Örtlichkeit, sei es der Landwirtschaft oder der Wohnstätte im engeren Sinne. Die Haustüre wird geöffnet, um die Wohltaten des Neuen Jahres einzulassen. Böse Geister werden mit Feuerwerk vertrieben, Seelengeld wird vor der Haustüre verbrannt. Vor allem die Tage des ersten Monats sind mit festlichen Gebräuchen besetzt, von denen nur einige aufgeführt seien, die mit Aktivitäten in den Tempeln verbunden werden können.

Am **9. Tag des 1. Monats** wird der Geburtstag von *Yu-huang da-di* (Jadekaiser) gefeiert. Auch als Herr des Himmels *Tian-gong* bekannt, herrscht er über die Gottheiten der sichtbaren Welt, in Himmel, Erde und Unterwelt. Er hat nicht den gleichen Rang wie die *San-qing* («Drei Reine»), die höchsten und abstrakten Gottheiten, die über den «früheren Himmel» herrschen und beim großen *jiao*-Opferfest im Tempel die Hauptrolle spielen. *Yu-huang da-di* wird dann unter ihnen plaziert. Dieser kann aber von den Männern der Familien mit einem Opfer von Fleischspeisen privat gefeiert werden.

Am **13. Tag des 1. Monats** wird das Fest von *Guan Yu*, dem Gott des Militärwesens begangen. Er wird für seine Loyalität gefeiert, aber auch, weil er als Gott erstmals genaue «Finanzberichte» gefertigt haben soll. Er gilt als Patron der Buchhalter und Kaufleute.

Am **15. Tag des 1. Monats** wird das Lampenfest gefeiert. Es ist das Fest der Gottheiten des Himmels, d.h. der ersten Sektion des (religiösen) Jahres. Diese erste Sektion reicht vom 15.1. bis zum

15.7. und wird von den «Gottheiten des Himmels», unter Leitung des Segen spendenden *Zi-wei da-di* («Gottkaiser der Purpurfeinheit»), regiert. Die zweite Sektion vom 15.7. bis zum 15.10. regiert *Qing-xu da-ti* («Gottkaiser der reinen Leere»), der Schuld und Sünde erläßt. Die dritte Sektion vom 15.10. bis zu Neujahr regiert *Dong-yin da-di* («Gottkaiser der das Dunkle bewegt»), der schlechte Geister vertreibt. An diesem Tag werden im Tempel die privat hergestellten Laternen ausgestellt und ein Bankett den Gottheiten des Himmels gespendet, das dann zu Hause von der Familie gemeinsam genossen wird. Der Drachentanz, der oftmals aufgeführt wird, bedeutet in taoistischer Auslegung die Suche nach der Perle des reinen *yang*, die im Meer von *yin* verborgen sein soll. Alles bezieht sich an diesem Tag auf *yang*, auf die «Unsterblichkeit» und den Segenreichtum.

Am **2. Tag des 2. Monats** wird der Geburtstag des «Herrn des Bodens» (*Tu-di lao-ye*) begangen. Aufgestellt bei Gräbern, wacht er über die mit *yin* verbundenen Geister, die er dort festhält, so daß sie fern der Menschen bleiben. Andererseits wacht er auch über die Taten der Menschen in ihren Gemeinwesen. Er vertritt den «Gelben Kaiser» auf Erden, der wiederum für «die Mitte» steht und so für die Ernte und den Erfolg der wirtschaftlichen Produktion zuständig ist. Zu seinen Ehren werden von den lokalen Honoratioren außerhalb der Tempel Opern oder Singspiele ausgerichtet.

Am **3. Tag des 2. Monats** wird der Geburtstag von *Wen-chang di-jun* gefeiert, den wir als Gottheit und Patron der Gelehrten kennen.

Am **16. Tag des 2. Monats** hat *Lao-zi* seinen Geburtstag. Als einer der «Drei Reinen» (*Lao-zi*, auch als *Tai-shang Lao-jun* vergöttlicht, ist unter ihnen *Dao-de tian-zun*) gehört er zu den hervorragenden Gottheiten des «früheren Himmels», doch kann er, ähnlich wie die astrale Gottheit *Wen-chang di-jun*, aufgrund seiner Geschichte auch mit den «weltlichen» Gottheiten des «späteren Himmels» verbunden werden.

Am **19. Tag des 2. Monats** begeht man den Geburtstag der populären buddhistischen Gottheit *Guan-yin*. Sie ist die Göttin der Barmherzigkeit, eine Weiterentwicklung des Bodhisattva *Avalokiteshvara*, der auf seinem Weg nach China weibliche Züge annahm. Auch Taoisten rufen *Guan-yin* während des Rituals nach einer Beerdigung an, um die Seele aus den Höllen zu befreien.

Bilder und Figuren von *Guan-yin* werden vorzugsweise auf Hausaltären angebracht, und zwar als Schutz gegen alles Böse.

Am **3. Tag des 3. Monats** wird der Geburtstag von *Xuan-tian shang-di* («Oberster Gottkaiser des Dunklen Himmels») gefeiert, der auch *Zhen-wu da-di* («Gottkaiser Vollkommener Krieger») genannt wird. Eine der vielen Legenden zu dieser Erscheinung besagt, daß er ein magisches Messer besaß, das alles zerschnitt, was es nur berührte. Um die Menschheit davor zu bewahren, habe er es sich in den Bauch gestoßen und sei in einen Fluß gesprungen. Sein Bauch wurde die Schildkröte und seine Eingeweide die Schlange, die auf Abbildungen der Gottheit zu ihren Füßen gezeigt werden. Historisch war *Zhen-wu da-di* die Schutzgottheit der Ming-Dynastie. Er gilt als Patron der Metzger und Friseure.

Auf diesen Tag fällt auch das Fest der «Klaren Helle» (*Qing-ming jie*), eines der großen zentralen Familienfeste. Die Familien suchen ihre Klangräber auf, reinigen sie von Gestrüpp und Unkraut. Gemeinsam werden die Opfergaben den Ahnen präsentiert, die später zu Hause verzehrt werden. Geopfert wird dabei auch dem für das Grab zuständigen «Herrn des Bodens». Zu Hause finden dann Ehrerweise vor der zentralen Ahnentafel des Klans statt, die immer in der Linie des ältesten Sohnes weitergeführt wird.

Am **15. Tag des 3. Monats** feiert man den Geburtstag von *Bao-sheng da-di* («Gottkaiser Schutz für das Leben»), dem Gott der Medizin.

Am **23. Tag des 3. Monats** wird der Geburtstag von *Ma-zu* gefeiert, die wir als Patronin der Seefahrer, Fischer und Bauern kennen.

Am **26. Tag des 3. Monats** feiern Taoisten den Geburtstag von *Zhang Dao-ling*, dem ersten «Himmelsmeister» und historischen Begründer des *Zheng-yi*-Taoismus. In Tempeln wird er oft zusammen mit einem Tiger gezeigt. Dies soll seine magische Macht symbolisieren, die den Tiger bezwingen könne, d.h. all die negativen *yin*-Kräfte.

Am **4. Tag des 4. Monats** feiern die Chinesen den Geburtstag von Buddha *Shakyamuni*, des Gründers des Buddhismus.

Am **14. Tag des 4. Monats** wird der Geburtstag von *Lü Dong-bin* gefeiert, der angeblich in der Tang-Zeit lebte. Er gehört zur Gruppe der «Acht Unsterblichen» (*Ba-xian*) und wird als Unsterblicher und «Perfekter reines Yang» (*Chun-yang zhen-ren*) im spirituellen Stammbaum der *Quan-zhen*-Taoisten angeführt.

Am **16. Tag des 4. Monats** begehen die Chinesen den Geburtstag des «Göttlichen Landmanns» *Shen-nong*, der eine der zentralen Figuren der altchinesischen Mythologie darstellt. Er ist der Patron der Landwirtschaft und der Töpferei und gilt als Erfinder der Medizin. Er herrscht über den Süden, den Sommer, das Element Feuer und wird auch in Ritualen angerufen, um die rechte Ordnung im Universum wieder herzustellen.

Am **5. Tag des 5. Monats** beginnt die Sommersonnenwende, deren Fest *Duan-wu jie* heißt. An diesem Festtag werden Drachenbootrennen veranstaltet, die vielfältig interpretiert werden, z.B. als Ritual für Regen und Fruchtbarkeit, dargebracht an den Drachengott des Wassers. An den Poeten Qu Yuan, der sich in der Antike durch Ertränken das Leben nahm, wird u.a. durch die Herstellung bestimmter Speisen (*zhong-zi*) erinnert. Dämonen, die Epidemien verursachen können, werden von den Taoisten vertrieben, indem sie in kleine Boote gebannt ins Meer (Wasser) gestoßen werden.

Am **1. Tag des 7. Monats** stehen die Tore der Höllen offen, und die eingesperrten Seelen kommen frei. «Hungrige» Waisenseelen wandern umher und suchen «Ersatz» bzw. Unterhalt, so daß Opfergaben diese Seelen befrieden und dem Spender Glück verschaffen sollen. In diesem Monat können die gemarterten Seelen befreit werden. Dies geschieht durch Rituale, genannt *Pu-du*, die mit einem Gemeindebankett für die Seelen verbunden sind.

Am **15. Tag des 7. Monats** beginnt die Herrschaft der «Gottheiten der Erde». Bedeutend ist dabei die rituelle Verpflegung der hungrigen Waisenseelen, die aus der Unterwelt entlassen sind und seit dem 1. Tag des 7. Monats in der Menschenwelt umherirren. Der «Gott der Stadtmauern» (*Cheng-huang*), Oberhaupt der Gottheiten in der Stadt und Richter über die Seelen nach dem Tod, wird in einer Sänfte zur Inspektion durch die Stadt getragen. Alle Gottheiten im Stadttempel ziehen ihm voraus in einer Prozession, um die unartigen Dämonen am Wegesrand festzunehmen. Abends richten die Familien ein Bankett aus, um die hungrigen Seelen zu verpflegen und für die Reise zum Himmel zu stärken. Zuletzt schließen sich die Familien einer Prozession an, um Laternenschiffchen auszusetzen, die den Seelen den Weg zurück leuchten sollen.

Am **30. Tag des 7. Monats** werden die Tore der Höllen wieder geschlossen. Bis zu diesem Tag müssen alle Seelen, die am 1. Tag des Monats freikamen, wieder zurücksein. Seelen, die dies nicht schaffen, werden zu «verlorenen Seelen», die rastlos durch das Universum irren. Um die Rückkehr der Seelen zu beschleunigen, werden Weggaben ausgelegt.

Am **3. Tag des 8. Monats** feiern die Chinesen den Geburtstag des «Herdgottes» (*Si-ming Zao Chun*). Der Herdgott führt Buch über die guten und schlechten Taten des Menschen in seinem Heim. Jährlich berichtet er am 24. Tag des 12. Monats dem Jadekaiser. Schlechte Taten werden im Buch des Todes vermerkt, zur Bestrafung nach dem Tod. Gute Taten werden auch verbucht, zur Belohnung sowohl in diesem Leben wie im Jenseits.

Am **15. Tag des 8. Monats** wird der Mond gefeiert. An diesem Tag wird an die Göttin *Chang O* erinnert, Gattin des *Hou-xi*, eine mythologische Überlieferung aus der Antike. *Hou-xi* hatte mit Pfeil und Bogen die neun Sonnen vom Himmel geschossen, die Trockenheit und Hungersnot verursachten. Zur Belohnung schenkte ihm die «Königliche Mutter des Westens» (*Xi wangmu*) die Medizin der Unsterblichkeit, die seine Frau stahl und schluckte. Sie war zwar sofort unsterblich, wurde aber mit dem Exil auf dem kalten Mond auf Ewigkeit bestraft.

Am **28. Tag des 9. Monats** feiern die Gemeinden den Geburtstag des *Konfuzius*. Er wird vielfach zusammen mit *Wen-chang di-jun* und *Guan Yu* als Patron der Gelehrten verehrt.

Am **10. Tag des 10. Monats** wird das Fest des Großen *Yü* gefeiert. *Da Yü* ist jener Kulturheros aus der chinesischen Antike, der die Fluten gebändigt und die Flüsse reguliert haben soll. An diesem Tag wird all derer gedacht, die durch Ertrinken ums Leben kamen, wie etwa die bekannten Poeten Qu Yuan und Li Tai-bo.

Am **15. Tag des 10. Monats** treten die Gottheiten des Wassers und die der Unterwelt auf den Plan. An diesem Tag werden in den Tempeln kurze *jiao*-Opferfeiern begangen. Wiederum wird das *Pu-du*-Ritual durchgeführt, um die Seelen in den Wasserbereichen der Unterwelt zu befreien.

Auf den **11. Monat** fällt die Wintersonnenwende. Seelengeld wird verbrannt und ein Bankett für die Ahnen ausgerichtet. Vielfach wird der Eßtisch mit dem Hausaltar zusammengerückt, um die Ahnen als «Ehrengäste» dabei zu haben.

Am **16. Tag des 12. Monats** gibt es das letzte Fest für den «Herrn des Bodens» (*Tu-di gong*) im laufenden Jahr. Der Jahresabschluß ist zu machen, Angestellte zu entlassen oder für das neue Jahr wieder einzustellen. An *Tu-di gong* wird als Patron der eigenen Firma geopfert.

Am **24. Tag des 12. Monats** werden die Gottheiten im Haus verabschiedet und «zurück zum Himmel» geschickt. Das Haus wird gereinigt und für das Kommen der himmlischen Geister und Götter des nächsten Jahres vorbereitet.

Die voranstehenden Angaben zu den Festen entsprechen Erfahrungen meiner eigenen Begegnung mit Leben und Religion in *Taiwan*, die in anderen Bereichen der chinesischen Welt etwas anders verlaufen wären. Wir wissen aber, daß Feste und Rituale im kulturellen Gedächtnis aufgehoben sind und in verschiedenen Regionen des Festlands allmählich wieder auftauchen. Es wäre leicht, die Namen der Objekte einer möglichen religiösen Verehrung an einzelnen Tagen zu erweitern, sei es in Tempeln oder sei es im privaten Umfeld. Natürlich können auch noch andere Tage als die genannten gefunden werden, an denen religiöse Aktivitäten unternommen werden können. Es gibt keine Pflicht und Verbindlichkeit. Es sind lokale Traditionen, die vorgeben, was in den Gemeinwesen geschieht. Die Haushalte und ihre Individuen sind frei, sich auf beliebige Weise zu beteiligen. Da diese Feste zumeist aber mit einem erheblichen Unterhaltungswert verbunden sind, sei es durch Theateraufführungen zu Ehren von Gottheiten, sei es durch die gleichzeitige Abhaltung von Märkten, sind sie doch immer auch ein gesellschaftlicher, gemeinsamer Belang. Auch der religiös wenig Interessierte nimmt daher in der einen oder anderen Weise teil, und sei es nur, daß er mit Freunden zusammen im Tempel Weihrauch abbrennt und «aus Gewohnheit» das Orakel wirft. Die Zeitpunkte dieser Feste, sofern sie nicht Allgemeinwissen sind und allgemeiner Übung entsprechen, werden durch die jährlichen «Bauernkalender» und die Aktivitäten der alten Herren in den Tempeln, die sich mit «Schriftsachen» auskennen, bekannt gegeben. Der fremde Besucher erfährt durch diese Feste die besondere Intensität und Nähe von Religion als Element des Lebens in chinesischen Gemeinden.

II. Religiöse Elemente in der Privatsphäre

Der Hausaltar

Begegnungen mit chinesischer Religion und Religiosität erfolgen natürlich nicht nur in Tempeln und an Kultstätten, sondern auch im privaten Bereich der Familien, ihrer Wohnungen und Häuser. Chinesische private Hausaltäre sind in ihrer Funktion in gewisser Weise vergleichbar den kleinen Schreinen, die wir in chinesischen Restaurants und Geschäften gesehen haben. Hausaltäre sind höchst vielfältig gestaltet und unterliegen in ihrer Ausstattung keiner festen Norm. Räumliche Möglichkeiten, finanzielle Mittel, Interesse, die Familientraditionen und religiöse Ausrichtungen geben zusammen den Ausschlag, ob und wie ein Hausaltar eingerichtet wird.

Oft sehen wir als Hausaltar einen länglichen, etwas höheren Tisch, auf dem zwei gleichartige Vasen mit Blumen den äußeren Rahmen abstecken. Dazwischen finden sich ein Weihrauchbrenner, kleine Becher für Getränke oder eine Schale mit Obst. Alles wird symmetrisch aufgestellt. Außerdem mögen auf diesem einfachen oder auch mit Schnitzereien verzierten Altartisch, der ausschließlich für diesen Zweck genutzt wird, Figuren von Heiligen oder Buddhas aufgestellt sein, wobei ein lachender Dickbauchbuddha, Symbol für Glück und Wohlleben, häufig zu sehen ist. Das Hauptbild an der Wand mag die buddhistische Göttin «Buddha der Barmherzigkeit» (*Guan-yin*) darstellen, oder Buddha Shakyamuni, den Begründer des Buddhismus, vielleicht aber auch andere gefeierte Namen wie etwa den auf einem Elefant reitenden Buddha *Pu-xian pu-sa*, flankiert von Dienern oder Schülern. Die Farbenpracht ist immer beeindruckend. Aufwand und Investition sind offensichtlich erheblich und können als religiöse Rückversicherung verstanden werden. Im beschriebenen Fall können wir annehmen, daß für die Besitzer eines solchen Hausaltars buddhistische Vorstellungen und Frömmigkeit im Vordergrund stehen. Hier wird der Brauch gepflegt, am ersten und fünfzehnten Tag eines jeden Monats Weihrauch zu opfern und z.B. frische Früchte als Opfergaben zu präsentieren. Diese Opfergaben werden immer wieder erneuert und in der Familie gemeinsam verzehrt, als Ausdruck und Symbol für die innere Beziehung und Bindung zwischen Gottheit und Mensch, sowie auch der Menschen in ihrer familiären Gemeinschaft untereinander.

In der Regel ist dieser Altar auch der Ort, wo die Ahnentafel ihren Platz findet. Manchmal steht vor ihr ein eigener Weihrauchbrenner. Diese Ahnentafel ist der verbindliche spirituelle Organisationspunkt der Familie, der auch von Familienmitgliedern respektiert wird, die buddhistischer Frömmigkeit fernstehen. Vor der Ahnentafel werden mit Sicherheit zum Neujahrsfest gemeinsame Opfer an die Ahnen dargebracht, unabhängig von religiösen Interessen oder Bindungen, die auch innerhalb einzelner Familien uneinheitlich sein können, ohne daß Probleme entstünden. An manchen Orten befinden sich auf dem Altar paarweise angeordnete elektrische rote Kerzen, die Tag und Nacht brennen, zur steten Erinnerung und Verehrung von Ahnen und Gottheiten.

Wir dürfen nicht annehmen, daß in diesem Raum vor dem Altar kirchliche Stille herrschen würde. Im Gegenteil. Der Fernseher läuft, und das alltägliche Leben spielt sich zwanglos ab, gewissermaßen im Angesicht von Ahnen und Gottheiten, deren transzendente Nähe von diesen Kultobjekten gewährleistet wird.

Wo nicht buddhistische Elemente im Vordergrund stehen, können wir z.B. Bilder oder Figuren des Gottes des Reichtums sehen, der links und rechts von zwei Dienern oder sogar einer kleinen Garde begleitet sein mag. Sie mögen mit ihrem Erscheinungsbild das würdige Aussehen von Staatsbeamten haben. Über manchen Altären sind Bilder eines buddhistischen oder taoistischen Pantheon angebracht, wobei gelegentlich Elemente beider Religionen vermischt sind. Auf solchen Altären werden auch gerne Wimpel abgelegt oder an der Wand befestigt, die von Wallfahrtsorten zurückgebracht wurden, wie sie zum Beispiel in der schon erwähnten Tempelstätte für die «Achtzehn königlichen Lords» erhältlich sind. Sie erfüllen die Funktion von potenten Amuletten, deren positive Kraft durch Opfer, Gebet und finanzielle Gaben erlangt wurde.

Auf unseren Wegen durch die Straßen von Taipeh, Hongkong oder anderen chinesischen Städten, auch auf dem Festland, können wir im Bereich von Tempeln oftmals Geschäfte finden, die auf die Herstellung und den Verkauf solch farbenprächtiger Figuren und Bilder spezialisiert sind. Wir haben schon erwähnt, daß in den Tempeln eben solche kleineren Figuren vor den großen Kultbildern aufgestellt werden, um sie die spirituelle Kraft der Gebete und des Weihrauchs von Besuchern und Zeremonien in sich aufnehmen zu lassen. Später sollen sie in den Privaträumen ihre magische Kraft entfalten. Zeremonien, welche Mönche und taoistische Priester zur göttlichen Beseelung dieser privaten Idole für den Hausaltar ausführen, können in den Tempeln in Auftrag gegeben werden. Taoistische Priester werden Bildnisse taoistischer Gottheiten beseelen, Mönche aber sind für die buddhistischen Bildnisse zuständig. In jedem Fall wird von ihnen nach Erhalt des Auftrags ein günstiger Tag bestimmt, an dem die Zeremonie stattfinden muß, um wirkungsvoll zu sein.

Oftmals bezeugen Gegenstände des täglichen Lebens, die auf den Hausaltären abgelegt werden, die Wünsche und Hoffnungen der Bewohner. Junge Eheleute mögen etwa durch einen Babyschuh signalisieren, daß auf die Erfüllung eines Kinderwunsches gewartet wird. Dies mag verstärkt werden, indem der Altar mit der Darstellung einer «Göttin des Kindersegens» (*Song-zi niangniang*) ausgestattet wird. Wir bedenken, daß diese Gottheiten, wie auch immer sie äußerlich gestaltet sind, im allgemeinen Verständnis der Menschen das abstrakte Numinose vertreten, das für den Einzelnen auf diese Weise greifbar wird.

Ahnenverehrung und Familiengrab

Neben der Ahnentafel und dem wie auch immer ausgestatteten Hausaltar sind die Familiengräber höchst wichtige Bezugspunkte für das Gemeinschaftsgefühl und das spirituelle und rituelle Leben einer chinesischen Familie. Chinesische Gräber finden sich zum Beispiel als Urnengräber in Pagoden. Dies folgt der buddhistischen Form der Feuerbestattung. Die Mehrzahl der Gräber aber, ob nun eine Feuerbestattung stattfand oder nicht, sind Erdanlagen, die sich erheblich von den in Deutschland üblichen Formen unterscheiden. Friedhöfe, die um Kirchen herum angelegt werden («Gottesacker») und in ihrer gepflegten Erscheinung fast einem öffentlichen Park ähneln, entsprechen nicht chinesischem Brauch.

Die chinesischen Geomanten bestimmen die Lage und den Zeitpunkt der Eröffnung einer neuen Grabanlage. Zumeist legt man von vornherein Familiengräber an, die über viele Generationen geführt werden können. Die einzelne Anlage ist in der Regel erheblich größer als Gräber in Europa und kann viele Urnen aufnehmen. Je nach Brauch der Volksgruppe mag es erforderlich sein, daß der endgültigen Beisetzung im Familiengrab eine mehrjährige Erdbestattung vorausgeht. So mag es dann geboten sein, nach Jahren das Grab zu öffnen, um das Skelett in einer größeren Urne zusammenzusetzen, die dann erst in das Familiengrab eingebracht wird. Selbstverständlich führen dies Spezialisten im Auftrag der Familie aus, und zwar zum rechten, von ihnen kalkulierten Zeitpunkt.

Die Gräber liegen in der Regel entfernt und abseits menschlichen Betriebs, wenn möglich auf Bergen oder Hügeln. Sie sind hügelförmig angelegte Urnenkammern mit weiten Steinumfassungen und Inschriftentafeln aus gutem Stein. Gelegentlich findet sich in ihrem Areal auch ein Schrein für den «Herrn des Bodens». Fern der Wege werden diese Gräber einmal im Jahr zum «Seelenfest» besucht, von Unkraut und Wildnis gereinigt. Gemeinsam wird den Ahnen Verehrung bezeugt, Weihrauch und streng reglementierte Speisen geopfert. Die reichlichen Opfergaben werden dann in die Familien zurückgebracht, wo sie gemeinsam verzehrt werden. Bei dieser Gelegenheit treffen Klanangehörige zusammen, die weit entfernt voneinander leben. Das Wissen um die gemeinsamen Vorfahren führt die Menschen zusammen, die sich in ihrem Leben und Glück gesichert fühlen durch das rituelle Band zu den Ahnen, die durch diese Opfer beruhigt und bestätigt werden und nun Gutes für die Nachfahren erwirken werden. Die Kehrseite dieser Haltung zeigt sich in den oft unscheinbaren Schreinen oder Stelen an der Außenseite größerer Tempelhallen für all die vielen vernachlässigten, einsam herumirrenden Seelen, die potentiell schädlich sind und vom Tempel ferngehalten sowie auch überhaupt durch Opfer befriedet werden müssen. Vorstellungen dieser Art gehören zum Allgemeingut chinesischen Lebens. Auch auf dem chinesischen Festland können wir wieder zunehmend neue Grabanlagen im traditionellen Stil finden, teilweise sogar inmitten von Feldern angelegt, wie es in manchen Regionen ehedem üblich war.

All dies zeigt schließlich, daß jenseits von Religion in irgendeiner bestimmten Definition, sei es Buddhismus oder Taoismus, Hausaltäre, Ahnen- und Grabkult ein religiöses Grundverhalten erkennen lassen, das einen unterschwelligen Respekt gegenüber dem Numinosen dokumentiert, dem sich letztlich niemand entziehen kann. Hierin sehen wir den Hintergrund, der das Verhalten gegenüber allen anderen Formen von Religion bestimmt und ihnen eine gewisse Funktionalität zuweist. So ist es üblich, daß zu Beerdigungen buddhistische Mönche oder Taoisten angestellt werden, um die Beerdigung rituell gestalten zu lassen und die Seele des Verstorbenen «hinüberzuführen». Die Hinterbliebenen erhalten sich den eigenen Seelenfrieden und erfüllen vor sich selbst wie vor der Gesellschaft die Pflicht der Pietät (*xiao*) gegenüber den verstorbenen Angehörigen und den Ahnen im weiteren Sinne.

Ob im Verlauf des Lebens eine engere Beziehung z. B. zu buddhistischen Tempeln und Kulten bestanden haben mag oder nicht, nun jedenfalls ist der Zeitpunkt gekommen, um sich durch die Aufbringung religiöser Dienstleistungen «richtig zu verhalten» und den inneren Bedürfnissen nach einer spirituellen Absicherung Genüge zu leisten. Inwieweit der Einzelne innerlich Anteil nimmt, wird nicht offengelegt und entzieht sich unserer Einsicht. Unsere chinesischen Zeitgenossen haben, wenn wir sie fragen, zumeist «keine Religion». Beamte, Kader oder Lehrer in der Volksrepublik erklären sich als Parteimitglieder schriftlich als «atheistisch». Das ist wohl eine der Voraussetzungen für das Erlangen solcher Posten. Beobachtungen zeigen jedoch, daß zwischen dem Verhalten in der beruflichen Sphäre und dem Verhalten zum Beispiel nach einer Pensionierung deutliche Unterschiede bestehen können. In mancher Hinsicht erinnert dies an die Beamten des alten China, die dem offiziellen Berufsethos verpflichtet mit «vulgären Kulten» und «Geister- oder Dämonenglauben» nicht befaßt waren und die dann doch in ihren heimatlichen Weilern den üblichen religiösen Gebräuchen nachgingen.

Wir können davon ausgehen, daß religiöses Leben sich nicht ausschließlich in der Teilnahme an den großen Kulten von Taoismus und Buddhismus erweist und schon gar nicht in öffentlichen Bekenntnissen. Die religiöse Qualität des Lebens im Rahmen einer umfassenden kosmischen Ordnung, in welche der eigene Klan mit seinen Ahnen eingebettet ist, steht stets im Hintergrund. Aus diesem Hintergrund heraus erwächst die Freiheit und das Verlangen nach einer individuellen Inanspruchnahme von Religion im weitesten Sinne.

III. Allgemeine Grundlagen

Die religiöse Qualität des geographischen Raums

Wie die Ausführungen zu Stadttempeln oder zu Schreinen des Erdgottes auf Fluren und Grabanlagen gezeigt haben, stehen selbst kleinste geographische Bereiche unter einer religiösen Ägide. Das Netz der religiösen Betreuung reicht bis hinein in Wohnungen und Häuser, augenfällig vertreten durch Bilder oder Nischen für die Gottheiten des Herdes und des Wohlstands. Dies sind religiöse Gegebenheiten, die dennoch auf keine spezifizierte Religion verweisen. Es handelt sich um «Religion» im Sinne einer individuellen und gemeinschaftlichen Anbindung und Rückversicherung in Sphären jenseits dieser greifbaren Welt. Dieser im Kleinen so deutliche Bezug zum Religiösen, das in keiner Weise organisiert, administriert oder allgemein proklamiert wird, ist Teil der Lebenswelt und Befindlichkeit in China. Wir wissen, daß diese Verhältnisse auch für die Vergangenheit galten, in der mancher religiöse Brauch vielleicht noch besser in seinem ursprünglichen Sinn verstanden wurde, als dies heute der Fall sein mag. Dennoch war immer verstanden, daß es einen übergeordneten Bezugsrahmen religiöser Qualität gibt, der Land und Staat umfaßt und den Kosmos mit einschließt.

Die Welt, und naheliegend die Erde selbst, stellt ein Kraftfeld verschiedener Dichte und Dimensionierung dar, in welches das menschliche Leben eingebunden ist. Siedlungsräume sollten gemäß den Vorstellungen, wie sie im *Tai-ping jing* vertreten werden, die natürlichen Gegebenheiten nutzen. Quellen sollten als «Brüste» der Mutter Erde Wasser spenden, nicht künstliche Brunnen. Ihre Anlage verletzt durch Bohrungen die «Haut» und beschädigt die inneren Blutbahnen (Wasseradern) und die Knochen (Steine) der Mutter Erde. Besonders schädlich sind Erdbewegungen in Ufernähe, da dort die «Haut besonders dünn» ist. Die Gottheit Mutter Erde wird zürnen und durch Dämonenboten den Menschen zur Strafe Epidemien und Krankheit schicken.[1] Das *Tai-ping jing* ist eine mit dem Taoismus verbundene Schrift aus den ersten Jahrhunderten nach der Zeitenwende. Vorstellungen dieser Art haben sich weiterhin erhalten. Es wurden zwar immer Brunnen angelegt und Erdbewegungen großen Stils durchgeführt, aber man war überzeugt, daß eine harmonische Anlage von Siedlungen und Verkehrswegen in der Landschaft das in ihr geborgene positive Potential vorteilhaft auf die Menschen leiten würde. Der Fluß der Energien sollte ungebrochen und unvermindert empfangen werden. Besondere Energieträger und Leiter sind Berge und Flüsse. Wie und wo nun die menschlichen Siedlungen in Bezug zu ihnen anzulegen seien, war und ist Aufgabe des Spezialisten, des Geomanten-Meisters (*Di-li xian-sheng*). Wir beachten, daß das Wort *di-li* heute mit «Geographie» übersetzt wird, im wörtlichen Sinne aber die Ordnungsmuster der Erde meint.

Derartige Spezialkenntnisse erwerben sich gelegentlich taoistische Priester. Sie benutzen als Arbeitsgrundlage eine runde Kompaßscheibe, auf der Himmelsrichtungen und magische Embleme aus antiken Traditionen eingetragen sind, wie die «acht Trigramme», die «Irdischen Zweige» und «Himmlischen Stämme». Diese Zeichensymbole bilden die Grundlage für geomantische und kalendarische Kalkulation.[2] Dennoch, die Tätigkeit des Geomanten hat nichts mit Religion zu tun, gleichgültig wer sie ausübt, sondern vielmehr mit chinesischer Naturwissenschaft und Weltanschauung. Die Fertigkeit der Qualifizierung der Landschaft wird als Beruf erlernt und zumeist in der Familie weitergegeben. Die gesellschaftliche Bedeutung dieses Ansatzes wird erkennbar, wenn z.B. Grabanlagen neu errichtet oder verlegt werden sollen. Die Einschaltung eines Geomanten, der dann den rechten Zeitpunkt für diese Aktionen kalkulieren wird, ist Teil eines umfangreichen Vorgangs mit religiöser Konnotation, was auch die Hinzuziehung von buddhistischen Mönchen oder Taoisten erfordert.

Eine aktive Gestaltung der Umwelt im Sinne der Geomantik ist möglich, was die vielen Landschafts-Pagoden zeigen. Sie sind keine religiösen Bauten wie die buddhistischen Pagoden, sondern Mittel der ästhetischen Landschaftsgestaltung. Sie stehen auf Bergabhängen und Anhöhen und sollen ein Defizit an Lebensenergie in der Ausprägung der Erdgestalt ausgleichen. Besondere

Kristallisationspunkte dieser Lebensenergie sind die Berge, deren zum Himmel aufragende Gipfel auf die Verbindung zwischen Himmel und Erde verweisen, augenfällig belegt durch die Zirkulation der Lebensenergien (*qi*), die in Dunst, Dampf und Wolken sichtbar zu werden scheinen. Berge sind die Orte, an denen Gräser, Kräuter und Medizinen zu finden sind, neben Mineralien und anderen mutmaßlich heilbringenden Essenzen. Es versteht sich von selbst, daß diese hervorragenden Schätze nur von würdigen Personen zu finden und zu nutzen sind, werden sie doch durch die Gottheiten, die den Berg bewohnen, beschützt. Berge sind auch potentiell gefährliche Orte, an denen wilde Tiere und Geister Eindringlingen gefährlich werden können. Hier haben die Taoisten, beschrieben im «Buch des Meisters, der das Einfache umfängt» des Ge Hong (283–343), mit Amuletten und Beschwörungsformeln Mittel gefunden, die Schutz gewähren.[3] Ansichten dieser Art sind bis heute geläufig. Der Berggeist (*shan-shen*) gilt auch heute als gefährlich. Auf den schmalen Wegen in den Bergen von Sichuan können wir immer wieder kleine Holzstöckchen oder unverbrauchte Weihrauchstäbchen sehen, die von Wanderern in Unebenheiten der Felsen am Wegesrand eingeklemmt wurden. Sie sollen «die Wohnung des Berggeistes stützen», der auf diese Weise milde und gut gestimmt werde.

Berge sind auch Orte, an denen sich Höhlen befinden, die bewohnt werden können. Gelegentlich sind sie unergründlich tief und erwecken so den Eindruck, zu anderen Welten zu führen. Das Wort für Höhle *dong* wird in alten chinesischen Lexika mit dem Wort *tong*, «Durchgang», erläutert. Hinter den Höhlen sollen sich die Welten der Unsterblichen befinden, die zu erreichen Ziel und Streben der Eremiten und Taoisten war, deren Biographien die Sammlungen der taoistischen Literatur füllen.[4] Was auf Bergen und in den Welten, die dort angenommen wurden, von den Menschen erwartet wurde, können wir am Beispiel des Berges *Lu-shan* in der Provinz Kiangsi sehen. Dieses Bergland wird uns im Abschnitt über den Buddhismus wieder begegnen, denn alle Schichten der Bevölkerung und alle indigenen chinesischen Religionen fanden in solchen Bergländern ihre Entfaltungsräume. In seinem «Kommentar zum Wasserklassiker» zitiert Li Dao-yuan (gest. 527) die Lokalchronik *Xun-yang ji* mit diesen Worten:

Auf dem Berg Lu gibt es drei Felsstege. Sie sind etliche Dutzend Klafter lang, aber nicht einen Fuß breit. Dunkel umwölkt befinden sie sich über unendlichen Abgründen. [Der Taoist] Wu Meng [gest. 374] bestieg einmal mit seinem Schüler diesen Berg und überquerte diese Brücken. Sie sahen einen alten Mann unter einem Zimtbaum sitzen, der einen Jadebecher nahm, süßen Nektar schöpfte und ihn dem Wu Meng darreichte. Dann kamen sie wieder an einen anderen Ort, wo sie mehreren Leuten begegneten, die für Wu Meng eine Jademedizin bereiteten. Der Schüler des Wu Meng stahl dort nur einen einzigen Wertgegenstand, den er nach seiner Rückkehr seinen Zeitgenossen vorführen wollte. Sofort wandelten sich die Felsbrücken und wurden wie Finger so schmal. Wu Meng veranlaßte seinen Schüler, den Gegenstand zurückzubringen, führte ihn an der Hand und befahl ihm, die Augen zu schließen. Er wies ihm den Weg, und so kamen sie wieder [zurück] über die Felsstege.

Auch die weiteren Ausführungen des Li Dao-yuan sind für uns aufschlußreich, könnten wir sie doch auf manch anderen Berg übertragen. So sagt er noch:

Die Berge und Flüsse dieser Region sind klar und rein, Wind und Seen sind ruhig und unendlich weit. Die Atmosphäre ist heiter und ruhig. Die Böden sind fruchtbar, und die Leute führen ein entspanntes Leben. Hervorragende Persönlichkeiten, die der profanen Welt entflohen waren, ließen seit jeher die Höhlen und Klippen vom Echo ertönen. Die höchst erhabenen Edlen, die hierher gekommen waren, hatten vergessen, in die gewöhnliche Menschenwelt zurückzukehren. Der Erste Kaiser der Qin-Dynastie [Qin Shi Huang-di], sowie Kaiser Wu der Han-Dynastie und der Großhistoriker Si-ma Qian, sie alle waren zu den Kämmen des Berges Lu aufgestiegen und hatten von dort ihre Blicke zu den Neun Flüssen [Jiu-jiang] schweifen lassen und in der Ferne den [Stein-] Glocken [-Berg] und [den See] Peng [-li] erblickt.[5]

Die Beschreibung dieses Berglandes zeigt einen Raum der Harmonie, welcher Taoisten, «hervorragende Persönlichkeiten», Kaiser und Beamte anzieht, der, wirtschaftlich ergiebig, dem Landvolk ein gutes Auskommen gewährt. Wu Meng freilich gelangte über mysteriöse Felsstege in ein jenseitiges Reich, wo er von der Medizin der Unsterblichkeit kosten konnte. Dieses Ensemble von positiven Vorstellungen hat sich seit der Antike entwickelt und besteht bis heute ungebrochen in seiner inspirierenden Wirkung. Der Name Wu Meng verweist auf den amorphen Komplex der taoistischen Kultur, die sich in Ritualen und Exorzismen manifestiert, welche auf religiösen und literarischen Traditionen fußen.[6]

Die heute wieder zunehmend einer religiösen Nutzung zugeführten Bergtempel und Klöster, Anziehungspunkte für einen rasch entstehenden Tourismus, leben von diesen alten, manchmal antiken Legenden, die sich mit einem religiös-geographischen Ordnungssystem verbinden. Die Vorstellung, daß Berge besondere Orte seien, an denen sich die Welten des Profanen wie des Göttlichen vermischen, wo der Durchstieg von der einen in die andere Welt möglich sei, stammt aus dem alten China. Ein Taoist der späten Tang-Zeit namens Du Guang-ting (850–933) hat dies formuliert. Er ging am Kaiserhof der Tang ein und aus und profilierte sich als Berater in religiösen Angelegenheiten.[7]

Laut Du Guang-ting ist das Land überzogen mit einem Netz von solchen besonderen Örtlichkeiten. In der Rangordnung ganz oben stehen die «fünf heiligen Berge», die den fünf Himmelsrichtungen entsprechen, wobei die Mitte mitgezählt wird. Der berühmteste heilige Berg ist der *Tai-shan* in der Provinz Shandong, der für «den Osten» und die Leben spendenden Kräfte steht, wenn sich auch an seinem Fuß die Totenseelen versammeln sollen. Der Berg *Tai-shan* galt als jene Passage, in der sich die Gottheiten von Himmel und Erde begegnen.[8] Als Hauptgottheit wird die «Prinzessin der Morgenröte aus Jade» verehrt, die Kindersegen bescheren soll.[9] Im Osten gelegen, verwies der *Tai-shan* auf den Sonnenaufgang, auf Frühling und Neubeginn, weshalb er für neue Dynastien und Herrschaften eine besondere rituelle Bedeutung besaß. Nur am *Tai-shan* soll es dem Kaiser möglich gewesen sein, die sogenannten *feng-* und *shan-*Opfer auszuführen und durch sie in eine direkte Kommunikation mit dem Himmel einzutreten.[10] Seine Höhlen und Quellgewässer galten als Wohnorte von Geistern, Gottheiten und Unsterblichen. Ähnliche Qualitäten lassen sich in alten literarischen Quellen allerdings für all die anderen berühmten Berge feststellen. Die Idee, daß Berge Orte des Übergangs zu den Welten der Gottheiten sind, hat dazu geführt, daß die Kaiser der Tang-Dynastie an bestimmten Bergen, die als «Poststationen» zu den jenseitigen Welten galten, mit den Gottheiten kommunizierten, indem sie auf goldenen Drachen Gebetstafeln aus Jade montieren ließen und sie rituell aussetzten. Natürlich eigneten sich auch andere «Poststationen», etwa Gewässer oder der Innenhof des Palastes.

Die Meinung, daß der konfuzianische Staat eine religionsfreie, nüchterne Sphäre war, ist ein Irrtum. Sicher hat man zu verschiedenen Zeiten solche Praktiken mit unterschiedlicher Intensität ausgeübt und sie seit der Song-Zeit auch reduziert. Die Idee aber an sich wirkte weiter und ist heute vielleicht noch in individuellen Praktiken des Volks erhalten, zum Beispiel im Aussetzen von Bittbriefen durch Pilger an den auf einem Elefanten reitenden Buddha *Pu-xian pu-sa* auf dem Gipfel «Goldscheitel» des *E-mei shan*, des heiligen Berges der Buddhisten in der Provinz Sichuan.

Die fünf heiligen Berge sind führende Markierungen in der chinesischen antiken Welt.[11] Daneben listet Du Guang-ting eine Reihe anderer Kategorien auf, nämlich die «zehn großen Grottenhimmel», die «36 ruhigen Logis», die «36 Grottenhimmel» und die «72 Glücksorte», die sich über das ganze Land ausbreiten. Der schon genannte Berg *Lu-shan* erscheint unter den «ruhigen Logis», wobei nicht der ganze Berg gemeint ist, sondern ein bestimmter Ort, genannt «Logis zum Verlassen des Tales» im «Tal des grauen Rinds».[12]

An all diesen Orten gibt es von Du Guang-ting benannte taoistische Tempel, die oft mit unverändertem Namen bis in die Gegenwart fortbestehen, wenn sie auch im Lauf der Geschichte immer wieder zerstört und neu aufgebaut wurden. Alle Orte sind verbunden mit dem Wirken einzelner Taoisten, was Du Guang-ting nicht versäumt zu erwähnen. Sie waren als Ritualspezialisten tätig und als Heiler oder Exorzisten, wodurch sie bei der Bevölkerung bekannt und gesucht waren. Ihre magische Wirksamkeit wurde eben auch mit der Qualität des betreffenden «Grottenhimmels» oder «Glücksorts» in Zusammenhang gebracht. Da Tempelbauten von der lokalen Administration genehmigt wurden, gelegentlich sogar kaiserliche Gründungen waren, können wir an fast allen diesen Orten die Nähe und Gegenwart des Kaiserhauses irgendeiner Epoche dokumentiert sehen. Als Dokumente dienen

Abb. 1: «Wichtigster Glücksort in der ganzen Welt»: Die Stele mit dieser Inschrift steht im Tempel Lou-guan in der Provinz Shenxi, wo Lao-zi das Dao-de Jing geschrieben haben soll.

oft noch die steinernen Inschriften, in denen Stiftungen festgehalten wurden, wobei nicht selten die Erwartung zum Ausdruck kommt, daß vor Ort für das Wohl von Reich und Gesellschaft gebetet werde. So wurde im 8. Jahrhundert am Nordrand des Berges *Lu-shan* ein großer Tempel für die «Gottheit Inspekteur der Neun Himmel» errichtet, nachdem der Kaiser in einem Traum die Mitteilung der Gottheit empfangen hatte, daß sie sich eine irdische Residenz am Berg wünsche. Der Tempel wurde übernatürlich rasch mit Hilfe von Geistern oder Dämonen erbaut und vom Kaiser reich ausgestattet. In der Song-Zeit erhielt der Tempel einen vielsagenden Namen, der die Elemente «zum großen Frieden und zur Blüte des Reiches» erhielt. Es sei bemerkt, daß diese taoistische Anlage in der Nähe zweier viel älterer und berühmter buddhistischer Klöster eingerichtet wurde, weshalb wir in dieser Gründung auch einen Versuch des Ausgleichs unterschiedlicher religiöser Einflüsse in der Region sehen können.[13]

Das von Du Guang-ting beschriebene religiös-geographische Ordnungssystem hatte im 2. Jahrhundert Vorläufer bei den Taoisten, die sich in Sichuan formierten und den «Taoismus der Orthodoxie und Einheit» (*Zheng-yi dao*) schufen. Zhang [Dao-ling] war der historische Begründer des *Zheng-yi*-Taoismus und dessen erster Patriarch mit dem Titel «Himmelsmeister». Das von ihm in der Großregion von Chengdu entwickelte religiös-geographische System lieferte die Grundlage für jenes spätere, ganz China umfassende System, das Du Guang-ting beschrieben hatte.

Zu dem religiös-geographischen System, das erstmals im 2. Jahrhundert eingerichtet wurde, gibt es verschiedene Quellen, aus denen wir Informationen anführen, die wir den «Plänen zu den fünf heiligen Bergen und den berühmten Bergen» und den «Plänen zu den 24 Amtsbereichen des Himmelsmeisters Zhang» entnehmen.[14] Wir erfahren, daß *Tai-shang Lao-jun* am 7. Tag des 1. Monats im Jahre 143 «24 irdische Amtsbereiche» mit drei Rangstufen eingesetzt habe. Die Zahl 24 entspreche den drei ursprünglichen Odem, dem Odem «des Anfangs», «des Ursprungs» und «des Himmlischen», mit jeweils acht Entsprechungen, woraus sich die Zahl 24 ergebe.[15] Mit den acht Entsprechungen sind die acht astronomischen oder kalendarischen Wendepunkte gemeint. Alle Lebewesen seien bei ihrer Geburt mit diesem Satz von 24 kosmischen Odem ausgestattet. Wir bemerken, daß der menschliche Körper als in drei Regionen eingeteilt verstanden wird, mit jeweils acht Orientierungen (acht Himmelsrichtungen). Er ist ein Konstrukt, das *en miniature* mit dem Kosmos identisch ist und so auch von eben denselben göttlichen Kräften belebt, getragen und durchwirkt wird wie der Kosmos.[16] Dieses religiös-geographische Ordnungssystem wurde nach emblematischen Zahlenvorstellungen ausgerichtet, die auf der Ebene der menschlichen Natur bedeutend sind und religiöse Implikationen haben.

Entscheidend ist , daß der von der Tradition behauptete Schöpfer und Offenbarer des taoistischen Systems, *Tai-shang Lao-jun*, dieses mit bestimmten Sternkonstellationen verbindet. Es werden also nochmals vier zusätzliche Amtsbereiche festgelegt, um der Gesamtzahl der «28 Mondhäuser» zu entsprechen. Die literarischen Quellen zu diesen Vorgängen sind nicht einheitlich. Eine der Darstellungen sagt, daß Zhang Dao-ling zunächst in die Verwaltung der «24 Amtsbereiche» durch *Tai-shang Lao-jun* eingewiesen wurde. Dieser habe dann am 7. Tag des 7. Monats im Jahr 142 vier zusätzliche Amtsbereiche «zugunsten seiner Nachfolger» eingerichtet, um der Zahl 28 zu entsprechen. Es gehört zum taoistischen Geschichts- und Selbstverständnis, daß der Einrichtung des irdischen Gesamtsystems der «Amtsbereiche» durch Zhang Dao-ling deren *himmlische* Einrichtung vorausging, und zwar noch lange vor jedem Gedanken an menschliche Geschichte, nämlich im «1. Jahr der himmlischen Regierungsdevise Shanghuang, am 7. Tag des 7. Monats». Initiatoren waren die Gottheiten *Wu-shang xuan-lao* und *Tai-shang da dao-jun*, die zwei Alter-Ego-Namen von *Tai-shang Lao-jun* darstellen.[17]

In diesem Zusammenhang erfahren wir, daß die Amtsbereiche auf Erden und jene in den kosmischen Weiten des Himmels als Verwaltungsinstanzen über das menschliche Leben wachen. Daraus folgt, daß entsprechend den astronomisch bestimmbaren Geburtsjahren eines jeden Menschen verschiedene Sternkonstellationen und irdische Amtsbereiche zuständig sind. Das Grandiose an diesem System ist, daß jeder, der sich den Taoisten anschließt, durch sie in ein Heilssystem eingebunden wird, das sich auf Erden an bestimmten Orten manifestiert. An festgelegten Orten, geomantisch bestimmt, stehen die Tempel, in denen am «Tag des eigenen Geschicks» Opfer und Gebete darzubringen sind. Hier wird der geographische Raum zu einem heiligen Raum, in dem der Einzelne rituellen Halt und Hilfe findet und eventuell sogar den Durchstieg zu den Sphären der Unsterblichen erreichen kann. Dieses System ermöglicht es, das menschliche Individuum unter dem Gesichtspunkt einer transzendenten, kosmischen Zuordnung auf Erden lokal zu binden und es zugleich in eine heilige Sphäre zu integrieren.

Dieses religiös-geographische System ist also ein legitimierendes Element für Tempelbauten, und es erklärt die Intensität religiösen Lebens an diesen ausgesuchten Orten. Sie sind bis heute aktuell im lokalen religiösen Leben, wenn auch oftmals um ihre tatsächliche Identität und geographische Lage gestritten wird und derselbe «Amtsbereich» von verschiedenen Seiten reklamiert wird, was den «Wert» des Besitzes eines historischen Amtsbereichs unterstreicht.[18] Im Mittelpunkt eines solchen Amtsbereichs steht immer ein taoistischer Tempel. Diese Amtsbereiche waren zunächst im Großraum von Chengdu angesiedelt, wo der *Zheng-yi*-Taoismus entstand. Die rasche Ausbreitung seines religiösen Systems brachte es mit sich, daß natürlich auch andere Bereiche des Landes in die Ordnung der Amtsbereiche miteinbezogen wurden. So sollen am 5. Tag des 10. Monats im Jahre 198 acht «begleitende» Amtsbereiche eingerichtet worden sein, alle auf Bergen gelegen, und am 7. Tag des 1. Monats im Jahre 252 sollen noch acht «wandernde» Amtsbereiche in «Grenzbereichen» dazugekommen sein. Zu ihnen gehört der «Amtsbereich E-mei» an der Grenze des Distrikts Shu, womit der später im Buddhismus berühmte Berg *E-mei shan* bezeichnet wird. Auch der Berg *Qing-cheng shan* wird in dieser Kategorie genannt. Hierbei handelt es sich um einen Berg in der Nähe von Chengdu, auf dem sich auch heute noch ein vitales Zentrum des sogenannten *Quan-zhen*-Taoismus mit vielen Klöstern und einer autarken Wirtschaft befindet. Zwei Beispiele zu diesen Amtssitzen seien vorgeführt.

Aus der Reihe der Amtssitze der «mittleren Kategorie» heißt es zu dem Amtssitz *Chang-li*, daß dies der Ort sei, an dem Li Ba-bai das Tao studiert habe.[19] Sein Name heißt *Ba-bai*, «Achthundert-Jahre», da er so lange unter den Menschen geweilt haben soll. Li Ba-bai habe in Sichuan sämtliche berühmte Berge bereist, habe sich auf dem Markt von Chengdu als Schausteller produziert und schließlich angestrebt, am Berg *Qing-cheng shan* zu leben. Wir erfahren, daß es dort auf der Südseite einen Felsraum gebe, der achtzig Personen aufnehmen könne. Quellen der historischen Geographie, z. B. sogenannte «Bergmonographien», sind voll von suggestiven Beschreibungen der Natur. Es gehört zum allgemeinen Verständnis, daß die Präsenz von taoistischen Unsterblichen und ihr magisches Wirken an kuriose natürliche «Räumlichkeiten», ihre temporären Behausungen, gebunden sind, in denen dann auch spätere Menschen, bis heute, wundersame Erfahrungen erwarten können. Li Ba-bai ist in der taoistischen Hagiographie ein großer Name, dessen Verbundenheit mit dem Amtssitz *Chang-li* und dem Berg *Qing-cheng shan* diesen Namen eine erhöhte Bedeutung verleiht.

Zum Amtssitz *Li-shang* erfahren wir, daß dort der Taoist Ji-zi das Tao studiert habe und zu den Unsterblichen aufgestiegen sei. Am Berg gebe es zwei Felsenzimmer und einen magischen Brunnen. Weiße Rehe, weiße Kraniche und weiße Tauben kämen, um aus diesem Brunnen zu trinken. Vor dem Amtssitz selbst gebe es einen Felsen, der eine wohl unterirdische Verbindung zum Amtssitz Ci-mu herstelle. Im Westen gebe es den Bach des Roten Felsens, und oberhalb von ihm stünden drei Kiefernbäume mit einer

Inschriftenstele. Früher habe ein gewisser Wei Shu-qing auf diesem Berg das Tao erhalten.

Diese Beschreibung enthält zahlreiche Elemente, die in künstlerischen Darstellungen sicher eine große Rolle gespielt haben. Sie vermitteln dem Besucher und Pilger das Flair der Unsterblichkeit, an der jeder teilhaben möchte, und sei es nur in der Form einer ausdauernd blendenden Gesundheit. Typisch ist auch der Felsen, durch den die Verbindung zu einem anderen Amtssitz hergestellt werden kann. Viele dieser Orte sollen durch Höhlengänge untereinander verbunden sein, die natürlich uns Sterblichen verborgen bleiben. Die Heiligkeit dieser geographischen Räume, das Zusammenwirken der Staatsverwaltung bei Tempelbauten und andererseits die Gegenwart des Sakralen, wird in den Schriften der Taoisten wie auch in den offiziellen Geschichtswerken wahrgenommen.

Die religiöse Qualität der staatlichen Sphäre

Im Zusammenhang mit dem Berg *Lu-shan* hatten wir vom «Ersten Kaiser der Qin Dynastie» und vom Großhistoriker Si-ma Qian aus der Han-Zeit gehört, die diesen Berg bestiegen hatten, um von oben die «neun Flüsse» zu betrachten, die ein Kulturheros der Frühgeschichte, der «Große Yü», eröffnet haben soll. Dieser Hinweis erinnert uns daran, daß die chinesischen Historiker der Kultivierung des Landes, der Beschreibung seiner geographischen Ordnung, größte Aufmerksamkeit schenkten. Der Raum «China» war Ergebnis einer Kulturtat, die das Land in den zivilisatorischen Bann legendärer Kulturheroen zog. Die späteren Kaiser und Könige bewiesen ihre Stellung, ihre Legitimation, indem sie diesen gewissermaßen ererbten und zivilisatorisch erschlossenen Raum als Herrschaftsgebiet formell in Besitz nahmen und zu diesem Zwecke jene legendäre Kulturtat *rituell* nachvollzogen. Das beschriebene religiös-geographische Ordnungssystem der fünf heiligen Berge und die vom Taoisten Du Guang-ting benannten heiligen Orte («Grotten-Himmel» etc.) sind ein später Nachhall jener antiken Prozesse der Inbesitznahme des Landes durch den Herrscher. Die ebenso formale wie religiöse Legitimation der Herrscher für die Inbesitznahme des Landes fand ihren Ausdruck in der Durchführung von Opfern an Berge und

Flüsse, speziell durch die *feng-* und *shan*-Opfer an den Himmel bzw. an die Erde, die ausschließlich dem obersten Herrscher vorbehalten waren. Diese Opfer umgibt große Ungewißheit bezüglich ihrer konkreten Form und Ausgestaltung. Der Historiker Si-ma Qian hat in seinem Buch «Bericht des Großhistorikers» aufschlußreiche Informationen festgehalten.[20]

Die erfolgreiche Ausführung der *feng-shan*-Opfer war an eine unübertreffliche Qualität der Herrschaft gebunden, die magische Vorzeichen bestätigen sollten. Nur auf dem Höhepunkt einer Herrschaft könnten solche Opfer ausgeführt werden, nicht zu Zeiten ihres Verfalls. Daher lägen zwischen einzelnen Opfern oft über tausend Jahre. Die Kenntnis der Details für die Ausführung der antiken Rituale sei aber verloren. Si-ma Qian zitiert Einlassungen aus dem «Buch der Dokumente», einem der alten konfuzianischen Klassiker.[21] Kaiser Shun (trad. 2255 v.Chr.), heißt es da, der letzte Herrscher in der legendären Epoche der «fünf Herrscher» zu Beginn der chinesischen Geschichte, habe die astronomischen Instrumente aufgenommen und die Bewegungen von Sonne, Mond, Jupiter, Mars, Saturn, Venus und Merkur geprüft. Dann habe er an den Obersten Gottkaiser (*Shang-di*) ein Opfer dargebracht, gefolgt von Opfern an die vier Jahreszeiten, an Kälte und Hitze, an die Sonne, den Mond, die Sterne und die Dürre (Trockenheit), die als die «Sechs Verehrungswürdigen» bekannt seien. Er opferte aus der Ferne an alle Berge und Flüsse und erwies all den Geistern und Göttern seine Reverenz. Nachdem er das Jade-Unterpfand der Belehnung seiner Feudalherren der fünf Ränge wieder eingeholt hatte, wählte er durch Orakel einen Monat und einen Tag, um sich zu einer Audienz mit den Baronen der vier Richtungen und den Regenten der verschiedenen Provinzen zu treffen. Er wollte ihnen ihre Belehnung bestätigen und dazu die genannten Jadezeichen wieder zurückgeben.

Im 2. Monat des Jahres reiste er nach Osten zu einer Inspektionstour und besuchte den Berg *Tai-shan*, den heiligen Berg des Ostens. Dort brachte er ein Brandopfer an den Himmel dar und opferte aus der Ferne den verschiedenen Bergen und Flüssen entsprechend ihrer Rangfolge. Dann traf er sich mit den Feudalherren, die im Osten herrschten. Er harmonisierte vor Ort die kalendarische Einteilung der Jahreszeiten und Monate, korrigierte die Einteilung der Wochentage, standardisierte die Länge der Flöten, die Maße für Länge, Raum und Gewichte. Daraufhin nahm er an verschiedenen Riten teil und erhielt seinerseits rituelle Gaben.

Im 5. Monat brach er zu einer Inspektionstour nach Süden auf, wo er den heiligen Berg des Südens, Berg *Heng-shan*, besuchte, um ebenso zu verfahren wie am Berg des Ostens, dem *Tai-shan*. Eine ganz ähnliche Inspektionstour unternahm Kaiser Shun im 8. Monat, die ihn an den heiligen Berg des Westens, den Berg *Hua-shan*, führte. Im 11. Monat besuchte er dann den heiligen Berg des Nordens, Berg *Heng-shan*, der anders geschrieben wird als der heilige Berg des Südens (*Heng-shan*). Alle fünf Jahre soll er diese Inspektionstouren unternommen haben.

Kaiser Yü der nun folgenden Xia-Dynastie soll diese rituelle Inbesitznahme des Landes weiter praktiziert haben, eine Praxis, die unter den folgenden Herrschern der Xia, sie waren von wesentlich geringerer Qualität als Kaiser Yü, zunehmend verfiel.[22] Mit Kaiser Yü verbindet sich die Überlieferung, daß er die Flüsse gebändigt habe. Sein Werk ist in der Schrift «Tribut des [Großen] Yü» festgehalten.[23] Dieser Text findet sich im genannten «Buch der Dokumente» (*Shu-jing*). Kaiser Yü soll den Berg *Lu-shan* besucht und in dieser Region «Neun Flüsse» (oder Kanäle) eröffnet haben, um die Fluten des Yang-zi jiang (Chang-jiang) zu bändigen. Hieraus leitet sich der geographische Name «Stadt Jiujiang» (Provinz Kiangxi) her. Für uns ist bedeutsam, daß Kaiser Yü die «Neun Provinzen» als Herrschafts- und Kulturraum des klassischen China erschlossen hat, den er religiös interpretierte und rituell in Besitz nahm.

Si-ma Qian verbindet die gute Ordnung des Landes mit herausragenden Namen der Antike, während nach ihnen ein drastischer Abfall erkennbar werde. Nach dem unvermeidlichen Desaster der Shang-Dynastie beginnt mit der Zhou-Dynastie (1122–255 v. Chr.) eine neue Epoche. Si-ma Qian führt den Text *Zhou-guan* aus den «Riten der Zhou» an, der das Verhältnis zwischen dem opfernden Herrscher und den Objekten seiner Verehrung spezifiziert, wobei der Aspekt der Zeit in Erscheinung tritt.[24] Am Tag der Wintersonnenwende wird ein Opfer an den Himmel gerichtet, dargebracht am südlichen Vorstadtaltar, um die länger werdenden Tage zu begrüßen.[25] Am Tag der Sommersonnenwende wird ein Opfer für den Erdgott ausgerichtet. Bei beiden Opfern sind Musik und Tänze aufzuführen, um den Gottheiten Respekt zu erweisen. Der Sohn des Himmels opfert an all die berühmten Berge und großen Flüsse des Reiches. Er betrachtet die fünf Heiligen Berge *als seine hohen Minister* und die vier großen Wasserläufe *als seine Feudalherren.* Die Feudalherren selbst aber opfern nur zu den berühmten Bergen und großen Flüssen *innerhalb ihres eigenen Terrains.* Als die vier großen Wasserläufe werden die Flüsse Yang-zi, Huang-he, Huai und Ji genannt. Si-ma Qian führt nun seinen Bericht fort durch den Lauf der Geschichte, die mit dem Ersten Kaiser der Qin (221–209 v. Chr.) einen ersten historisch greifbaren Versuch der Durchführung dieser *feng-shan*-Opfer aufweist.

Nach der Reichseinigung und der Beseitigung der Zhou-Herrschaft durch den Ersten Kaiser der Qin soll ihm ein Berater folgende Mitteilung gemacht haben. Der «Gelbe Kaiser» regierte gemäß dem Element Erde, und so erschienen damals ein *gelber* Drachen und ein großer Erdwurm. Die spätere Xia-Dynastie regierte gemäß dem Element Holz, folglich erschien ein *grüner* Drachen, der sich am Hof des Herrschers ausruhte und die Gräser und Bäume zu prächtiger Entfaltung brachte. Die Shang-Dynastie regierte gemäß dem Element Metall, und so floß damals *Silber* aus den Bergen. Die Zhou-Herrscher regierten gemäß dem Element Feuer, und so erlangten sie ein bestätigendes Omen in Form eines *roten* Vogels. Da die Qin-Herrschaft die Zhou überwunden habe, sei die Zeit der Macht des Elements «Wasser» gekommen. Aus diesem Grund habe der Erste Kaiser der Qin den Namen des Gelben Flusses geändert in «Mächtiges Wasser» (*De-shui*).[26] Drei Jahre nachdem der Herrscher den Titel «Erster Kaiser» angenommen hatte, machte er eine Inspektionstour durch die östlichen Provinzen, wo er am Berg *Yi-shan* in Zou ein Opfer darbrachte und eine Stele aufstellen ließ, auf der er die Erfolge der Qin loben ließ. Dann berief er 70 konfuzianische Gelehrte aus den Staaten Qi und Lu zu einer Konferenz am Fuß des Berges *Tai-shan*, wo über die richtige Ausführung der *feng-shan*-Opfer debattiert wurde, ohne daß ein klares Ergebnis erzielt werden konnte. So ließ er schließlich einen Weg für seinen Wagen auf den Berg anlegen, von der Südseite des Berges zum Gipfel. Dort oben ließ er eine Stele aufstellen, um seine Verdienste als Erster Kaiser der Qin kundzutun und die Durchführung eines *feng*-Opfers zu belegen. Vom Gipfel stieg er über die nördliche Seite ab, um am kleineren Gipfel *Liang-fu* am Fuß des *Tai-shan* das *shan*-Opfer darzubringen. Für beide Opfer soll er jene zeremoniellen Richtlinien verwendet haben, die der «Meister der Anrufung» beim Opfer an den «Höchsten Gottkaiser» (*Shang-di*) befolgte. Dennoch, die genauen Modalitäten wurden geheimgehalten, und niemand war in der Lage, eine Beschreibung zu geben, zumal die konfuzianischen Gelehrten allesamt von der Teilnahme am Ritual ausgeschlossen waren.

Der Erste Kaiser setzte seine Reise nach Osten fort, bis er zur Küste gelangte. Unterwegs hielt er verschiedentlich an, opferte den berühmten Bergen und großen Flüssen, sowie den «acht Gottheiten». Zugleich war er auf der Suche nach unsterblichen Geistern und Gottheiten. Bezeichnend ist die Überlieferung zu den «acht Gottheiten», die damals schon als «antik» galten, und Genaueres zu ihnen war nicht bekannt. Dies änderte nichts daran, daß sie zu verehren waren. Der Erste Kaiser nahm alles Spirituelle auf, was mit der Antike verbunden war, die in besonderer Weise mit dem Lebensraum des Volkes und seiner eigenen Herrschaft zusammenhing.[27] In der Gruppe der «acht Gottheiten» hieß die erste «Lord Himmel», dem am «Nabel des Himmels» zu opfern war. Dies ist der Name einer Quelle am Fuß eines Berges, der sich in der südlichen Vorstadt der Stadt Lin-zi befindet. Die zweite Gottheit hieß «Lord Erde», die nahe am Berg *Tai-shan*, in Liangfu, zu verehren war. Man nahm an, daß der Himmel das Prinzip der Dunkelheit (*yin*) liebt, das am Fuß eines hohen Berges oder auf einem kleinen Hügel zu verehren ist. Andererseits pflegt die «Erde» Verehrung für das Prinzip des Lichts (*yang*). Opfer hierfür müssen auf einem runden Hügel im flachen Land durchgeführt werden. Wir sehen also, daß die beiden Elemente *yin* und *yang* mit Erdformen, mit Opferplätzen und Gottheiten verbunden sind, und als Grundprinzipien der Welt in formaler wie in individualisierter Form begriffen werden. Die dritte Gottheit wurde «Lord Waffen» genannt. Ihre Verehrung bestand aus dem Opfer an Chi You. Er war ein Krieger, der sich einen Namen als erster «Rebell» in der Antike machte. Das Opfer hatte an seinem Grab in der Provinz Dong-ping an der westlichen Grenze des Staates Qi stattzufinden.[28] Die vierte Gottheit hieß «Lord Yin». Die fünfte war «Lord Yang». Die sechste war der «Lord Mond», der am Berg *Lai-shan* verehrt wurde. Alle diese Orte lagen im nördlichen Teil des Landes Qi am Golf von Bo-hai. Die siebte Gottheit war «Lord Sonne», die auf dem Berg *Cheng-shan* verehrt wurde. Dieser Berg ragt weit ins Meer hinaus wie der Griff einer Kelle und liegt in der nordöstlichen Ecke von Qi. Die Opfer dort sollen die Sonne bei ihrem Aufgang begrüßen. Die achte Gottheit war der «Lord Vier Jahreszeiten», der in Lang-ya verehrt wurde, was im östliche Teil des Staates Qi lag. An all diesen Orten sollen zu Jahresbeginn Tieropfer dargebracht werden. Daneben wurden von Schamanen, welche die Zeremonien durchführten, auch Opfer aus Jade und Seide präsentiert.

Si-ma Qian beschreibt eine Vielzahl solcher und ähnlicher Opfer, die von offizieller Seite im ganzen Land durchgeführt wurden und sich an den Elementen der Natur und Geographie orientierten. Es soll eine gewaltige Zahl von Schreinen gegeben haben, für die Verehrung von Sonne, Mond und Gestirnen, speziell für die 28 Konstellationen, die Lords namens «Wind», «Regen» und «Vier Jahreszeiten». Es handelt sich also um die Einbettung des menschlichen Seins und Lebens in den als transzendent und zugleich als irdisch real verstandenen Ablauf des Jahreszyklus, der in einer agrarischen Gesellschaft das Wirtschafts- und Sozialleben bestimmt.[29] Herrschaft verlangte nach religiöser Legitimation und Bestätigung. Schwierigkeiten, die sich durch den Verlauf der Geschichte ergaben, von Si-ma Qian ausführlich dargestellt, seien angedeutet. Während in den antiken Drei Dynastien die Herrscher zwischen den Flüssen Luo und Huang-he residierten, war der Berg *Song-shan*, der Gipfel des Zentrums, nahe am realen Machtzentrum, und die anderen vier heiligen Berge lagen entsprechend außen positioniert. Als die Qin-Herrscher sich dann «Kaiser» nannten und ihre Hauptstadt in Xian-yang hatten, lagen die heiligen Berge und die vier Wasserläufe östlich der Hauptstadt. Bei wechselndem politischem Geschick waren die verschiedenen Orte ritueller Betätigung der zentralen Herrscher diesen nicht immer zugänglich. Unterbrechungen bei den Opfern waren häufig. Daher gerieten diese «in Unordnung», und die Modalitäten ihrer Ausführung wechselten.[30] Dies gilt besonders für die *feng-shan*-Opfer.

Das Wort *feng*, das die geheimen Opfer auf dem Berg *Tai-shan* bezeichnet, heißt «versiegeln» und auch «belehnen». Die *feng*-Proklamation im Jahr 56 von Kaiser Liu Xiu, dem Begründer der

«Späteren» Han-Dynastie, die seinen dynastischen Erfolg dem Himmel kundgeben wollte, war auf Stein geschrieben und in einer Kassette *versiegelt*.[31] Diese Kassette wurde wiederum durch einen Erdhügel an der Stelle des Rituals versiegelt, abgedeckt mit zwei massiven Steinplatten. Die Erde um die Kassette herum hatte die Farben der fünf Himmelsrichtungen, die das gesamte Reich symbolisierten. Über das *shan*-Opfer, das damals auch ausgeführt wurde, wissen wir nicht viel. *Shan* bedeutet «frei machen» und kann auf die Schaffung einer rituellen Fläche auf dem Berg *Liangfu* verweisen, wo an die Erde geopfert wurde. Vermutlich wurde dieses Opfer analog zum *feng*-Opfer gestaltet. Diese Opfer sollten eine Verbindung zwischen dem Himmel als höchster Instanz und dem Kaiser, dem «Himmelssohn», herstellen.

Für den Himmel war auch der Titel «Oberster Gottkaiser» geläufig, während der Erde der Aspekt des Mütterlichen zu eigen war, was uns aus Darstellungen im «Klassiker des Großen Friedens» (*Tai-ping jing*) bekannt ist. Im *shan*-Opfer wird demnach die zweite Seite, die mütterliche, angesprochen und in ein solches Vertragsverhältnis miteinbezogen. Diese Rituale basierten auf einer religiösen Interpretation von Leben und Welt und sollten die kosmische Absicherung der dynastischen Herrschaft bewirken. Die Seele des Gründer-Kaisers der Han-Dynastie soll die Ausführung des *feng*-Opfers begleiten, und die Seele seiner Gattin das *shan*-Opfer. Diese beiden Seelen der Han-Vorfahren galten als Garanten für die Übermittlung der Botschaften Liu Xius an die himmlischen Hierarchien. Die Ahnherren sind als Vermittler tätig, und zu diesem Zwecke werden sie rituell betreut. Ahnen werden also nicht als Objekte religiöser Verehrung an sich mit Opfern bedacht, sondern als Vermittler von Glück und Wohlergehen für die Nachkommenschaft. Diese Vorstellung war allgemein gültig und ist nicht beschränkt auf das Kaiserhaus.

Si-ma Qian berichtet, nachdem der Herzog von Zhou bei König Cheng, dem dritten Herrscher der Zhou, Staatsminister geworden war, hatte der König seinem entfernten Urahn, dem «Herr über das Getreide», im südlichen Vorstadtbezirk geopfert. Er hat ihn als gleichrangig mit dem Himmel behandelt. In der «Licht-Halle» hat er dann dem Gründer der Zhou-Dynastie, seinem Vater König Wen, geopfert, wobei er ihn als gleichrangig mit dem Obersten Gottkaiser (*Shang-di*) behandelte.[32] Die Entwicklung unter der Herrschaft der Zhou ging dahin, den obersten Ahn der Shang-Herrscher, der als «Oberster Gottkaiser» vergöttlicht war, gegen den formalen Begriff «Himmel» in der Funktion des Shang-Obergottes auszutauschen.

Unser Autor weiß um den historischen Vorlauf. Seit der Zeit des Kulturheroen Großer Yü habe es immer Opfer an den «Erdaltären» gegeben, und der «Herr über das Getreide», der das Volk gelehrt habe, Getreide zu säen, sei mit Opfern bedacht worden. Dem entnehmen wir, daß sich Fruchtbarkeitskulte und der Ahnenkult der Herrscher früh verbanden, wobei die verschiedenen Quellen ein uneinheitliches Bild liefern.

Es gibt eine Vielzahl von Namen und Vorstellungen, deren historische Abfolge nicht geklärt ist und die teils parallel nebeneinander zu stehen scheinen. So sollen zum Beispiel die Erdgottheit und der «Herr über das Getreide» eine Verbindung eingegangen sein, realisiert im Begriff *She-ji*, der nun für sich genommen die Erdgottheit benennt. In der alten Gesellschaft war die Organisation von Wirtschaftseinheiten und den sie tragenden Familien um örtliche oder regionale Erdgott-Altäre angelegt.[33] Diese wiederum waren letztlich den Erd- und Ahnenaltären des Zentralherrschers untergeordnet. Fraglich bleibt, wie sich in der Antike das Verhältnis dieser Erdgottheiten zur Gottheit «Mutter Erde» entwickelte, die schließlich in der Staatsreligion als tragendes «weibliches» Gegenstück zum «männlichen» Himmel verehrt wurde. Historische Weiterführungen und eine in die Breite gehende Aufsplitterung des Konzepts der zentralen Erdaltäre sind sicher im Kult für die Erdgottheit *Tu-di lao-ye* zu sehen, die für die Überwachung der Ernte und der guten Ordnung zuständig ist. Oftmals stehen hinter einem lokalen *Tu-di lao-ye* heroisierte Personen der Vergangenheit, die in dieser Gestalt weiter segensreich wirken, Land und Leuten Glück vermitteln und ihnen auf diese Weise verbunden bleiben.

Es zeigt sich die Anbindung des menschlichen Lebens an eine transzendente Welt, in der Naturgottheiten durch die Identifizierung mit heroisierten Ahnen als personifizierte Mächte wirken. Sie sind mit der Erde, dem Hier und Jetzt verbunden. Allerdings haben wir auch bei den Opfern, welche der Erste Kaiser der Qin darbrachte, von einem «Lord Sonne» und einem «Lord Mond» gehört. Gestirne waren höchst bedeutsame Orientierungspunkte.

Für die Astronomie wie auch für die Beobachtung anderer Phänomene am Himmel wie Wolkenbildungen oder Vogelflug, gab es Beamte, die Buch führten und Auslegungen erstellten. Man war der Ansicht, daß jedem Gestirn ein bestimmter Ort oder eine Region auf Erden zugeordnet sei. Dies befördert die Bedeutung der Sternenbeobachtung, da zukünftige Entwicklungen auf Erden, bezogen auf einzelne Punkte, prognostiziert werden können. Das System hieß die «Wildnis einteilen». Seine Spuren lassen sich bis heute in der Literatur zeigen. Werke der Lokalverwaltungen zur Geographie und Kultur der Regionen und zur Wirtschaftsgeschichte von Verwaltungseinheiten werden «Lokalgazetten» genannt. Diese Werke wurden stets mit einer Karte des die Örtlichkeit betreffenden Sternbildes eröffnet. Es ist nicht verwunderlich, daß seit der Antike diese Sternbilder individualisiert («Lord Mond») und als Sitz des Numinosen, des Göttlichen, angesehen wurden. Si-ma Qian begründet dies im Abschnitt «Monographie zur Astronomie», indem er sagt, daß im inneren Bereich der Erde die Chinesen leben, im äußeren die Barbaren. China, in der Mitte, sei in zwölf Provinzen eingeteilt. Wenn man nach oben blicke, dann könne man deren Sternbilder am Himmel erkennen, blicke man nach unten, dann erkenne man, wie die Sternbilder für die Formen der Erde die Muster abgeben. Im Himmel gebe es Sonne und Mond, ihnen entsprechend auf der Erde *Yin* und *Yang*. Im Himmel gebe es die fünf (großen) Planeten, auf der Erde entsprechende Bezirke und Regionen.[34] Von den Sterngöttern, die in jenen himmlischen Regionen residieren und von dort aus in der Welt wirken, indem sie auf die Erde herabkommen oder durch Emissäre handeln, sollen beispielhaft zwei genannt werden.

Am Nordhimmel im «Nordpalast» residiert der «dunkle (oder wahre) Krieger» (*Xuan-wu*), der den nördlichen Bereich der Provinz Shandong beherrscht. Er wird mit dem «Schwarzen Gottkaiser» identifiziert, der im Norden (Farbe: *schwarz*) für das Wasser (Regen) zuständig ist.[35] Der «Himmlische Gott», das «Größte Eine» (*Tai-yi*), hat seine Audienzhalle im quadratischen Sternbild *Tai-wei* («Größte Feinheit»), seine Residenz aber im runden Sternbild «Purpurner Palast» (*Zi-gong*). Diese Gottheit wird vor allem im taoistischen Buch *Huai-nan zi* des Liu An (gest. 122 v. Chr.) beschrieben, denn für die Taoisten hatten Konstellationen und Namen wie *Xuan-wu* oder *Tai-yi* große Bedeutung für meditative wie rituelle Praktiken.[36] Diese Vorstellungen verweisen uns auf die eingangs beschriebenen religiös-geographischen Systeme der Taoisten.

Kaiser Wu-di der Han-Dynastie erhielt die Erklärung, daß *Tai-yi* der ehrwürdigste der Sterngötter sei, und seine Adjutanten seien die fünf Gottkaiser der Himmelsrichtungen und der fünf Elemente. Angeblich sollen schon die Kaiser der Antike *Tai-yi* geopfert haben, und zwar in einem Opfer im Stadtvorgelände auf einem Altar mit acht Zugängen für Götter und Geister. Kaiser Han Wu-di ließ einen solchen Altar nahe der Hauptstadt bauen und Opfer an *Tai-yi* durchführen, was alle drei Jahre wiederholt wurde.[37] Die genannten fünf Gottkaiser wurden an Altären verehrt, die im Kreis um den Altar des *Tai-yi* herum angelegt waren. Der Altar der Gottheit *Huang-di* («Gelber Kaiser»), der sich dem Element Erde entsprechend in der Mitte befindet, wurde mit dem des *Tai-yi* zusammengelegt. Das Opfer an *Tai-yi* faßte schließlich dann die Opfer an alle Sternengötter zusammen und wurde fester Bestandteil des Staatskults.

Die Ausformungen des Staatsrituals wurden in den Jahrhunderten des Kaiserreichs vielfach modifiziert. Es ist dabei wichtig zu sehen, daß die Orientierung auf astrale Sphären stets eine tragende Rolle spielte. So wurde im 13./14. Jahrhundert unter der Yuan-Dynastie zur Wintersonnenwende ein großes Opfer an den «Himmelsehrwürdigen, den Großen Gottkaiser» (*Tianhuang da-di*), dargebracht, dessen Residenz sich auf dem Polarstern befinden soll. Dieselbe Gottheit wurde aber auch *Hao-tian shang-di* («Oberster Gottkaiser Erhabener Himmel») genannt, sowie *Tai-yi di-jun* («Gottkaiser Größte Einheit»). Jahrhunderte früher wurde diese Gottheit des Staatskults mit den Namen *Shang-di* («Oberster Gottkaiser») und *Tai-yi* (das «Größte Eine») bezeichnet. Es ist anzunehmen, daß es sich ursprünglich um verschiedene Gottheiten handelte, wobei der antike Bezug zum Ahnenkult mit dem obersten vergöttlichten Ahn der Shang-Herrscher (*Shang-di*) nicht zu vergessen ist. Alle diese Gottheiten wurden offenbar im Lauf der Zeit vereint. Die verschiedenen Namen können letztlich als Aspekte einer führenden Gottheit verstanden werden.

Namen und Kulte haben sich immer wieder verschoben, wobei die antiken Ursprünge allmählich in den Hintergrund traten, vor allem, da sie sich nur bruchstückhaft belegen ließen. Für uns jedoch ist es wichtig zu erkennen, daß der Raum der chinesischen Welt, auf der Erde und über ihr, im Himmel und im Kosmos, eine Einheit bildet, einen großen Zusammenhang, dem eine religiöse Qualität zukommt. Es ist leicht nachzuvollziehen, daß das menschliche Leben von diesem Zusammenhang nicht auszunehmen war, so daß ihm sogar eine göttliche Wesenheit zukommt. Es gab also keinen säkularen, religionsfreien Raum, worüber auch die agnostische Kultur von Literaten und Beamten, die uns in einer unendlich umfangreichen Überlieferung entgegentritt, nicht hinwegtäuscht.

IV. Taoismus

Die Pflege des Lebens und die Unsterblichkeit

Wir sahen soeben, wie die chinesischen Herrscher von Land und Raum rituell Besitz nahmen. «Raum» meint auch den Bezug zu den Konstellationen am Himmel und im weiteren Sinne die Interpretation von Naturerscheinungen als Omina. Diese Tätigkeiten standen seit der Han-Zeit unter der Obhut der Beamtenschaft, speziell des Amts der Astronomen. Auch das Amt der Historiographen war mit solchen Angelegenheiten befaßt.[1] Ganz ähnlich war schon in den Epochen zuvor, unter den Shang-, Zhou- und Qin-Dynastien verfahren worden, als das System der Staatsbeamten noch nicht derart von Literatenbeamten getragen war wie seit der Han-Zeit.[2] In jenen frühen Epochen suchten Priesterschreiber und Schamanen an den Herrscherhöfen den Kontakt zur Welt der Ahnen herzustellen und zwischen der Menschenwelt und den transzendenten Mächten zu vermitteln. Nach dem Fall der Shang- und der Einrichtung der Zhou-Dynastie sollen viele der Priesterschreiber und Bediensteten sich unabhängig von einer staatlichen Bestallung gemäß ihren Fertigkeiten verdingt haben. Bekanntlich bestanden unter der Zhou-Herrschaft zahlreiche Feudalstaaten, deren Regierende die Territorien als Lehen erhalten hatten. Die Terrains der zentralen wie der untergeordneten Herrschaften, ihre Berge und Flüsse waren Objekte religiöser Verehrung, mit der sich die Hoffnung auf Ordnung und Prosperität verband. Die rituellen Dienstleistungen an diesen untergeordneten Höfen glichen denen des zentralen Hofs der Zhou. Schriftkundige Gelehrte waren mit den Modalitäten der Ausführung betraut. Ihre Spezialität und Fachkenntnis beschränkte sich aber nicht nur auf solche Rituale. Es waren weitere Qualitäten, die sie ihrer Gesellschaft unentbehrlich machten und ihren Wirkungskreis weit über die Hofgesellschaft hinaus ausdehnten. Die alte Gesellschaft war auf allen Ebenen von Schrift- und Orakelspezialisten, von Schamanen und Priestern begleitet. Wie archäologische Funde beweisen, gab es seit frühester Zeit einen ausgefeilten Grabkult, der Vorstellungen vom Weiterleben der Menschen im Jenseits bezeugt. Als bekanntestes Beispiel sei an die Grabanlagen des Ersten Kaisers der Qin mit seiner Tonkriegerarmee erinnert. Aus diesen Funden entnehmen wir auch, daß Mittel zur Konservierung der Einheit von Leib und Seele ersonnen wurden, wie die mit Goldfäden zusammengestickten Jadekleider der Leichname hochgestellter Personen andeuten.

Den Ausführungen des Großhistorikers Si-ma Qian in seiner Biographie des Qin-Kaisers können wir entnehmen, daß dieser Herrscher Anstrengungen unternahm, sein Leben zu verlängern und «unsterblich» zu werden. Offensichtlich handelte es sich um eine erstrebte physische Unsterblichkeit.[3] Die Medizin der Unsterblichkeit und das Leben der Unsterblichen waren schon lange vor der Zeitenwende ein hervorragendes Thema. Eine angeblich genaue Kenntnis der Inseln der Unsterblichen im Ostmeer, von denen die legendäre Insel *Peng-lai* genannt sei, wollen eben jene Personen besessen haben, die im rituellen Betrieb der Herrscher mitwirkten. Sie behaupteten, Wissen über die «Unsterblichkeit» und allgemein über das menschliche Leben zu besitzen. Diese Personen haben auch Rezepturen zu Medizin und Heilmethoden erstellt oder überliefert, mit denen die erste Voraussetzung für die Erstrebung der Unsterblichkeit geschaffen wurde, nämlich eine hervorragende Gesundheit. Es ging um die Frage, wie es möglich sei, die geistigen Seelen (*hun*), von denen der Mensch mehrere besitzen soll, und die körperlichen (*po*) im Verbund zu erhalten und diesen Verbund in ein neues Leben jenseits dieser profanen Welt zu überführen.

Offensichtlich bedienten diese Spezialisten Interessen, die allgemein menschlich sind und nicht nur den Herrschenden vorbehalten blieben. Sie verfügten über «Rezepturen» und Methoden, weshalb ihre chinesische Bezeichnung «Meister der Rezepturen» (*fang-shi*) lautet, die wir mit dem Begriff «Experten» wiedergeben. Aus den historischen Quellen, etwa dem Buch des Si-ma Qian und der «Geschichte der späteren Han», entnehmen wir bezüglich der Mittel der Experten, daß es sich keineswegs nur um Medizin oder Drogen von heute kaum nachvollziehbarer Zusammensetzung handelte, sondern wesentlich auch um asketische, hygienische und gymnastische Methoden, die den Fluß der Energien im Körper zu harmonisieren trachteten.

Das mit dem religiösen Taoismus verbundene Buch *Tai-ping jing* (2. Jahrhundert) belegt, daß Dürren und Überschwemmungen, Krankheiten und Epidemien, in der alten Agrargesellschaft keine seltenen Erscheinungen, als dämonische Bestrafungen verstanden wurden. Exorzismus als Methode der Heilung und Weissagung als Mittel, Entwicklungen zu prognostizieren, werden auch im Zusammenhang mit dem Wirken jener Experten berichtet.[4] Zu ihren Mitteln gehörten auch Amulette, über die sie als Schriftkundige verfügten. Dies verweist auf religiöse «Kontrakte», die im späteren religiösen Taoismus von fundamentaler Bedeutung sein sollten. Es handelt sich um die Annahme einer spirituellen oder göttlichen Lebenspotenz, die mit der absoluten kosmischen Göttlichkeit identisch ist und jedem Menschen innewohnt. Die Erstellung von Amuletten ist eines der vielen Mittel, über die jene Experten verfügten, diese Potenz in Schriftform zu äußern und rituell zur Anwendung zu bringen. Solche Experten standen auch Pate bei den Versuchen des Qin-Kaisers, eine Expedition zu den Inseln der Unsterblichen zu unternehmen. Aus denselben Kreisen kamen die Befürworter der *feng*- und *shan*-Opfer, die dem Herrscher das Privileg verschaffen sollten, mit den Gottheiten unmittelbar zu kommunizieren und den Erfolg seiner Herrschaft zu dokumentieren. Dies belegt den weiten Kreis der Wirkung und Betätigung dieser Personen, die keinen einheitlichen Bildungs- oder Berufsstand darstellten und natürlich auch im Volk als Heiler und Kenner von Medizin ihr Auskommen fanden. Die Bemühungen, «die Unsterblichkeit» zu erreichen, beweisen die Grundannahme einer potentiellen Nähe der menschlichen Existenz zur Sphäre der Gottheiten und der Göttlichkeit, was der Begriff «Unsterblichkeit» zusammenfaßt. Die ersten praktischen Versuche, die Unsterblichkeit zu erreichen, werden also historisch zunächst im Wirken der Experten in den Epochen vor der Zeitenwende greifbar.

Die Pflege des menschlichen Lebens mit seinen physischen und spirituellen Potenzen, wie sie die Experten verstanden, sollte für die späteren Taoisten ein großartiges Kulturerbe sein. Im religiösen Taoismus scheint die Kultur dieser Experten, mit den Tätigkeiten der Schamanen untrennbar verquickt, auf einer literarisch sublimierten Ebene ihre Fortsetzung bis in die Gegenwart zu finden. Zu den vielen Möglichkeiten, die schon in der Antike vertreten wurden, um das «Leben zu pflegen» und «Selbstkultivierung» zu betreiben, gehörte etwa die «Embryo-Atmung», eine innere Atemführung unter fast kompletter Ausschaltung der üblichen Atmung. Dies war verbunden mit Praktiken der Gymnastik, mit Methoden der Enthaltung von Getreidespeisen und einer speziellen Diät, mit Gebet und Meditation. Ein mögliches Ergebnis war die Schaffung eines transzendenten «Embryo», eines unsterblichen Alter Ego. Die spirituelle und praktische Seite dieser Verfahren wird auch mit dem Oberbegriff der «Innenschau» bezeichnet.

Wir vergessen bei alledem nicht, daß die Bedürfnisse und Erwartungen des gemeinen Volkes auf Krankenheilung, auf Bannung von Unglück und Epidemien zu bedienen waren. Auf dieser Ebene waren nach der Zeitenwende im ganzen Land Schamanen und Experten tätig. Gemäß unseren Quellen waren Schriftkunde, Kenntnisse der Heilkunde und kosmogonischer Theorien mit ihrer praktischen Anwendung, zum Beispiel durch Auslegungen des «Buches der Wandlungen» (*Yi-jing*) und anderer Schriftorakel, mit den Experten (*fang-shi*) und nicht mit den Schamanen verbunden. Unabhängig davon aber, welche Tätigkeiten von welchem Personenkreis ausgeübt wurden, von Anfang an richtete sich die *Grundintention* auf die Erlangung der Unsterblichkeit.

Die Entstehung des religiösen Taoismus

Vor diesem Hintergrund entstand im 2. Jahrhundert in der Provinz Sichuan, im Großraum der heutigen Stadt Chengdu, der religiöse Taoismus (*dao-jiao*) als genuin chinesische Religion. Zeitlich ungefähr parallel zu den Entwicklungen in Sichuan entstand im Nordosten des Landes die Bewegung der «Gelben Turbane», als deren zentrale Schrift das schon erwähnte «Buch vom Großen Frieden» (*Tai-ping jing*) gilt.[5] In einer Zeit der Schwäche und Zersplitterung der Zentralmacht der «Späteren» Han-Dynastie, in der mächtige Heerführer in ihren Regionen die Bevölkerung unterdrückten, suchte die Masse des Bauernvolks Rettung und Abhilfe in neuen Propheten, und so auch in den Exponenten des «Großen Friedens». Zhang Jiao, der sich «Hervorragender Meister große

Weisheit» nannte, und seine zwei Brüder schufen eine militärische Organisation mit dem messianischen Anspruch, das Land in ein Reich des «Großen Friedens» hinüberzuführen, im Verbund mit dem Messias des «Großer Friedens», dem «späteren Heiligen» Li Hong. Zur Identität des Li Hong[-yuan] gibt es widersprüchliche Aussagen. Eine davon identifiziert ihn mit *Lao-jun*, dem als *Tai-shang Lao-jun* vergöttlichten Autor (Lao-zi) des *Dao-de jing* («Buch vom Tao und seiner Wirkung»). Das Aufkommen solcher messianischer Hoffnungen war vielleicht mit dem Einfluß von Fremdreligionen, von Buddhismus und Manichäismus, verbunden. Während am Hof der Han-Dynastie das *Dao-de jing* und sein Autor große, voll und ganz akzeptierte Namen waren, fanden die Exponenten des *Tai-ping jing* als Konkurrenten um Einfluß und Macht keine Akzeptanz.[6] Im Gegenteil, ihre Bewegung wurde militärisch ausgelöscht. Das Buch *Tai-ping jing* ist eine Summe taoistischer Weltanschauung und religiöser Erwartungen, mit einem teilweise kryptischen und schwer verständlichen Text. Das Buch scheint, äußerlich gesehen, um einen Kern himmlischer Schriften angelegt zu sein, die in «überirdischen», für den Uneingeweihten unverständlichen Siegelschriften verfaßt sind. Das *Tai-ping jing* mit seiner verworrenen Überlieferungsgeschichte blieb in seiner Essenz erhalten und ist uns in einer späteren Edition im taoistischen Kanon zugänglich.[7]

Die Hochschätzung des Namens *Lao-jun* verband die *Tai-ping*-Bewegung mit jener taoistischen Gruppe, die in Sichuan entstand und unter dem Namen «Himmelsmeister Taoismus» (*Tian-shi dao*) oder «Taoismus der Orthodoxie und Einheit» (*Zheng-yi dao*) bis heute die Wirklichkeit des religiösen Taoismus prägt. Im Sommer des Jahres 143 unter Han-Kaiser Shun sollen zwei göttliche Boten den zurückgezogen lebenden Beamten Zhang Dao-ling am Berg *Ho-ming shan* («Kranichschrei») in Sichuan angesprochen und die Ankunft *Tai-shang Lao-jun*s vermeldet haben. Dieser zeigte sich sogleich und erklärte Zhang Dao-ling, daß dieser sich in einem früheren Leben den Standards der Unsterblichen entsprechend verhalten habe.[8] Wir können schließen, daß Zhang Dao-ling sich die Würdigkeit für diese Begegnung «in einem früheren Leben» erworben hatte und die Begegnung mit *Tai-shang Lao-jun* «verdient» war. *Tai-shang Lao-jun* eröffnete ihm, daß er ein Schwert erhalte, um die üblen Dämonen und Geister, die den

Menschen schaden, zu vernichten. Auch erhalte er das Amt der Führung der Menschen in den religiösen Belangen, wozu die «Methoden der erleuchtenden Einwirkung von Orthodoxie und Einheit» (*zheng-yi*) dienten. Mit diesen Mitteln ausgestattet, werde es ihm möglich, die Dämonen fortzufegen und das Volk auf den rechten Weg zu führen. *Tai-shang Lao-jun* besiegelte mit Zhang Dao-ling einen Kontrakt, die «Vertragsgewalt der Orthodoxie und Einheit».

Initiiert als «Himmelsmeister» (*tian-shi*), das Wort kann auch bedeuten «einer, der den Himmel zum Lehrmeister hat», organisierte Zhang Dao-ling seine Gefolgschaft, deren spirituelle und administrative Zentren in den voranstehend eingeführten 24 bzw. 28 «Amtsbereichen» angesiedelt waren. Die Taoisten präsentieren uns dieses religiös-geographische Ordnungssystem als Offenbarung und Anordnung von *Tai-shang Lao-jun*. Als erste historisch belegte politische Formation und direkte Folge dieser spirituellen Initiierung durch *Tai-shang Lao-jun* ist ein taoistisches Staatswesen anzusehen, das Zhang Lu, ein Enkel Zhan Dao-lings, in einem Gebiet am Oberlauf des Huang-he zwischen Changan und Sichuan kurzzeitig einrichten konnte.[9] Für diese Gruppierung war wiederum ein besonderes Buch maßgebend, das angeblich Zhang Dao-ling verfaßt hatte. Es handelt sich um den sogenannten *Xiang-er-zhu*-Kommentar zum *Dao-de jing*, der in besonderer Weise die Verbindung zum allgemein anerkannten Heiligen *Lao-jun* bestätigt.[10] Ohne den Inhalt dieser Schrift wiederzugeben, sei doch vermerkt, daß in ihr das *Dao-de jing* aus dem Umfeld einer praktischen Philosophie entfernt wird und die Interpretation vielmehr den speziellen Vorstellungen dieser religiösen Gruppe entgegenkommt. Hier spielt der «Gelbe Kaiser» mit seinen sexuell orientierten Praktiken der Lebensverlängerung eine gewisse Rolle. *Lao-jun* selbst erscheint als Regent des Kun-lun-Gebirges im Westen, wo er nach seinem legendären Fortgang aus dem Reich der Zhou-Herrscher verblieben sein soll. Der Name *Huang-Lao*-Taoismus entstand als Beschreibung dieser Kombination von religiösen und praktischen Ansätzen der Kultivierung des menschlichen Lebens und der taoistischen Gesellschaft.[11]

Vielfach ist hier die Rede von den Ursachen der Krankheiten und von ihrer Abwendung. Es komme darauf an, gute Taten anzuhäufen, damit der Feingeist des Menschen mit dem Himmel kommunizieren und sich die Hilfe des Himmels sichern könne. Wer dies nicht vermöge, der sterbe einen realen Tod und falle in die Obhut der Erdbeamten, die ihn in eine Art Hölle verbringen würden. Es sei von größter Wichtigkeit, zum Himmel ein Vertrauensverhältnis herzustellen, dem das Leben zugeordnet sei, während Übel und Tod der Erde verhaftet seien. Wie verhält sich der Mensch in diesem Bezugsrahmen, in dem Krankheit und Leid eine so große Rolle spielen? Wie wird die Hoffnung auf Heil und Hilfe verwirklicht?

Kranke hatten sich in einen ruhigen Raum zurückzuziehen, über ihre Verfehlungen nachzudenken und sich einer Selbstprüfung zu unterziehen. Als Verfehlung galt zum Beispiel unmäßiger Alkoholgenuß. Es wurde ein Vertrag gegenüber göttlichen Instanzen formuliert, in dem der Kranke sich verpflichtete, solche Verfehlungen in Zukunft zu unterlassen. Der Vertrag wurde dann den drei Agenzien Himmel, Erde und Wasser übergeben, welche später als die drei göttlichen «Beamten» (*san-guan*) verehrt wurden. Geringe Verfehlungen konnten auch durch die Finanzierung oder Ausführung von Wege- und Brückenbauten abgegolten werden. Auch eine Vorsorge gegen Erkrankungen konnte auf dieselbe Weise getroffen werden. Diese religiöse Gruppierung unter der Leitung Zhang Lus, der Menschen des Agrarbereichs und anderer nicht-herrschaftlicher Schichten angehörten, schloß mit Sicherheit auch Angehörige der lokalen nicht (Han-) chinesischen Bevölkerung ein, der heutigen «Minderheiten».

Im Staatsgebilde Zhang Lus gab es Hotels, in denen die Gäste eine gezielte religiöse Betreuung durch die Führer dieser Einrichtungen erfuhren. Sie fungierten als Priester und wurden «Weinzuteiler» (*ji-jiu*) genannt. Das Wort «Weinzuteiler» wurde in der Han-Zeit auch als Ehrentitel für ältere verdiente Staatsminister verwendet und konnte sogar den Kanzler bezeichnen. Zugleich war dies ein Titel für den Amtsträger an der Spitze der «nationalen Akademie», was auf den hohen Anspruch verweist, den diese nicht-staatliche religiöse Gruppe für sich erhob.[12] Aufgabe dieser Priester war es also, Dämonen in den Herbergen zu beseitigen, den Gästen Schuldbekenntnisse abzunehmen und Heilkontrakte mit den Gottheiten aufzusetzen, was auf ihren besonderen Status als Schriftkundige verweist. Ein wesentlicher Teil der religiösen Praxis jener «Weinzuteiler» war die Rezitation des *Dao-de jing*, dem damals schon eine kultische Bedeutung zukam. Unterstützt wurden sie durch Helfer, speziell durch neue Funktionäre der untersten religiösen Charge, den sogenannten «Dämonensoldaten». Es gab eine Hierarchie von religiös tätigen Akteuren mit verschiedenen Rängen und verschiedenen Fähigkeiten bei der Behandlung dämonischer Kräfte, von denen man annahm, daß sie ebenfalls von unterschiedlicher Rangstufe seien. Dieser Ansatz gewann wiederum in späteren Epochen des Taoismus große praktische Bedeutung.

Die höheren Führer dieser Herbergen im Machtbereich des Zhang Lu verfügten über *Kontrakte* mit der Sphäre der Dämonen, die sie ordnen und «anstellen» konnten. Diese Vertragsmacht im Sinne einer individuellen Ausstattung konnten sie an ihre Anhänger oder Schüler weitergeben. Das oberste Amt des «Himmelsmeisters» aber war erblich und wird bis heute in der Familie Zhang fortgeführt. Das Gebiet dieses taoistischen Staatswesens war in Amtsbereiche (*zhi*) eingeteilt, und jene Hotels, die Zentren der religiösen Betreuung, standen an allen wichtigen Wegen. Gratis waren diese rettenden Dienstleistungen der «Weinzuteiler» nicht. Es wurde eine Abgabe von «fünf Scheffel Reis» erhoben, weshalb neben *Zheng-yi dao* und *Tian-shi dao* für diese Frühformation des Taoismus auch der Name «fünf Scheffel Reis Taoismus» (*Wu-dou mi dao*) bekannt ist. Dieser Name trat mit der Verbreitung der Lehre und infolge der Verlegung des Hauptsitzes Zhang Dao-lings in der Mitte des 2. Jahrhunderts an den Berg *Lung-hu shan* («Drachen und Tiger Berg») in der südostchinesischen Provinz Kiangsi in den Hintergrund.[13]

Der Taoist und das namenlose Numinose

Mit der regionalen Verbreitung des Taoismus nach Osten zur Küste hin und unter dem Einfluß der religiös und literarisch aktiven Kultur eines entstehenden chinesischen Buddhismus ergab sich in den Epochen der westlichen und östlichen Jin-Dynastien und der nördlichen und südlichen Dynastien (265–589) für die Taoisten die Notwendigkeit, neue Schriften zu erstellen und sie zu kodifizieren. Dieser Entwicklung und den Anforderungen einer sich verfeinernden und spezialisierenden Kultur der taoistischen Priester, fort von den Gemeinschaftsritualen der Frühzeit, verdanken wir die Entstehung von Texten, die jene bis zu dieser Zeit schon geläufigen Vorstellungen zu Dämonen und Geistern ausarbeiten und in systematischer Anlage benennen. Das namenlose Numinose, ob positiv oder negativ, war für den *Experten*, den wir jetzt in der Nachfolge des Himmelsmeisters sehen und «taoistischer Priester» (*dao-shi*) nennen, namentlich greifbar und rituell ansprechbar. Dieser Priester trat umfassend nach Aufgabe, Funktion und Konzeption das Erbe der alten Experten (*fang-shi*) an, was ihre Wirkungsweisen zeigen werden.

Bleiben wir zunächst bei der Bedeutung des Namens, unter dem das Numinose greifbar wird. Es war der *Name* des Dämonischen und des Göttlichen, der dem Priester durch seine Handbücher für Rituale und speziell durch seine exklusiven Schriften des Typs «Register» (*lu*) zugänglich gemacht wurde. Schriften dieser Art waren Teil seiner professionellen Ausstattung sowie auch seiner intimen persönlichen Sphäre. Sie waren «geheim» und begründeten in der Praxis seine rituelle Macht. Was hat es mit den mehrfach angesprochenen Dämonen und Geistern auf sich, die der Himmlische Meister und seine Nachfahren, die *dao-shi*, rituell bannen, vernichten oder auch zu Gefolgschaft und Dienstleistung zwingen können? Die Schrift *Nü-qing gui-lü* aus dem 5. Jahrhundert gibt folgende Erklärung:

> Als Himmel und Erde ganz zu Anfang geboren wurden, hat sich der Odem des Ursprungs überallhin ausgebreitet und entfaltet. Die unendlich zahlreichen göttlichen Kräfte [*wan-shen*] verbreiteten und entfalteten [ihren] Odem. Es gab keine häßlichen, rebellischen, bösen und unkorrekten [*bu-zheng*] dämonischen Kräfte [*gui*]. Die Männer waren pietätvoll, die Frauen keusch und tugendhaft, die Herrscher pflegten die Riten, und die Beamten waren loyal, der ganze Kosmos war eine harmonische Einheit. Da gab es kein Unglück und keinen Schaden. Danach, seit dem 1. Jahr der [himmlischen] Regierungsdevise *tian-huang*, trat eine Wende ein, und es entstanden höchst vielseitige Schlauheit und Methoden. [Die Menschen] glaubten nicht mehr an das Große Tao. An allen Ecken und Enden der Welt gingen sie mit Mordbrennerei gegeneinander los. Der vergiftete Odem dieser Pestilenz griff immer mehr um sich. Tiger

und Wölfe und alles Getier wurde davon erfaßt, wurde groß und mächtig. All die Insekten, Schlangen und dämonischen Kreaturen wurden täglich bis zum äußersten erregt. [Nach dem Tod eines Menschen] gibt es im Himmel eine Frist von sechzig Tagen. Auf jeden Tag kommt eine göttliche Kraft, die jeweils einen Tag kontrolliert. [Jeder] Tag aber hat tausend dämonische Kräfte, die schwebend überall herumkommen, und [niemand] konnte sie in Schranken weisen. Das Große Tao gebot ihnen nicht Einhalt, und der Himmelsmeister erließ keine Order [gegen sie]. Sie waren frei losgelassen in der ganzen Welt. Überall schaukelten sich Grausamkeiten gegenseitig hoch, und die dämonischen Kräfte sahen allein im Töten ihren Sinn. Die Menschen, die daher zu Tode kamen, zählten Tausende von Millionen. [Die Gottheit] Höchstes Großes Tao [*Tai-shang da-dao*] konnte es nicht ertragen, sich dies anzuschauen. Im 2. Jahr [der Devise *tian-huang*], am 7. Tag des 7. Monats zur Zeit der Tagesmitte, ließ [*Tai-shang da-dao*] hier unten [auf Erden] diese [Schrift] «Regeln für die Dämonen» [*gui-lü*] in acht Kapiteln [«Rollen»] eröffnen. Sie legt die Familien- und Vornamen [*xing-ming*] der Dämonen und göttlichen Kräfte [*gui-shen*] in der Welt nieder sowie die glücklichen und grausamen Handhabungsweisen [*shu*, auch «Trick» oder «Kniff»], ihnen Order zu erteilen. Der Himmelsmeister Zhang Dao-ling vermag es so, ihnen zu befehlen, daß sie sich nicht willkürlich hin und her wenden, von Osten nach Westen und von Süden nach Norden. Später gab es Taoisten, Männer und Frauen, die diese meine geheime Schrift sahen und durch sie die Namen der Dämonen wußten. Sie waren alle äußerst glücklich, daß die unendlich vielen Dämonen sich nun nicht mehr einmischen konnten, und Tausende göttliche Kräfte ihnen ergebenst untertänig waren. Sie verhielten sich, wie diese Regeln [*lü*] es verlangen, die man nicht willkürlich weitergeben darf. ... Als der Lehrmeister die Auflistung der Namen [der Dämonen] niederlegte, sagte er: Im hohen Himmel ist der «Unendliche, ehrwürdige und große Dämon» allmächtig unter all den anderen. Sein Zuname heißt Xi, [sein Vorname] Tian. Er ist der Herr der Dämonen der sechs Gegenden (oder Richtungen) und residiert am Berg *Tai-shan*, an dessen südöstlicher Ecke.[14] Er ist jener Dämon, der all die Menschen, die im Wasser zu Tode kamen, [dorthin] zurückgeleitet.[15] [Dieser Dämon] steigt auch in den Himmel auf, um bei der Befragung und Festlegung der Bestrafungen zugegen zu sein. Das macht er einmal im Monat.

Seit der Urantike [*shang-gu*] bis heute sind schon über 36000 Jahre vergangen, und es gibt daher gleichermaßen 36000 göttliche Kräfte und eine entsprechende Zahl von Dämonen. Der Dämon *Nan-xiang san-lao* [«Der dreifach Alte des südlichen Landes»], populär Dämon *Wu-dao* [«fünf Wege»] genannt, hat den Familiennamen Che und den Vornamen Ni. Er herrscht über die [himmlischen] Berichte und Register all der gestorbenen Menschen. Er überprüft und kalkuliert die Verbrechen der lebenden Menschen. Das alles liegt in seiner Zuständigkeit. Auch dieser Dämon hat am Berg *Tai-shan*, an dessen nordwestlicher Ecke, seine Dienststelle. Am Berg *Taishan* gibt es einen Shao Yi-huan, und dies ist der Dämon *Tiansha* [der «Himmlische Schlächter»]. Er befaßt sich ausschließlich mit den Angelegenheiten der Dokumente. Oben [im Himmel] macht er keine Bekundungen zum Himmel und unten [auf Erden] macht er keine zur Erde.[16]

An diesen Einführungstext schließen sich lange Listen von Dämonennamen an, von denen zum Beispiel die ersten beiden Gruppen «Schlächter Dämonen» aus den fünf Sternbildern darstellen. Sie bestimmen das Töten von Menschen. Hierauf folgt eine ähnliche Liste, wiederum zu den fünf Himmelsrichtungen und den ihnen zugeordneten «grausamen göttlichen Dämonen», offenbar die nächste Kategorie, die mit dem Töten von Menschen befaßt ist. Wir sehen eine gewisse Systematik, mit der alle Elemente und Komponenten der Welt mit Dämonen besetzt sind. So hat man die Kalenderangaben nach einem Sechziger-Zyklus gestaltet, der aus den symbolischen Zeichenelementen der zehn «Himmlischen Stämme» und zwölf «Irdischen Zweige» zusammengesetzt war. Unsere Texte präsentieren auch diesen Zyklus, nämlich 60 Zeichenpaare, und fügen ihnen jeweils die Worte «Tag», das heißt also «xy-Tag», und «Dämon» hinzu.[17] Anschließend erhalten wir den persönlichen Vornamen (*ming*) des Dämonen, jedoch keinen Zunamen (*xing*). So steht an erster Stelle der «Dämon eines *jia-zi*-Tages, mit dem Namen *Yuan-guang*», an zweiter Stelle der «Dämon eines *yi-chou*-Tages, mit dem Namen

Bing-chang» usw. Eine abschließende Erklärung aus dem Text *Dao-yao ling-qi shen-gui pin-jing* sagt:

> Angefangen bei *jia-zi* gibt es für sechzig Tage jeweils einen zuständigen Dämonen, der tötet und sich feindselig verhält. Es sind sechzig Menschen. Sie haben einen Menschenleib, aber keinen Kopf. Sie haben rote Haare, aber keine Kleider. Sie haben Ohren, aber keine Augen und können über tausend Meilen schwebend dahineilen. Gemeinsam dirigieren sie die «drei Leichname» [*san-shi*]. Sie sind grausam, widerwärtig, nicht pietätvoll, töten und schaden dem himmlischen Volk [der Taoisten]. Wenn die Menschen sich an jedem Tag an deren Namen erinnern und sie kennen, dann wagen es diese Dämonen nicht, den Menschen nahezukommen.[18]

Der Name der transzendenten Kraft stellt die Basis für die rituelle Arbeit dar, denn für sie ist «die Anrufung», sei es zur Bannung oder zur Unterwerfung von Dämonen, entscheidend. Der Text erklärt, daß der Taoist ein tadelfreies Verhalten und eine feine Lebensführung pflegen müsse, voll von Glauben an die Macht seiner rituellen Mittel und Traditionen. Andererseits sei es das unsittliche und ungeordnete Leben, das dem Bösen freie Zügel lasse. Der Himmelsmeister beobachtet die folgenden Verhältnisse:

> Wir sehen, daß die Männer und Frauen dieser Welt täglich sich illoyaler Verhaltensweisen bedienen und auf den Erweis guter Taten nicht angemessen reagieren. Katastrophen und Schädigungen [für die Menschen] nehmen von Tag zu Tag überhand. Der Himmel prüft [dies]. Die Dämonen aber verursachen Schäden, und die «fünf Gifte» kursieren. Dies ist aus einer Haltung heraus geboren, eben nicht zu glauben, sich innerlich nicht auf die Bewahrung des «Einen» zu konzentrieren und Gutes zu tun. Die Menschen ziehen all dieses Unglück auf ihre eigene Person, [und obwohl] sie sich innerlich an ihre Söhne klammern, kommt es ihnen nicht zu, lange in ihrer Gesellschaft zu verweilen und lange zu leben. Ich habe die Lehre von *Taishang [Lao-jun]* erhalten, um strenge Maßgaben als Order vorzugeben. Heute will ich sie dem himmlischen Volk [der Taoisten] zeigen und befehle, die Gebote und Verbote zu kennen, um gegen Dämonen und Gottheiten nicht zu fehlen.[19]

Die Erklärungen in taoistischen Schriften, warum die Menschen Unglück und dämonischen Plagen ausgesetzt seien, sind vielfältig, ebenso wie die Erklärungen zur Entstehung und zum Vorhandensein solch plagender Geister, deren Allmacht als real und fürchterlich gilt. Auslösende oder verursachende Faktoren sind schlechte Verhaltensweisen der Menschen. Die als Gegenmittel empfohlenen Tugenden decken sich wesentlich mit den sogenannten «konfuzianischen» Tugenden.

Ein ganz besonderes Element ist natürlich die Errettung der Menschen durch die Gottheiten, verwirklicht in der Offenbarung himmlischer Schriften an auserwählte Taoisten. Diese Schriften präsentieren die erforderlichen rituellen Anweisungen, um die Errettung der Menschen möglich zu machen. Ein weiteres fundamentales Moment ist dabei der religiöse Glaube (*xin*) an die Verläßlichkeit göttlicher Hilfe. Für unsere Betrachtung hat jene Ausführung höchste Wichtigkeit, die von der Gottheit *Tai-shang da-dao* spricht und von ihrer Anteilnahme am Geschick der Menschen. Sie eröffnete all die Namen der schädlichen Dämonen an Zhang Dao-ling als Teil seiner Initiierung als Himmelsmeister. Es ist sicher zutreffend, daß die Namen *Tai-shang Lao-jun* und *Tai-shang da-dao* ein und dieselbe Gottheit bezeichnen.

Haben wir bisher von den «negativen» Kräften gesprochen, so ergibt sich nun die Gelegenheit, von «positiven» Gottheiten zu sprechen, an die wir in der Regel denken, wenn wir von Religion und vom religiösen Taoismus sprechen. Sie sind mit der Genese des Kosmos und des menschlichen Lebens genuin verbunden. Auch zu diesem Themenkreis gibt es verschiedene Überlieferungen, die parallel zueinander kursierten. Für uns relevant sind die Texte, die im Buch «Bilder und Erklärungen zu den Wirkungen und Erscheinungen von Lao-jun zu allen Zeiten» (*Lao-jun li-shi ying-hua tu-shuo*) enthalten sind. Im Text Nr. 1 «Beginn aus dem Nichtbeginn» lesen wir:

> Ursprünglich, als das Urchaos noch nicht aufgebrochen war, waren die göttlichen und magischen Kräfte [alle schon] begründet [«gepflanzt»]. Da gab es schon eine dunkel mysteriöse Grundlage, und das war Tao. Was Tao betrifft, niemand kann seine Grundlagen und Wurzeln erforschen, und niemand kann seine Begrenzungen abschätzen. Aber dennoch gab es einen

großen heiligen Menschen, der vollkommen mit Tao ausgestattet war und in ihm geboren war. Aus diesem Grund wird er «der ohne Anfang» [*wu-shi zhe*] genannt, und das ist denn *Tai-shang* [«Der Allerhöchste»]. *Tai-shang* also war geboren im Nichtbeginn und nahm seinen Anfang ohne Veranlassung. Er war früher als alle Tao, er war Ahnherr des «ursprünglichen Odems» [*yuan-qi*]. Es gab kein Leuchten, keine Himmelszeichen, keine Farben, keine Laute und keine Linien einer Überlieferung. Es bestand absolute Finsternis. In ihr aber gab es Feinessenzen, die absolut wahr und real waren, ganz in sich verwoben und ohne daß es ein «außen» gäbe. Daher bezeichnen wir sie als das große Tao.[20]

Dem Text folgend können wir wiederum eine Identität von *Tai-shang* [*Lao-jun*] und dem großen Tao annehmen, wobei das Niveau seiner abstrakten Existenz noch gar nicht greifbar wird. Daher gibt der zweite Abschnitt mit dem Titel «Im Natürlichen zirkulieren» folgende Darstellung:

Lao-jun, das ist die Grundlage des ursprünglichen Odems. Er schuf die wahre Linie der Überlieferung, verkörperte und trug in sich das Natürliche (wörtl. «das aus sich so Seiende»). Das Natürliche, das ist Tao, und was mit Gewalt Gestalt annahm, das war *Lao-jun*.

Hieraus folgt die nicht faßbare Allgegenwart von *Tai-shang Lao-jun*, die verwendet wird, um den Begriff *hun-yuan*, «Chaos und Ursprung», zu erklären. Er ist Teil eines tangzeitlichen Ehrentitels für Lao-jun sowie auch Teil des Titels einer berühmten Biographie von Lao-jun.[21]

Der folgende 3. Abschnitt in *Lao-jun li-shi ying-hua tu-shuo* trägt den Titel «Er zeigt sich mit seinem vollkommenen Leib». Das entsprechende Bild stellt einen bärtigen Mann im Buddhasitz dar, umgeben von einer Flammenmandorla. Dem folgt Abschnitt Nr. 4, bei dem das Bild drei weise alte Männer zeigt, die in einem Kreis sitzen. Der Titel lautet «Er ergreift die Präsentation der Lehre». Der Text sagt, daß «Tao nicht ohne Lehrmeister bleiben darf, und die Lehre nicht ohne Schullinie». Daher habe *Lao-jun* [die Gottheit] *Yu-chen da-dao jun* («Lord großes Tao im Morgengestirn wie Jade») zum Lehrmeister genommen. Diese Gottheit wiederum sei Schüler von *Yuan-shi tian-zun* («Der Himmelsehrwürdige des Uranfangs»). Es werden also drei göttliche Erscheinungen eingeführt, die mit dem kosmischen Uranfang zusammenfallen. Im Bestreben, eine «Lehrtradition» zu etablieren, entäußert sich *Lao-jun* seiner selbst in Gestalt dieser beiden anderen Erscheinungen, die nur Aspekte von ihm selbst darstellen. Es ist nicht verwunderlich, wenn wir in einer der Biographien von *Lao-jun* die folgende Liste von zehn Alternativnamen für ihn finden:[22]

«Jadekaiser», «Ursprünglicher Heiliger», «Himmelsehrwürdiger des Uranfangs», «Absolut Höchster Ehrwürdiger», «Lord Tao», «Lord Namenlos», «Hocherhabener Kaiser und Lord der Leere», der «Allerhöchste», «Lord Lao», «Lehrmeister der Kaiser».[23]

Mit den positiven Aspekten der Weltschöpfung verbindet sich als Ausdruck höchster Göttlichkeit *Tai-shang Lao-jun*, der im Rahmen des sich rasch etablierenden Taoismus auch mit dem Titel *Dao-de tian-zun* («Himmelsehrwürdiger, der Weg und seine Wirkkraft») bezeichnet wird. Das Begriffspaar *Dao-de* bezieht sich natürlich auch auf das Buch *Dao-de jing* des «Archivars» Lao-zi. *Tai-shang Lao-jun* hat demnach als menschliche Erscheinung «Lao-zi» in der Zhou-Zeit unter uns Menschen gelebt und jenes Buch verfaßt, als er eine unfähige Zhou-Herrschaft verlassen mußte. Es soll uns nicht weiter beschäftigen, daß er im Lauf der Geschichte immer wieder mit Inkarnationen in Erscheinung getreten sein soll, um «gute Herrscher» zu legitimieren und zu beraten. *Dao-de tian-zun* bildet jedenfalls zusammen mit *Yuan-shi tian-zun* (der «Himmelsehrwürdige des Uranfangs») und *Ling-bao tian-zun* (der «Himmelsehrwürdige des göttlichen Juwels») die Dreiergruppe der «Drei Reinen» (*san-qing*), die den höchsten Rang im taoistischen Pantheon einnehmen.

Ähnlich wie bei den Dämonen, welche die ganze Welt mit ihren Komponenten besetzen, gibt es auch positive göttliche Kräfte, die ebenfalls mit den verschiedensten Kategorien und Rängen verbunden werden. Hierzu sei an die Ausführungen zum «Tempel der Weißen Wolke» und jener neuen Halle mit den 60 «Himmelsehrwürdigen», den Lebensgottheiten der *Jahre* des kalendarischen Sechziger-Jahreszyklus, erinnert. Diese Sechziger-Gruppe wurde auch im vorangehend zitierten Text *Nü-qing gui-lü* angeführt, allerdings verbunden mit den Dämonen. Es handelt sich nicht um heroisierte oder vergöttlichte Personen der Lokal- und Nationalgeschichte, denen eine religiöse Ordnungsfunktion für die lokale Gemeinschaft zugesprochen wird, sondern vielmehr um die Individualisierung und Vergöttlichung der Funktionen und Essenzen, die den Kosmos ausmachen. Selbstverständlich gilt auch hier für den Taoisten das Gebot, «den Namen» zu kennen, um diese Elemente ansprechen und im Rahmen der Rituale aufrufen zu können. Wenn solchen Kräften, wie diesen Dämonen, Zu- und Vornamen zugeschrieben werden, so ist also zu bedenken, daß es sich in der Regel *nicht* um identifizierbare Personen handelt. Da stellt sich schließlich die Frage nach dem Verhältnis des Einzelnen zu derart abstrakten göttlichen Kräften, denn aus diesem Verhältnis ergibt sich die Grundbedingung für die religiöse und rituelle Praxis.

Die Göttlichkeit des menschlichen Seins

Der Menschenleib galt als beseelt, wobei von körperlichen (*po*) und spirituellen Seelen (*hun*) gesprochen wurde, was im Zusammenhang mit dem Wirken der Experten (*fang-shi*) erwähnt wurde. Diese Seelen trennen sich beim Tod des Menschen. Sie sinken in die Erde (*po*) oder werden Objekte für die Verwaltung der Unterwelt (*hun*). Die Grundannahme einer spirituellen Natur des Menschen, der von allen Wesen als das höchst spirituelle oder sogar göttliche (*ling*) Wesen gilt, wird nach der Zeitenwende im religiösen Taoismus auf grandiose Weise verfeinert, wobei zahlreiche Schriften, die im Kanon vorliegen, als Dokumentation dieser Vorstellungen gelten können, wohl kaum aber als deren Auslöser.

Die Schrift *Tai-shang Lao-jun zhong-jing* aus dem 5. Jahrhundert beschreibt den Kosmos als Gottheit, dessen Einzelaspekte wiederum als individuelle Gottheiten verstanden werden.[24] Diese haben Existenzen in den Sphären der Sterne, sie sind aber auch Realitäten im Menschenleib, indem sie in Gestalt von «Menschen» geschaut und kontaktiert werden können. Die Gottheiten haben ihr Logis etwa in den fünf Eingeweiden des Menschen, wo sie sich eingerichtet haben und die Lebensfunktion, nämlich die Lebenskraft (*qi*) des betreffenden Organs, ausmachen. Göttlichkeit gibt es nur in dem Sinne, daß sie dem Kosmos, dem Außen, zu eigen ist, wie zugleich dem Innen, dem Inneren des Menschenleibes. Es gibt keine abstrakte Gottheit, die der Mensch nicht in sich tragen würde, und zwar seit seinem embryonalen Leben, gemäß den Anlagen des «früheren Himmels», im ersten Lebensjahr im Mutterleib. Es kommt darauf an, nach der Geburt, im «späteren Himmel», wenn die Fontanelle «Himmelsbrunnen» geschlossen ist, die «Körpergötter» (*shen-shen*) auf ihren Plätzen im Körper zu halten, denn ihr Fortgehen ist identisch mit dem Schwinden der Lebenskraft, mit Verfall, Alter und Tod. Ebenso wie die spirituellen *hun*-Seelen, die weiterhin ein in keiner Weise verdrängtes Element darstellen, sich beim Tod des Menschen davonmachen, so verlassen dann all diese Körpergötter, und mit ihnen die Göttlichkeit, den Menschenleib.

Die Hoffnung auf Heil und Hilfe liegt in den Verfahren des Taoisten, «das Leben zu pflegen» und so diese Gottheiten auf ihren Plätzen zu halten. Die Methoden der Diät, der Atemtechnik und der Meditation der alten Experten (*fang-shi*) werden intensiv weiterentwickelt. Die Taoisten dokumentierten dies in einem gewaltigen, oftmals kryptischen Schrifttum. In ihrem Verständnis konnten sie mit diesen Gottheiten meditativ in Verbindung treten und sie auf ihre Reisen zu den himmlischen Sphären begleiten. Im Vollzug von Ritualen können die Priester meditativ aus sich selbst heraustreten, um vor den Gottheiten im Himmel Petitionen von Individuen oder Gemeinwesen zu präsentieren. Die Priester begeben sich also auf eine himmlische Reise, um anschließend wieder zu sich selbst zurückzukehren. Jene Gottheiten, die sie rituell entsenden, werden sie nach Ausführung des betreffenden Auftrags wieder zu sich zurückrufen. All dies kann nur funktionieren, wenn eine vollkommene Integrität der Lebensführung nach taoistischen Vorgaben verwirklicht wird, denn nur so bleibt das ursprüngliche Maß der Spiritualität, die angeborene Göttlichkeit des Menschenlebens, gewahrt.

Zentral ist die Ansicht, daß das Maximum an «menschlicher» Göttlichkeit im Embryo im Mutterleib zugegen ist. Wenn der Mensch geboren wird, beginnt er seine göttliche Lebensgabe im realen Leben zu vergeuden und den Weg zum Tod zu beschreiten. Das Menschenleben ist demnach in seiner ursprünglichen Bestimmung auf die Unsterblichkeit hin angelegt, und das Ziel ihrer Wiedergewinnung kann der Menschen selbst erreichen. Was sich als Folgerung ergibt, das betrachten wir im folgenden Abschnitt.

Zunächst aber wollen wir das Verhältnis des Menschen zur Göttlichkeit des Kosmos und seiner eigenen Natur kennenlernen. Unter «Göttlich Unsterbliche Nr. 1» hat das Buch *Tai-shang Laojun zhong-jing* folgenden Eintrag:

> Das Alleroberste, größte Eine ist Vater von Tao, und es war vor Himmel und Erde. Es befindet sich oben in den Neun Himmeln, im Bereich des Himmels der Höchsten Klarheit [*taiqing*], außerhalb der acht Finsternisse, im Allerfeinsten, Minutiösen. Ich kenne seinen Namen nicht, es ist eben der Odem des Ursprünglichen [*yuan-qi*]. Als Gottheit zeigt es einen menschlichen Kopf auf einem Vogelleib. Gestaltet ist [diese Erscheinung] wie ein Hahn oder ein Phoenix, angetan mit Perlenkleidern, [schimmernd] in den fünf Farben. [Zwischen] Himmel und Erde befindet sich [diese Gottheit] exakt über dem Kopf des Menschen, vom Leib selbst neun *chi* entfernt. Gewöhnlich ist sie von purpurnen Wolken umgeben, unter einem Blütenbaldachin. Wenn der Mensch, [über dem die Gottheit] verweilt, ihrer ansichtig wird, sagt er: «Aller oberster größter Eine, Lord Tao, unsere Urenkel, alles Volk, die Könige und Hervorragenden, sie alle haben ihren Sinn und ihre Zuneigung auf Tao gerichtet und geloben Langes Leben erreichen zu wollen.[25]

Im anschließenden Paragraphen (Nr. 2) lesen wir:

> Der absolut grenzenlose, alleroberste Lord des Ursprungs, das ist Lord Tao. Er hat einen Körper mit neun Köpfen. Manchmal wandelt er sich in neun menschliche Erscheinungen. Sie alle tragen dann Perlenkleider in den fünf Farben, und auf dem Kopf tragen sie die «Kappe der Neunfachen Wirkkraft» [*jiude zhi guan*]. [Diese Gottheit] ist Sohn des Allerobersten Einen. Und doch ist sie nicht ein Sohn, sondern ist vielmehr einfach der Odem des Ursprungs, das selbst an sich so Seiende [das Natürliche, *zi-ran*]. [Lord Tao] befindet sich genau auf dem Kopf des Menschen, in einer purpurnen Wolke und unter einem Blumenbaldachin. Wenn der Betreffende seiner ansichtig wird, dann spricht er ihn an: «Oberster Gottkaiser des erhabenen Himmels, aller oberster Lord Tao, unsere Urenkel, alles Volk, Könige und Hervorragende sind Tao zugeneigt und geloben, Langes Leben erreichen zu wollen. Pflege mich, er-

nähre mich, bewahre mich und beschütze mich, so daß giftige Insekten und wilde Tiere, wenn sie meiner ansichtig werden, sich allesamt in Verborgenheit zurückziehen und klein beigeben. Befiehl, daß was auch immer jemand [von uns] unternehmen will, Erfolg haben wird, und daß alles, was angestrebt wird, auch erreicht wird.

[Die Gottheit] lebt im [himmlischen] Land der größten Reinheit [*Tai-qing xiang*], im Weiler Xu-wu, und hat den Zunamen *Zhu-yu*, den Vornamen *Guang-zi*. Das Land des Gottkaisers [*di-xiang*] aber befindet sich im Himmel der größten Subtilität innerhalb von *Gou-chen*, was einen einzelnen Stern dort meint. [Die Gottheit] hat den Ehrennamen «Großer Gottkaiser des erhabenen Himmels». Sie läßt ihre äußere Gestalt als wertvolles Zeichen aufscheinen. Man soll sie beständig in Meditation verinnerlichen und nicht vergessen. Die Menschen besitzen sie auch [in sich] und können ihrer beständig zwischen den Augenbrauen gewahr werden. Sie steht in durchgängiger Verbindung mit dem Lebensodem des *Ni-wan* [Palastes im Hirn] und ist nach oben mit dem Himmel verbunden.[26]

Diese Texte greifen mit den Namen Lord Tao und dem Größten Einen bekannte Namen auf, die für den eingeweihten Taoisten zu körperlichen und spirituellen Realitäten werden, denen er in der Meditation unmittelbar begegnen kann. Für diese Vision gibt es einen großen kosmischen Rahmen, den zwei weitere Abschnitte aus diesem Text verdeutlichen. Sie belegen die Vorstellung, daß die Sterne die äußeren Residenzen der Gottheiten beherbergen, die wir in uns tragen.

In Abschnitt Nr. 10, *Tai-shang Lao-jun zhong-jing* lesen wir:

Sonne und Mond, das sind *Erziehungsminister* [*si-tu*] und *Arbeitsminister* [*si-kong gong*] im Himmel. Sie wachen über Verbrechen und Fehler des Kaisers [«Himmelssohnes», *tian-zi*] und der Herrscher in der Menschenwelt. Sie beordern den Morgenstern [hervorzukommen]. Unten [auf der Erde] kontrollieren sie den [heiligen] Berg *Heng* [des Nordens] im [Distrikt] Hua-yin. Die Menschen besitzen [Sonne und Mond] auch [in sich], und zwar sind sie die beiden Nieren. Der Mann «linke Niere» ist angetan mit schwarzen Kleidern, die Frau «rechte Niere» mit weißen Kleidern, [jeweils] neun *fen* lang.

> Wenn man sie in Gedanken erfaßt, können sie aber auch drei *cun* lang werden. Sie sind der Feingeist von Sonne und Mond, der Lebensodem der kosmischen Leere [*xu-wu*]. Diese Grundlage des Menschen ist es, die mit der Mitte der Augen verbunden ist. Deshalb ist es bei den Augen des Menschen so, daß sich im linken [Auge] der *Erziehungsminister* befindet und im rechten [Auge] der *Arbeitsminister*.[27]

Im Abschnitt über das Haupthaar und seine Gottheiten[28] wird ausgeführt, daß die Gottheiten der Augen sechs Personen seien, nämlich «die Feinessenzen von Sonne und Mond». Wir haben im Abschnitt Nr. 10 über «Sonne und Mond» aber erfahren, daß in den Nieren, links und rechts, jeweils drei Personen anzutreffen seien, zusammen wären dies also sechs Personen, wobei in der linken Niere das «Amt des Schicksals» (*si-ming*) angesiedelt wird, in der rechten Niere das «Amt der Dokumente». Folglich sitzt in der linken Niere der «Hauptstädtische Kommandant» und in der rechten der «Chef Justizminister».[29] Sie «wachen über die Dokumentation der Verbrechen und Verfehlungen des Menschen, die sie mit Eingaben nach oben berichten, und zwar beim Obersten Gottkaiser des erhabenen Himmels, dem Allerhöchsten Lord *Tao*».[30] Bei ihm wird im himmlischen Archiv vermerkt, wer von den Listen des Todes genommen werden kann, und wer der Gruppe derjenigen zuzurechnen ist, denen langes Leben zukommt. Als letzte Beispiele sollen uns noch die Verhältnisse in Lunge und Herz beschäftigen:

> Die Gottheiten der Lunge sind acht Personen, die Lords der größten Harmonie [*Tai-ho jun*]. Der Name [ihrer Residenz] lautet «Palast der Jade Vollkommenheit» [*Yu-zhen gong*] sowie «Hauptsekretariat» [*Shang-shu fu*]. Ihre Begleitbeamten sind 3600 Personen, die in Wagen aus den Pneumata weißer Wolken fahren, mit einem Gespann aus weißen Tigern. Oder aber sie besteigen weiße Drachen.
>
> Die Gottheiten des Herzens sind neun Personen, die Chefkommandanten. Der Name [ihrer Residenz] lautet «Roter Palast» [*Chiang-gong*]. Der «Alte des Südpols und des größten Anfangs, Ursprüngliches Leuchten» [*yuan-guang*] ist es, dessen Begleitbeamte 3600 Personen umfassen. Sie fahren in Wagen aus den Pneumata roter Wolken. Rote Vögel bilden die

Wagendächer, zinnoberrote Schlangen die Wagenstangen. Sie fahren mit roten Vögeln, oder manchmal fahren sie auch mit roten Drachen.[31]

«Zinnoberrot» ist eine *yang*-Farbe und bedeutet pure Lebenskraft. Der Text fährt fort, auf diese Weise die Eingeweide des Menschenleibs als Träger göttlicher Instanzen und Namen zu beschreiben, wobei die vielen Agenten auffallen, so die «3600 Begleitbeamten», die Tausende von untergeordneten spirituellen Agenten im Menschenleib darstellen. Es sei bemerkt, daß als dominante Gottheit für die Leber *Lao-zi Jun* genannt wird, also die bekannte Gottheit *Tai-shang Lao-jun*. Da die Gottheiten der Leber aber mit «sieben Personen» angegeben werden, ist dies nur mit einer *Vervielfältigung* der Hauptgottheit *Lao-jun* zu erklären. Gleiches gilt natürlich auch für den «Alten des Südpols», wo von «neun Personen» gesprochen wurde. Die Vervielfältigung ist ein geläufiges Phänomen bei diesen abstrakten und meditativ greifbaren Gottheiten.

Diese Darstellungen, die sich mit Varianten und ganz unterschiedlichen Zuordnungen in der taoistischen Literatur finden lassen, verdeutlichen, daß der Mensch von göttlichem Potential getragen wird, welches Leben spendet und dieses an sich auch ausmacht. Negative Kräfte, wie die «Drei Leichname» oder «Drei Würmer» in den drei «Zinnoberfeldern» des menschlichen Körpers, unterminieren die Lebenskraft. Sie verursachen Belästigungen und wollen die Vergehen des Menschen zur Bestrafung den höheren göttlichen Instanzen melden. Diese Kräfte sind durch Diät und religiöse Verfahren zu kontrollieren.[32]

Der Taoist kann seine religiöse Aufgabe, wie auch die anderen Fertigkeiten, die das Volk von ihm erwartet und die im Bereich der Heilung von Krankheit und der Bannung von Unheil liegen, nur dann erfüllen, wenn er sein ursprüngliches, göttliches Potential ungeschmälert besitzt. Natürlich soll es ihm möglich sein, diese Qualität durch die taoistischen Methoden der Selbstkultivierung auch wiederherzustellen.

Wer sich also entschließt, Priester (*dao-shi*) zu werden, oder vielleicht durch seine Herkunft zum Priesteramt direkten Zugang hat, als Sohn oder Tochter eines *dao-shi*, der ergreift einen religiösen Beruf mit ritueller Spezialisierung, der eine langwierige Ausbildung erfordert. Diese beruflichen Verhältnisse, ihre Überlieferung und Lehre, waren an die Verbindung zwischen Lehrmeister und Schüler gebunden, wobei die Schüler oder Novizen aus der eigenen Familie kommen oder auch aus dem Kreis von Bewunderern hinzukommen konnten. Das Organisationsprinzip der Priester war seit der Han-Zeit bis heute stets diese sehr persönliche und exklusive Struktur. Es ist verständlich, daß auf der Grundlage dieser Vermittlung einer speziellen Berufspraxis keine Laienbewegungen entstehen konnten. Es gab und gibt in diesem Sinne keinen *Laientaoismus*.

Natürlich haben auch Literatenbeamte zum Beispiel in den Büchern von *Lao-zi* und *Zhuang-zi* gelesen und ihren Aussagen zugeneigt. Mancher mag sich als «Taoist» (*dao-jia*) verstanden haben. Wir können aber fast sicher annehmen, daß zum Beispiel das mehrfach zitierte Buch *Tai-shang Lao-jun zhong-jing* in diesen Kreisen kaum bekannt war oder nicht beachtet wurde. Es gab nur ganz wenige Schriften, die sowohl säkulare Gelehrte beschäftigten wie den Priester, wenn sicher auch unter ganz verschiedenen Aspekten. In der westlichen Wissenschaft bezeichnen wir nur den Priester (*dao-shi*) als Taoisten, den das Wissen um die göttliche Natur des Menschen und die entsprechenden religiösen Methoden auszeichnet, mit denen er dieses Wissen für das Gemeinwesen, für Staat und Gesellschaft, wie auch für Individuen und nicht zuletzt für sich selbst, nutzen kann.

Dies wird in der Karriere des *dao-shi* verwirklicht. Im Lauf der langen Geschichte gab es hier viele Veränderungen, Erweiterungen oder Verkürzungen, da die Entwicklung von regional eingebundenen Akteuren getragen war. Im Rahmen des Taoismus gab es kein Kirchenamt, keinen «Papst», der einheitliche Formen und Doktrinen hätte fordern oder durchsetzen können. Selbstverständlich gab es bei den Taoisten zu den verschiedensten Epochen herausragende Gelehrte, die in ihren Schriften Zusammenfassungen und idealisierende Standardisierungen vorlegten, wobei gelegentlich eine gewisse Nähe zu den Kreisen des Kaiserhofes gegeben war. Von dort erhoffte man sich Unterstützung und Anerkennung für den eigenen Berufsstand.[33]

Der taoistische Priester ist im Idealfall, wenn er die ganze Laufbahn absolviert hat, ein «hoher Meister», der über seinen privaten Kanon von Schriften und Manualen verfügt. Er hat sich diese

Texte während der Lehrjahre bei seinem Meister abgeschrieben und zum großen Teil auch memoriert. Das ist bis heute so. Der Priester nimmt unter seinen Zeitgenossen eine besondere Position ein, und zwar eben durch diese Ausstattung mit Schriften und mit «Registern» (*lu*) der Namen und Anrufungsformeln der ihm innewohnenden Gottheiten. Dies bedeutet die Kenntnis der eigenen menschlichen Divinität und der sich ergebenden rituellen Macht. Es ist nicht verwunderlich, wenn das Volk sich mit seinen Erwartungen auf Heil und Hilfe an die taoistischen Priester wendet.

Zur Tang-Zeit hat der Hoftaoist Wang Xuan-ho in seine Enzyklopädie «Perlenbeutel aus den Drei Höhlen» ein Kapitel über die «Hilfe und Führung» aufgenommen, welche die Taoisten für Volk und Staat leisten, wobei der große Themenkreis «Heilung» angesprochen wird. Wir beachten, daß die Grundlage für all diese Heil- und Rettungserfolge in der spirituell verfeinerten Persönlichkeit des Taoisten gesehen wird, der sein Wesen zugunsten der Allgemeinheit einsetzt. Einige Beispiele seien verkürzt vorgeführt:

> Der Taoist Ren Dun lebte zurückgezogen in den Jahren 307–313 am Berg Mao-shan in Kiangsu, wo er die Substanz «Rote-Mineralien-Paste» selbst verwendete. Wenn er unter das Volk ging, hatte er stets die religiösen Verhaltensregeln und Schriften bei sich, um das Volk anzuleiten. Trotz großen Zulaufs hat sich doch kein würdiger Schüler gefunden.
>
> Du Gui stand in der Tradition des *Zheng-yi*-Taoismus. Er hatte sich schon früh der Organisation und den Registern des Himmelsmeisters angeschlossen, um im Volk zu helfen. Innerlich und äußerlich von integerer Art, hat er nicht nach Almosen getrachtet. Schließlich hatte er sich einen Amtssitz eingerichtet, von wo aus er den Menschen half. Als der Vorsitzende Minister Lu Na im Alter von 40 Jahren an einem Tumor erkrankte, hat er zu Du Gui gesagt, daß in seiner Familie nur kurzes Leben vererbt werde und zum Lebensende immer solche Geschwüre kämen. Du Gui aber hat die Gefahr für das Leben des Lu Na durch eine Gebetspetition an die Gottheiten und durch ein Medizinpulver beseitigt. Lu Na wurde, wie von Du Gui prophezeit, 70 Jahre alt.

Liu Ning-zhi hat auf der Südseite des Berges Heng gelebt, wo er Medizinen einsammelte und konsumierte. Er hatte das «Tao der guten Einwirkung der Himmelsmeister auf das Volk» erhalten und ausgeübt. Zusammen mit seiner Frau, die über die gleichen Mittel verfügte, hat er dem Volk in Not geholfen, wobei ihm wundersame Wirksamkeit beschieden war.[34]

Liu Ning-zhi hat im Jahre 437 bei einer Meditationsübung auf der Stirn einen starken Schmerz verspürt. Als er sich dort kratzte, erhielt er neun Juwel-Perlen. In klares Wasser gelegt, erfüllten sie den ganzen Raum mit wundersamem Glanz.[35]

Gan Jun hatte lange an einer unheilbaren Krankheit gelitten, bis er auf Bo Ho, einen Drogenhändler, stieß. Bo Ho gab ihm nach einer Prüfung zwei Schriftrollen, die ihm nicht nur die Heilung seiner Krankheit brachten, sondern ihm auch zu langem Leben verhelfen sollten. Ferner hatte Gan Jun den Auftrag erhalten, diese Schriften umzuschreiben, bis zu einer Länge von 150 Kapiteln [i.e. *Tai-ping jing*]. Es geht darin um eine zweiseitige Praxis, nämlich um die Kontrolle des Leibes und die Pflege des menschlichen Seins. Nach außen hin aber geht es um die Beseitigung von Unglück und die Krankenheilung.[36]

Der Taoist Wang Zhong-fu hatte sich von klein an der Sache der göttlich Unsterblichen gewidmet. Er hatte sich über 40 Jahre lang in Atemtechniken und diätetischen Praktiken geübt, ohne besondere Ergebnisse. Sein Sohn dagegen war nach achtzehn Jahren erfolgreich und fuhr am hellen Tage in den Himmel auf. Später hat dann die Vollkommene vom hl. Berg des Südens [Wei Hua-cun, *Nan-yue zhen-ren*] Wang Zhong-fu davon unterrichtet, daß sein Mißerfolg durch Krankheiten, durch Mangelerscheinungen im «Palast des Hirns» verschuldet worden war. Jener hat dieses Problem gelöst und war dann ebenfalls nach achtzehn Jahren erfolgreich und avancierte zum Stand eines Vollkommenen des heiligen Berges der Mitte [*Song-shan*]. Dort steht er dem Büro der Neun Himmel vor.[37]

Ein letztes höchst interessantes Beispiel soll diese Reihe beschließen. Es stammt aus dem Text *Zhen-gao*:

Bao Zhu, der nie Tao studierte und nie taoistische Fähigkeiten besaß, war im Alter von 40 Jahren von einem Wirbelwind erfaßt worden, der in seinen Mund eindrang. Seine Zähne klapperten nun Tag und Nacht ununterbrochen mit erheblichem Lärm, und so wurde er 127 Jahre alt. Damals nämlich hatte er das Pech, bei einer winterlichen Flußüberquerung durch das Eis zu brechen und zu ertrinken. Die entsandten Dämonenbeamten hatten mit ihm erhebliche Schwierigkeiten. Durch das frühere intensive Zähneklappern des Bao Zhu waren nämlich die Körpergötter auf ihre Plätze [in ihren Körperresidenzen] fixiert und konnten sich nicht losmachen, um ihn für die Dämonenbeamten freizugeben. Im Wasser konnte Bao Zhu nicht mit den Zähnen klappern. Das war für ihn das entscheidende Pech.[38]

Dieses Beispiel nimmt unsere Ausführungen aus dem *Tai-shang Lao-jun zhong-jing* wieder auf, in dem die Körpergötter als innerlich schaubare Repräsentanten der Lebenskraft vorgeführt wurden. Zu den vielen rituellen Methoden der religiös zu begründenden Selbstkultivierung gehört das «Zähneklappern», das als Kommando «Antreten» an die Körpergötter verstanden wurde. Im Zusammenhang mit den Übungen «Speichelschlucken», mit Gebetsformeln, Atemübungen, Diät und Askese gab es einen die gesamte Lebensführung bestimmenden Tagesrhythmus, welcher die religiöse Macht und Qualität des Betreffenden sicherte, ihn aber auch dem «Langen Leben» oder der Unsterblichkeit näherbrachte. Rituelle Effizienz basierte auf dieser Lebensführung, denn sie gründete sich auf Gegenwart und Ansprechbarkeit der Gottheiten.

Das Besondere an unserem Text zu Bao Zhu ist aber, daß dieser kein Taoist war. Hiermit wird belegt, daß es sich um *allgemein* menschliche Potentiale und Anlagen handelt. Nicht nur der Taoist verfügt über Körpergötter. Wer als Unwissender «mit den Zähnen klappert» und seine Körpergötter anspricht, der kann dies nicht nutzen. Dieses Wissen ist eben das Privileg des initiierten Taoisten, der über seine «Register» mit den Namen der Gottheiten und den Anrufungsformeln verfügt. Wenn er in unserer Zeit alleine über eine solche Ausstattung mit «Registern» verfügt, so gilt dies als Ergebnis der historischen Entwicklung des Priesterstands zu einer Gilde. Unter dem Aspekt nämlich, daß alle Menschen gleich sind, also auch alle gleichermaßen mit ihren Körpergöttern kommunizieren sollten, hatten in der *Frühgeschichte* des Taoismus alle Menschen eines taoistischen Gemeinwesens erste Register erhalten, wobei aber die höheren Stufen wohl denjenigen vorbehalten blieben, die Hauptpriester wurden. Die allgemeine Vergabe von «Registern» ging mit dem Verschwinden taoistisch bestimmter Gemeinwesen im Mittelalter verloren. Diese Praxis hielt sich aber bis in die jüngste Vergangenheit bei einigen Minderheiten im Südwesten Chinas, die zunächst in Sichuan wohl von Anfang an bei der Ausbildung des religiösen Taoismus mit dabei waren und diesen besonderen Aspekt seiner religiösen Kultur bewahren konnten.[39]

Liu Ning-zhi zeigt in unserem Beispiel die Konzentration auf eine spirituelle innere Qualität, wobei er dieses Potential meditierend derart kondensiert, daß er es «ausschwitzt» und neun «wundersam leuchtende Perlen» auf seiner Stirn erzeugt. Die anderen der voranstehenden Beispiele müssen nicht weiter erläutert werden. Alle Angaben zu Naturmedizin und zusammengebrauten Drogen sind vage. Hier bleibt die Aura des Mysteriösen bestehen. Es ist typisch, daß unsere Quellen zumeist nur von *einer* Medizin oder *einer* Droge sprechen, die *alle* Krankheiten heilen würde. Heilung gelingt eben unter besonderen Bedingungen. Der magische, gute Einfluß der sublimierten Persönlichkeit des Taoisten kommt vorrangig zum Tragen. In diesem Kontext finden wir häufig das Phänomen der Glaubensheilung, wobei der Glauben sich auf die innere Güte des Taoisten bezieht. Auch heute können wir Taoisten begegnen, die zwar westliche Medizin kennen und vielleicht sogar regulär Humanmedizin studiert haben, die aber zugleich und unerschütterlich auf der schier grandiosen Wirkung ihres eigenen «magischen Elixirs» (*ling-dan*) bestehen, das sie weiter nicht spezifizieren oder zur Schau stellen.

Atemtechnik und Gymnastik führen zu einem leichten und innerlich völlig erneuerten Körper, der es vermag, «am hellen Tage» in den «Himmel aufzufahren», was der Taoist Wang Zhong-fu und sein Sohn erlebt haben sollen. Wang Zhong-fu allerdings benötigte die Unterrichtung durch eine weibliche Unsterbliche, Wei Hua-cun, die mit der Eröffnung der «Schriften aus dem Himmel der Höchsten Reinheit» (*Shang-qing*) verbunden wird. Während diese Schriften im 4. und 5. Jahrhundert entstanden sind und zum Kern des taoistischen Kanons gehören, nimmt das ebenfalls genannte *Tai-ping jing* durch seine Beziehung zur *Tai-ping-* («Größter Frieden») Bewegung im 2. Jahrhundert unserer Zeit eine Sonderstellung ein. In diesem Beispiel zum *Tai-ping jing* wird sehr schön gesagt, worum es im Taoismus geht. Es handelt sich um die Pflege des menschlichen Seins und Lebens (des Innen) und um die Beseitigung von Unglück und Krankenheilung (des Außen). Diese Elemente sind nicht voneinander zu trennen. Sie erinnern uns an die Facette der Tätigkeiten der Experten (*fang-shi*), wenn sich auch die Taoisten mit ihren «Registern», Schriften und Ritualen auf einer literarischen verfeinerten Ebene bewegen.

Der taoistische Tempel

Diese Ebene wird deutlich Wirklichkeit an Idee und Realität des taoistischen Tempels, den es seit den Anfängen des religiösen Taoismus in der Han-Zeit gibt. Wir erinnern uns, im taoistischen Staat des Zhang Lu waren Hotels eingerichtet, in denen religiöse Übungen von «Weinzuteilern» abgehalten wurden. Hier ist der Anfang taoistischer Tempel zu sehen, nämlich in Einrichtungen, die als *guan*, «Hotel», bezeichnet wurden. Spätestens in der Tang-Zeit wurde dieser Begriff fast vollständig durch das Wort *guan*, «schauen», «betrachten» oder «Observatorium», ersetzt. Dieses *guan*, das wir mit Observatorium oder auch Belvedere übersetzen, bezeichnet in Tempelnamen bis heute einen taoistischen Tempel. Diese Sinngebung wird mit der bekannten Legende des Lao-zi und des Paßwächters Yin Xi verbunden.

Yin Xi arbeitete zwar am Paß als Zöllner, war aber Astronom. In seinem Observatorium beobachtete er die Himmelszeichen und die Wolken. Als er merkwürdige Bewegungen entdeckte, wußte er, daß «ein Weiser» kommen werde. Heute finden wir in der Provinz Shensi, an einem Ausläufer des *Zhong-nan*-Gebirges, die eindrucksvolle Anlage des Tempels «Erhöhte Plattform des mehrstöckigen Observatoriums» (*Lou-guan tai*), der angeblich dort steht, wo Lao-zi sein Buch *Dao-de jing* verfaßt haben soll.

Die Bedeutung «schauen» und «Observatorium» für einen taoistischen Tempel ist bedeutsam. So wie der Taoist bei seinen Ritualen, bei Petitionen an die Gottheiten und meditativen Reisen zu den Sternpalästen der Gottheiten nach oben schaut, zum Himmel, so schauen die Gottheiten durch ihr «Observatorium», den Tempel, nach unten in die Welt der Menschen. Es geht also um ein zweiseitiges Schauen, das sich im Tempel trifft. Rituale und andere religiöse Tätigkeiten müssen nicht unbedingt in einem Tempel stattfinden, sie können überall ausgeführt werden. Dennoch, zumeist bietet ein Tempel den Rahmen für solche Aktivitäten. Die Grundidee, was Sinn und Zweck eines Tempels ausmacht, wurde in vielen Schriften ausgebreitet, sind Tempel doch auch Anliegen und Aufgabe für Staat und Gesellschaft, die sie materiell und ideell mittragen.

Tempel waren Orte, wo sich Religiosität und Gelehrsamkeit verbanden. Hier wurde der Kanon archiviert, dessen Schriften Objekte religiöser Verehrung waren. Es bestand die Ansicht, daß die ursprünglichen Kernschriften des Kanons Endprodukte einer himmlischen Textüberlieferung seien. Die höchsten Gottheiten, wie *Yuan-shi tian-zun* (der «Himmelsehrwürdige des Uranfangs»), sollen aus Mitleid mit den Kreaturen, die unter dem Terror eines ausgehenden Weltzeitalters leiden, die Schriften zur Errettung der Guten (d.h. der Taoisten) freigegeben haben. Diese Schriften sind kosmische Potentiale in Form von Lichterscheinungen, die nur die höchsten Gottheiten schauen und verstehen können. Die kosmischen Lichterscheinungen werden zu himmlischen Schriftzeichen kristallisiert und in dieser Form erst geringeren Gottheiten zur Kenntnis gegeben. Am Ende dieser Textüberlieferung steht der auserwählte Taoist, der in nächtlicher Trance den Gottheiten begegnet, die Schriften als Offenbarungen erhält und sie vielleicht erstmals in magischer Schrift zu Papier bringt. Er wird sie als Geheimnis bewahren und nur unter bestimmten Umständen weitergeben. Das ist der Urgrund der religiösen Schriften, die im taoistischen Kanon aufbewahrt sind und die der Taoist während seiner Ausbildungszeit nacheinander erhält. Sie sind in gewisser Weise pure Heiligkeit. Diese Schriften sollten in der Tempelbibliothek stehen, fein verpackt und in Räumen, die sich nahe der Halle der Hauptgottheiten befinden. Über solche praktische Erwägungen hinaus hat der Tempel eine ideelle Dimension, die wir anhand der Schrift des mysteriösen Taoisten *Jin-ming qi-zhen* kennenlernen. Er sagt im Kapitel «Die Gründung von Tempeln»:

> Die höchsten kosmischen Sphären der «Drei Reinen» [*San-qing*], die zehn Provinzen, die fünf heiligen Berge und all die anderen berühmten Berge, die Grottenhimmel [*dong-tian*] und die Freiräume der Atmosphäre, sie alle sind Bereiche, in denen

die Heiligen ihre Macht ausüben. In manchen Fällen lassen sie den Odem [oder die Pneumata] sich zusammenziehen, um Plateaus, mehrstöckige Pavillons und Paläste zu formen. Oder sie nehmen Logis in den Tortürmen zu Sternkonstellationen sowie in Sonne und Mond. Manche dieser Heiligen mögen in dampfenden Wolken oder in den von der Abendröte gefärbten Himmelsregionen wohnen. Manche dieser Residenzen entstehen ganz spontan, manche entstehen, weil die Heiligen dies so wollen. Sind sie gebaut, so werden sie über unendliche Zeitläufe [*kalpas*] hinweg erhalten. Andere Residenzen sind zu irgendeinem bestimmten Zeitpunkt auf den Inseln der Unsterblichen, *Peng-lai, Fang-zhang, Yuan-jiao* [et.al.] errichtet worden und haben oftmals großartige Namen, wie z.B. «Zwölf Jade-Türme». Sie alle geben Zeugnis vom Agieren der himmlischen Ehrwürdigen und von *Tai-shang Lao-jun*.

Offensichtlich finden sich «Observatorien» der Gottheiten in himmlischen Sphären sowie auf Erden an ausgesuchten Orten, nämlich an den zentralen heiligen Bergen der religiösen Geographie Chinas und an den vielen «Glücksorten» bzw. «Grottenhimmeln» der taoistischen Geographie, zu der auch die Orte der Mythologie gehören, wie die Inseln der Unsterblichen. Die Welt ist durchsetzt von diesen Positionen, an denen sich Mensch und transzendente Gottheit begegnen. Diesen Orten kommt für das Leben der Menschen eine besondere Bedeutung zu, für ihre Hoffnung auf Heil und Rettung, auch unabhängig von Priestern oder Ritualen. Im taoistischen Tempel «sieht» auch der gemeine Mann die Sphäre des Göttlichen in plastischer Form und kann sie in Andacht und Gebet verinnerlichen. So sind diese Ausführungen unseres Autors gut zu verstehen:

Was die Verteilung und Anlage solcher göttlicher Wohnstätten auf Erden betrifft, Orte und Gebäude unterliegen alle strengen Regeln. Generell eignen sich sechs Arten von Lokalität für ihre Anlage, und zwar Berge, Städte und Vorstädte, Paläste und ihre Seitengebäude, Dörfer, einsame Orte und belebte Orte. In allen Fällen bedarf es der materiellen Unterstützung und der Patronage des Kaisers und der lokal Mächtigen sowie der Begleitung der Konstruktion und deren Erhaltung durch die höchsten Beamten der Verwaltung. Die Ordination taoistischer

Priester und Nonnen, das Management und die materielle Unterstützung solcher religiöser Einrichtungen gehört zu den allerersten «guten Taten», die zu vollbringen sind.[40]

Der Text stellt die vielen Einzelgebäude einer idealisiert dargestellten ausgedehnten Tempelanlage vor, von denen nur wenige genannt seien. Neben den Tempelhallen für die Himmelsehrwürdigen und eine große Zahl göttlicher Repräsentanten finden sich Hallen für die Darlegung der Lehre, die Ordination von Priestern und Nonnen, für das Kopieren der Schriften und ihre Lagerung. Hier finden sich auch Einrichtungen säkularer Natur, welche die Bedürfnisse einer klösterlichen, nach Geschlechtern getrennten Gemeinschaft bedienen, wie Küchen, Gemüsegärten etc., oder auch eine Halle für die «Herstellung von Medizin».

Heutige taoistische Tempelanlagen, wie der oben genannte Tempel *Lou-guan tai* oder der leicht zugängliche *Bai-yun guan* in Peking, zeigen die Vielfalt und innere Einheit des Tempels oder «Observatoriums», der einerseits eine zölibatäre Taoistengemeinde beherbergen mag, andererseits aber den Laien teilhaben läßt an religiösen Inspirationen, die von Statuen, Bildern und auch von kundigen Tempelbewohnern ausgehen mögen. An ihnen liegt es, durch ihre Bildung, durch ihre Art zu leben und den Tempel zu führen, dem allgemeinen Volk zu verdeutlichen, daß jeder an religiösen Heilswerken, sei es durch Rezitationen von Schriften oder den Empfang von Orakeln, an der spirituellen Kultur des Taoismus teilhaben kann. In diesem Sinne wirkte der Taoismus schon zur Zeit des Zhang Dao-ling auf die Gesellschaft ein, positiv «bekehrend» und «belehrend», wie er dies auch heute macht, sofern ihn Regierungen und Verwaltungen gewähren lassen.

Die Erwartung von Heil und Hilfe, manchmal auch in medizinischen Fällen, kann also in der Inanspruchnahme der magischen und spirituellen Kraft eines Taoisten ihre Erfüllung finden. Dazu bietet sich noch die Möglichkeit des Anschlusses an eine klösterliche Gemeinschaft an, was einen neuen Lebensweg «außerhalb von Familie und Welt» bedeutet. Hiermit ist oftmals der Versuch verbunden, zur eigenen Persönlichkeit und Spiritualität zurückzufinden. Dies geschieht in der Erkenntnis der göttlichen Qualität des eigenen Seins. So kann der Einzelne eventuell auch zum rituellen Beruf des taoistischen Priesters finden, was heute in der

Praxis aber nicht von jedermann angestrebt wird, der sich einer Tempelgemeinschaft anschließt.

Die Möglichkeiten des religiösen Taoismus, den wir grundlegend als Schriftreligion verstehen, Heil und Hilfe für Individuum und Gesellschaft anzubieten, sind vielfältig. Erstes Ziel aller Kultivierung und spirituellen Arbeit ist immer das eigene Wesen und Sein, die «Pflege des Lebens», und von dem alleine ausgehend werden gute Einflüsse auf Staat und Gesellschaft als natürliche und harmonische Ergebnisse erwartet.

Die Schule «Orthodoxie und Einheit» und die Selbstkultivierung

Alle Quellen im voranstehenden Abschnitt gehören zur Tradition des *Zheng-yi-* oder Himmelsmeister-Taoismus («Orthodoxie und Einheit»), welcher den Hintergrund für die Geschichte des religiösen Taoismus darstellt. Für ihn steht das Leben des Menschen im Zentrum des Interesses, speziell die «Unsterblichkeit», deren Konzepte über die Jahrhunderte hinweg sich vielfach wandelten. Die taoistischen Biographien zeigen die Wege, die genommen wurden, um dieses Ziel anzustreben.[41]

Grundsätzlich ist dem Menschen mit seiner Ausstattung an spirituellen Kräften, den «Körpergöttern», die Möglichkeit gegeben, sich durch seine Lebensgabe mit der Sphäre der ihn umfassenden, kosmischen Gottheiten zu verbinden. Es handelt sich um eine innere Qualität, welche die rituelle Betätigung als taoistischer Priester ermöglicht, wobei ein individueller Aufstieg, die Verfeinerung der eigenen Existenz erfolgen kann. Es gab die Vorstellung, daß wir von mysteriös verfeinerten Personen, von «unentdeckten» Unsterblichen, umgeben sind. Sie verweilen noch in der Menschenwelt, ohne daß die Mitmenschen um ihren Rang als Unsterbliche wissen.

Der religiöse Taoismus darf nicht als abgesetzt von der allgemeinen Kultur, als etwas Esoterisches, angesehen werden. Seine Vorstellungen haben durch die Jahrhunderte hindurch eine weite Diffusion im Wissen und Leben der Bevölkerung erfahren. All die menschlichen, spirituellen Gaben, die den Priester auszeichnen mögen, sie finden sich potentiell auch bei einem Laien, denn sie sind gegeben, ohne daß eine Lehre bei einem Meister aufgenommen und die taoistische, berufliche Laufbahn beschritten würde. Der Kanon enthält vielseitige Berichte, welche genau dies belegen. Wir stellen zwei Texte aus den «Überlieferungen von mutmaßlich Unsterblichen» vor. Die Texte stammen vermutlich aus dem 10. Jahrhundert. Sie unterstreichen, daß Frauen wie Männer im Taoismus die gleichen Möglichkeiten haben:

> In der Familie des Musikers Zheng Wen in der Stadt Changan wurde ein Mädchen geboren, das bei seiner Geburt schon sprechen konnte. Im Alter von sieben Jahren war sie schon eine würdevolle Erscheinung und verstand sich gut auf das Spiel der viereckigen Klangsteine. Ihre Verwandten nannten sie «das Klangstein-Mädchen». Die kaiserliche Favoritin hörte von ihr und wollte sie bei sich im Palast anstellen. Die Eltern befragten dazu das Mädchen, aber das Klangstein-Mädchen antwortete: «Wie könnte ich eine Palastdienerin sein? Die Favoritin Yang [Gui-fei] und ich sind Personen gleichen Rangs! Wie soll denn das gehen?» In dieser Nacht war sie plötzlich verschwunden. Die Eltern waren von tiefer Trauer erfaßt, hatten aber keine Mittel, sie aufzuspüren. Nach drei Jahren kam das Mädchen wieder nach Hause, und ihre Eltern fragten sie höchst erstaunt, woher sie kam. Sie erklärte ihren Eltern: «Ich bin für kurze Zeit in den [himmlischen] Palast der Höchsten Reinheit gegangen. Man hat mir dort gesagt, daß meine Eltern unablässig voll Trauer klagen und sich meiner ganz inniglich erinnern. Aus diesem Grunde bin ich wieder hierher gekommen.» Die Eltern sagten daraufhin: «Wenn Sie aus dem Kreis der Unsterblichen kommen, warum kommen Sie als Tochter in unsere Familie?» Das Mädchen sagte: «Ich bin Spielerin der viereckigen Klangsteine im Palast der Höchsten Reinheit. Weil ich heimlich zu den unteren Welten hinabgeschaut habe, wurde ich bestraft. Ich mußte nicht lange in dieser Menschenwelt bleiben. Ihr Eltern solltet Euch meiner nicht erinnern.» Die Eltern sagten: «Ihr Unsterblichen, was habt ihr denn für Freuden? Hier bei uns unter den Menschen gibt es doch die Freude des Reichtums und des hohen Ansehens. Warum verbleiben Sie nicht einfach in der Menschenwelt, um unsere Herzen zu trösten?» Das Mädchen sagte: «Die Kümmernisse und Belästigungen in

der Menschenwelt sind vielfältig. Was gibt es denn hier schon für Freuden? Ich habe im Palast der Höchsten Reinheit keinerlei Plage mit profanen Angelegenheiten und keinen weltlichen Geist, der mich quälen könnte. Außerhalb der Zeit, in der ich dienstlich aufwarte, reite ich stets auf Wolken, den Wind als Zügel, spanne *luan*-Vögel und Kraniche an, verweile zum Spaß außerhalb der Himmel, und manchmal zeche ich mit köstlichem Nektar. Manchmal aber besuche ich auch die *Peng-lai*-Inseln [der Unsterblichen], besteige den Berg *Tian-tai* [«Himmelsterrasse»], begrüße Chang O in ihrem Mondpalast und spiele mit den Lyrae-Sternen in der Milchstraße. Was für eine Freude gibt es dagegen bei den Menschen? Wenn ihr Reichtum und Ansehen für Vergnügen haltet, wißt ihr denn nicht, daß Reichtum und Ansehen nur vielfältige Belastungen bedeuten? Außerdem, wenn man gerade das Leben erblickt hat, sieht man sich nicht sogleich dem Tod gegenüber?» Die Eltern sagten noch: «Sie sollten doch hier bleiben, um unsere Herzen zu trösten. Es geht nicht darum, die Dinge der Menschenwelt und die der Himmel für gut oder schlecht zu halten. Sie sollten vielmehr den Eltern, die Sie geboren haben, Ihre Gedanken schenken.» Das Mädchen antwortete: «Wenn ich doch hier bliebe, dann kann ich mit Sicherheit nicht mehr zurück zu den Palasthallen und Türmen des Himmels der Höchsten Reinheit.» Die Eltern redeten traurig weiter auf sie ein, doch plötzlich sahen sie ihre Tochter nicht mehr und wußten nicht, wo sie war.[42]

In dieser Überlieferung wird der Wert des Lebens unter den Menschen gegen das der «Unsterblichen» aufgewogen. Wir müssen nicht darüber spekulieren, ob es hier einen eher dramatischen Hintergrund gibt, wie etwa den Entzug des Kindes für den Hof der kaiserlichen Favoritin Yang Gui-fei («Palast der Höchsten Reinheit»). Es liegt eine klare Güterabwägung vor, die wir wörtlich nehmen sollten. Selbstverständlich gab es immer Eremiten, die allem entsagten, Taoisten, die bewußt in Armut und Askese lebten. Wir werden sehen, daß die Aufgabe sozialen Rangs und materiellen Besitzes ein höchst bedeutsames Element für den Jahrhunderte später entstehenden *Quan-zehn*-Taoismus werden sollte. Die folgende Geschichte verweist direkt auf die Sphäre des *Zheng-yi*-Taoismus:

Peng Zhi-wei aus dem Gebiet von Jehol gehörte dort zu den hervorragenden und einflußreichen Leuten. Seine Familie war äußerst wohlhabend. Es wurde ihm jedoch nur eine einzige Tochter geboren, die von jungen Jahren an dem Taoismus zugeneigt war. Früh schon hatte sie ihrem Vater klar dargelegt, daß sie darnach trachtete, taoistische Bücher zu lesen, ja sogar, daß sie wünschte, sich der Lehre der Taoisten anzuschließen. Peng Zhi-wei schenke ihr kein Gehör. Als sie sechzehn Jahre alt war, kam plötzlich ein Knabe auf einem weißen Kranich reitend in das Haus des Peng Zhi-wei hereingeschwebt und sagte zu dem Mädchen: «Ich bin ein kundiger Taoist und habe gehört, daß Sie dem Taoismus zugeneigt sind, und daher komme ich, Sie zu unterrichten.» Das Mädchen betrachtete ihn voll freudiger Überraschung, und da sie auch noch vernommen hatte, daß der Knabe sie belehren wollte, versteckte sie ihn heimlich zusammen mit seinem weißen Kranich. Nach einigen Tagen wußte eine ihrer Dienerinnen um diese Angelegenheit und fragte: «Was ist das für ein sonderliches Wesen? Wie können Sie es verstecken? Angenommen, Ihr Vater erfährt davon, wie sollte er nicht an eine verbotene Beziehung glauben?» Das Mädchen sagte: «Lassen Sie nur nichts durchsickern, ich müßte von ihm rasch Tao erfragt haben und dann schicke ich ihn fort.» Daraufhin, in tiefster Nacht, reinigte sie sich, nahm Weihrauch in ihre Hände und erwies dem Knaben ihre Reverenz. Der Knabe sagte: «Ihr Geist hat in seiner Zuneigung zu Tao nicht nachgelassen, ganz gewiß sollten Sie Tao erlangen», worauf das Mädchen antwortete: «Nun, wenn man Tao studiert, muß man zuerst die taoistischen Bücher lesen und mit den legitimierenden *Registern* [*lu*] bestallt werden. Ich aber wohne in den Frauenquartieren, und mein Vater gestattet mir nichts in dieser Angelegenheit. Wie soll das gehen?» Der Knabe sagte: «Sie können Tao in ihrem Geist lieben. Ganz natürlich ist dies mit jenen äußerlichen Praktiken der Liebe zu Tao gleich. Was nun jene betrifft, die seit alters am hellichten Tage in den blauen Himmel auffuhren, was soll denn das mit der Lektüre taoistischer Bücher und der Bestallung mit den [legitimierenden] Registern zu tun haben? Die Grundlage des Tao der göttlich Unsterblichen liegt in den spirituellen Kräften und im menschlichen Sein, die alle von der Natur gegeben sind. Die Grundlage liegt aber auch in den Knochen und im Lebensodem. So hat die Königliche Mutter des Westens [*Xi wang-mu*] früher einmal gesagt, daß Kaiser Wu der Han-Dynastie nicht die Knochen eines Unsterblichen habe und daß seine spirituellen Kräfte dünn gesät seien.» Das Mädchen fragte weiter: «Wenn man in der Menschenwelt lebt, die Kleidung der Menschen trägt, profane Speisen ißt und wenn man zum Tao der göttlich Unsterblichen zurückzukehren wünscht, ist das denn nicht schwer?» Der Knabe sagte hierzu: «Keineswegs. Wenn man nur fähig ist, im Geiste dem Tao der göttlich Unsterblichen nachzueifern, und wenn dieser Geist ganz in sich eins ist, dann aber rührt er die göttlich Unsterblichen. Wenn sie so gerührt werden, dann machen sie sicher eine Registereintragung [im himmlischen Archiv]. Diese Eintragung meint, die göttlich Unsterblichen notieren die Vor- und Zunamen solcher Personen. Wer dies versteht, der hat sicher insgeheim schon eine entsprechende Lebensbestimmung. Aus diesem Grund gibt es Leute, die Distelspeisen essen, Getreidespeisen ablehnen und Tao erlangen. Nun, die Gefährten, welche die Lebenskunst der Unsterblichen kultivieren, die tief in leere Berge eindringen, die sich weit vom Getriebe der Menschenwelt absetzen, sich mit Stroh kleiden, sich Tag und Nacht auf das Äußerste mit dem Abbrennen von Weihrauch peinigen, wenn sie aber dabei in ihrem Geist einmal vorwärts streben, sich ein andermal wieder zurückziehen, ihr Geist eben nicht in sich einig ist, was für eine Hoffnung besteht dann noch für sie, selbst wenn sie Disteln essen und Getreidespeisen ablehnen?» Das Mädchen erwies wieder seine Reverenz und sagte: «Aber wenn sich dies so verhält, was wollten Sie mich denn noch lehren?» Der Knabe erwiderte: «Ihre spirituellen Kräfte und Ihr Sein an sich reichen bereits an das der göttlich Unsterblichen heran. Ihre Knochen und Ihr Lebensodem sind auch nicht so beschaffen wie bei den gewöhnlichen Menschen. Heute nun ist Ihr Geist wie zum Tod so fest verschworen und in sich einig, da wird es sicherlich nicht lange dauern, bis Sie zu den Unsterblichen auffahren.» Als der Knabe dies gesagt hatte, erhob er sich und verabschiedete sich mit den Worten: «Das Tao der göttlich Unsterblichen liegt ganz in diesen Worten. Habt vor ihnen Achtung und befolgt sie. Ich gehe heute fort.» Dann bestieg er seinen Kranich und flog davon. Das Mädchen sagte zu seiner Dienerin: «Ich habe Tao ganz verstanden. Ich werde Tao erlangen.» Kurz darauf lehnte sie wohlschmeckende Speisen ab, legte ihre schönen Kleider ab, schwieg und meditierte. Ganz plötzlich eines Tages verschwand sie, und niemand wußte mehr, wo sie war.[43]

Diese Überlieferung bestätigt einen fundamentalen Befund, nämlich die allgemeine Zugänglichkeit von Tao und die Möglichkeit, in die Unsterblichkeit einzugehen, aufgrund einer puristischen Lebensführung und einer innerlich entschiedenen Geisteshaltung. Der Text nennt mit den «Registern» (*lu*) und mit Diät spezielle Mittel, die uns immer wieder begegnen und die wir in vorangehenden Kapiteln angesprochen hatten. Wir erkennen, daß diese Methoden, einschließlich des Besitzes von «Registern», ohne die richtige innere Geisteshaltung keinen Effekt erzielen werden.

Es bleibt offen, wie die Unsterblichkeit im Text *Yi-xian zhuan* verstanden wird. Das Fräulein zeigt neben der rechten Haltung sicher auch eine besondere Lebenskraft (*qi*) und folglich eine entsprechende Erscheinung. Man war generell der Meinung, daß die Physiognomie Leben und Geschick anzeigt, weshalb sie als Grundlage für die Weissagung diente. Dem Fräulein sieht man an, daß es in die Unsterblichkeit eingehen wird. Das Überraschende an diesem Text ist die Gewichtung der Festigkeit der inneren Entschlossenheit, verbunden mit Weltentsagung. Diese Kombination findet sich oft in den Biographien hervorragender Taoisten aller Zeiten. Die vom *Yi-xian zhuan* (10. Jahrhundert) gegebene inhaltliche Tendenz rückt bei der zweihundert Jahre später entstehenden *Quan-zhen*-Schule in das Zentrum des Interesses und wird zu einem sowohl thematischen als auch praktischen Schwerpunkt.

Seit Jahrhunderten wurde versucht, für die geforderten physischen und spirituellen Verfeinerungen theoretische und formale Begründungen zu finden. Zunächst galt die Unsterblichkeit, oder der Eingang in die Lebenswelten der Unsterblichen, als mögliches Ergebnis der Einnahme von magischer Medizin. Die Auffindung der Ingredienzien, ihre Mischung und Verbindung wurden von Ge Hong (283–343) in seinem Buch *Bao-pu zi* dargestellt.[44] Das Auffinden der Ingredienzien war mit einem religiösen Akt zu vergleichen. Der Würdige konnte mit Amuletten ausgerüstet zur Suche nach Kräutern und Medizinen in die Berge gehen. Die «Erdunsterblichen» würden ihm die Ingredienzien zeigen, während dieselben Kräfte sie vor Unwürdigen verbergen würden.

In bezug auf die angestrebte Erzeugung von Drogen in Brennkesseln spricht man von der «äußeren Alchemie» (*wai-dan*), die ebenfalls ohne die magische Hilfe von Gottheiten keinen Erfolg haben konnte. Es versteht sich, daß dies puristische und spirituelle Vorbereitungen des «Alchemisten» erforderte. Spätestens seit dieser Zeit spielen in taoistischen Texten für die Beschreibung der menschlichen Physis auch die «Elixierfelder» eine erhebliche Rolle, von denen jeweils eines in Kopf, Brust und Unterleib lokalisiert sein soll. Sie sind die im Menschenleib äußerlich unsichtbaren und nur meditativ wahrnehmbaren Zentren der inneren Lebensenergien, durch die hindurch der Atem zirkuliert wird, was als Vorgang der «inneren Alchemie» (*nei-dan*) verstanden wird.[45]

Für die Prozesse der physischen und spirituellen Verfeinerung des Menschenleibes konzentrierten sich die Taoisten zunehmend auf innere Vorgänge im Menschenleib, der nun selbst als alchemischer Brennofen verstanden wird. Systematische Begründungen und Erklärungen konnten mit den Emblemen der «acht Trigramme» und den Hexagrammen des «Buchs der Wandlungen» dargestellt werden. Dieses Buch schien die kosmischen Abläufe zu beschreiben, die Vorgänge im äußeren, kosmischen Brennofen. Im Mikrokosmos Menschenleib konnten also dieselben Prozesse bewußt nachvollzogen werden.[46] Solche Ideen finden wir vielfältig formuliert.

Besonders wichtige Zusammenfassungen geben die «Verbindlichen Kontrakte aus dem Buch der Wandlungen der Zhou» (*Zhou-yi can-tong qi*), die seit der Han-Zeit bekannt sind und dem legendären Unsterblichen Wei Bo-yang zugeschrieben werden. Ihr Ursprung, vermutlich als apokrypher Anhang oder erklärende Erweiterung des *Yi-jing*, ist kaum greifbar. Offenkundig war diese Schrift in der Zeit der Entstehung des *Shang-qing*- («Höchste Reinheit») Taoismus im 5. und 6. Jahrhundert in Südost-China jenen taoistischen Kreisen bekannt, die «Alchemie» als Verbund von *wai-dan* und *nei-dan* kannten und praktizierten.[47]

In Anbetracht einer kryptischen Terminologie ist es schwierig, die Realien dieser vielseitigen, «naturwissenschaftlich» alchemistisch orientierten und zugleich religiösen Kultur zu identifizieren. Das Buch *Can-tong qi* galt zwar als Schlüsseltext für die «äußere Alchemie», der Kanon enthält aber auch eine Reihe von späteren Exegesen im Sinne der «inneren Alchemie». Beide Formen der Alchemie wurden eben nebeneinander praktiziert und miteinander verbunden. Seit der Tang-Zeit (6.–8. Jahrhundert) ergab sich eine Gewichtung zugunsten der «inneren Alchemie», wobei das Augenmerk der meditativen Praxis auf die Pflege des individuellen «ursprünglichen Odems des Einen» gerichtet war. Es ging um die «Innenschau» unter Ausschluß äußerer Einflüsse, die durch die Sinne vermittelt werden, was an die sich weit verbreitenden Praktiken des meditativen Chan-Buddhismus erinnert. Etwa seit dem 10. Jahrhundert hat sich die «innere Alchemie» zum Kern der taoistischen Selbstkultivierung entwickelt. Die ruhige Betrachtung «des Innen» galt nun nicht mehr vorrangig der Visualisierung und rituellen Inanspruchnahme der Körpergottheiten, wie sie parallel weiterhin im *Zheng-yi*-Taoismus praktiziert wurden. Diese neue Entwicklung kulminiert schließlich in der *Quan-zhen*-Schule im 12. Jahrhundert.

Die Schule «Vollkommene Integrität» und der rituelle Taoismus

Die Bedeutung der Schule der «Vollkommenen Integrität» (*Quan-zhen*) liegt vordergründig in der Gegenwart. In der Volksrepublik sind die staatlich betreuten Klosterzentren des religiösen Taoismus in der Obhut der Schule der «Vollkommenen Integrität». Ihr Gründer war Wang Zhe (1112–1170), der unter dem Namen *Chong-yang* («Verdoppeltes Yang») bekannt ist und in den Provinzen Shensi und Shandong wirkte. Die Entwicklung seiner Schule war im 12. Jahrhundert schon von einer Symbiose mit dem *Zheng-yi*-Taoismus («Orthodoxie und Einheit») bestimmt. Dies hat in der Ming-Zeit der 43. Patriarch des *Zheng-yi*-Taoismus und Nachfolger Zhang Dao-lings, Zhang Yu-chu (1361–1410), in seinen «Zehn Regeln für die Taoisten» formuliert. Die von ihm gesetzte Meßlatte gilt bis heute, bezogen auf Sinn und Form der taoistischen Profession. Der Taoist (*dao-shi*), über den Zhang Yu-chu spricht, vereint in sich die Kultur des *Quan-zhen*- und *Zheng-yi*-Taoismus.[48] Die Biographien Wang Chong-yangs zeigen uns den Kontext für sein Wirken. Wir paraphrasieren einen dieser Texte.

> Wenn die kaiserlichen Staatsgeschäfte sich recht entfalten, dann veranlassen sie das Auftreten großer Männer. Wenn allgemein Frieden herrscht und sich alles bestens entwickelt, dann ist Tao überall wirksam, und die Edlen erlangen Weisheit. Jede der drei Lehren hat für sich höchst wahre Worte und subtile Prinzipien. *Da-mo* hat im Buddhismus den Geist des Buddha verstanden, der Name seiner Lehre ist *Chan. Zi-si* ist es, der im Konfuzianismus die Schulmeinungen des Konfuzius tradiert, und der Titel seiner Schrift lautet der «Mittlere Weg» [*Zhong-yong*]. Der Taoismus aber stellt «in fünf-tausend Worten» [*Dao-de jing*] die höchsten Prinzipien umfassend dar. Sie werden weder ausgesprochen und sind doch in ständigem Umlauf, noch werden sie propagiert und sind doch stets gegenwärtig. Meister Wang Chong-yang hat ganz im Tao des Nicht-Handelns [*wu-wei*] und der ewigen Beständigkeit des Lao-zi geruht. Der Name seiner Lehre lautet *Quan-zhen*, «Vollkommene Integrität». Wer die weltlichen Täuschungen und Illusionen beiseite schiebt, allein die wahrhafte Natur heil und ganz [*zhen*] erhält, der ist ein göttlich Unsterblicher [*shen-xian*]. Der Meister ist zur rechten Zeit im Dorf Xian-yang [Shensi] in Erscheinung getreten, nachdem seine Mutter mit ihm vierundzwanzig Monate und zwölf Tage schwanger war. Sie hat von den vierundzwanzig Lebensenergien die überzähligen negativen *yin*-Energien unterdrückt und so den Meister geschaffen.[49]

Der Text beschreibt nun seine positiven Qualitäten:

> Mit seinem schönen Bart und den großen Augen war er heldenhaft und talentiert, wodurch er «Scharen von Anhängern» gewinnen konnte. Sein Familienerbe war üppig, und wenn er «Armen Getreide auslieh, so schenkte er ihnen gnädig die Hälfte davon». Er war stets gesonnen, «den Wesen zu helfen». Wang Chong-yang hat als junger Mann den Grad eines «Doktors» angestrebt, war aber, wie auch beim anschließenden Versuch, eine militärische Laufbahn zu ergreifen, nicht erfolgreich. Er hatte in sich den «Odem von Tao» und konnte seine innere Grundausstattung an «Gutem» im Übermaß erweitern.

Er hat in sich aufgespeichert, was ihm der Himmel zugeteilt hatte, und wurde entschlossen ein Taoist.

Der Text berührt eine politisch schwierige Phase seiner Heimat (1129–1138), während der er sich großmütig gegenüber dem einfachen Volk verhielt:

Später hat er sich ein Landhaus errichtet. Er hat sich nicht um seinen Haushalt gekümmert, sich exzentrisch benommen und die Selbstbezeichnung «Wang der Irre» angenommen. Im Spätsommer des Jahres 1159 kaute er betrunken am Markt Gan-ho Fleisch, als plötzlich zwei in Lumpen gekleidete Leute in den Metzgerladen kamen. Die beiden glichen sich in ihrer äußeren Erscheinung bis auf das Haar genau. Der Meister war verblüfft, folgte ihnen aber und erwies schließlich seine Reverenz. Die beiden Genien sprachen langsam: «Dieser junge Mann kann belehrt werden.» Daraufhin gaben sie ihm mündliche Anweisungen, worauf er sich noch verrückter gebärdete. Im nächsten Jahr begegnete er wieder diesen beiden Gestalten und lud sie in eine Trinkstube ein, wo sie ihm Gedichte und Hymnen in fünf Kapiteln übergaben. Sie hießen ihn, diese Texte zu lesen und anschließend zu verbrennen.

Die taoistische Hagiographie identifiziert diese doppelte Erscheinung entweder alleine mit dem Tang-Taoisten Lü Dong-bin oder aber mit dem Duo Lü Dong-bin und Zhong-li Quan (Han-Zeit). Beide Namen sind besondere Größen in der älteren Tradition der «inneren Selbstkultivierung», welche die *Quan-zhen*-Schule auf diese Weise für sich reklamiert.

Auf dieses Ereignis hin entließ Wang Chong-yang Frau und Kinder. Ein Schmähgedicht auf sie endete mit dem Vers: «Wenn ich meine Heimat meide, werde ich mein Glück und meine Freude vollenden. Wenn ich mich sogleich nach Nanjing aufmache, erlange ich die Vollkommenheit». Da nahm er den Namen «Meister Verdoppeltes *Yang*» an. In einem anderen Dorf baute er sich eine Höhlenwohnung, die er «Grab dessen, der lebend tot ist» nannte. Später zog er auf eine von Wasser umgebene Erderhöhung um. Wenn er sich auf Wanderschaft befand, dann trug er einen Krug bei sich, sang und trank. Wenn ihn jemand um einen Schluck bat, so wies er ihn nicht ab. Manchmal faßte er mit dem Krug auch Wasser, um es anderen zu trinken zu geben. Sie aber verspürten den sonderbar schweren Duft von Wein. Später begegnete er wieder den beiden Vollkommenen, die ihm göttlichen Nektar zu trinken gaben. Da ließ er vom Wein ab und trank nur noch Wasser. Im Jahr 1167 zündete er plötzlich seine Hütte an. Dorfbewohner, die herbeieilten, sahen ihn neben der Feuerstelle wilde Tänze aufführen, wobei er sagte: «Nach drei Jahren wird jemand kommen, diese Hütte zu reparieren. Mit meiner Art wird er nicht vergleichbar sein.» Am nächsten Morgen machte er sich auf den Weg nach Osten, in der Hand einen Eisenkrug. Unterwegs bettelte er und sagte: «Im Osten liegt meine Bestimmung.» Auf diese Weise gelangte er im 7. Monat nach Shandong, in die Präfektur Ning-hai.

Dort gab es einen reichen und mächtigen Mann namens Ma Zong-yi. Dieser Mann hatte zuvor geträumt, daß in seinem Garten ein «Kranich der Unsterblichen» aufgeflogen sei. Sehr bald gelangte nun Wang Chong-yang zu Herrn Ma, der noch nicht überzeugt war. Der Meister ließ nun genau dort, wo der Kranich im Traum des Herrn Ma aufgeflogen war, eine Klause errichten, die er *Quan-zhen*-Klause nannte. Er hielt ihre Türe 100 Tage lang verschlossen, um Ma Zong-yi zu bekehren. Mal aß er, mal aß er nicht. Außerdem verzichtete er auf den Gebrauch von Wasser und Feuer. Die Klause war von der Wohnung des Ma Zong-yi weit entfernt. Als jener in seinem Haus schlief und im Obergeschoß Türen und Fenster verschlossen waren, erschien der Meister zu nächtlicher Zeit bei ihm, trat ihm nahe gegenüber und diskutierte mit ihm. Ma aber wußte nicht, wo er hergekommen war.

Die Biographie berichtet eine Reihe anderer wundersamer Erscheinungen und Erlebnisse, die Ma Zong-yi bekehren sollten. Bedeutsam ist ein Traumerlebnis des Herrn Ma, in dem er ein Lied anstimmt, an dessen letzte Zeilen er sich, aus dem Traum erwacht, erinnert. Da heißt es: «Erhitzen und Weißes erlangen, sublimieren und Gelbes erhalten, das also ist das Rezept für ewig leben und nicht sterben.» Am folgenden Tag vergab der Wang Chong-yang an Ma den Taoistennamen *Yu* und den Ehrennamen «Meister Zinnober *Yang*» (*Dan-yang zi*).

Ferner gab es noch Bruder Tan, der von einer schweren Krankheit gezeichnet war. Er bettelte darum, Schüler sein zu dürfen. Der Meister nahm von seinem Waschwasser für die Gesichtswäsche jene Menge, die übriggeblieben war, und gab sie dem Tan. Als jener sich damit Augenbrauen und Bart gewaschen hatte, sah er so würdevoll aus wie früher, und in einem Augenblick verspürte er den Odem von Tao in sich aufquellen. Der Meister gab ihm den Namen Chu-duan und den Ehrennamen «Meister Ewige Vollkommenheit» [*Chang-zhen zi*].

Außerdem gab es noch den Bruder Qiu, der in jungen Jahren Vater und Mutter verloren und daher noch nie studiert hatte. Er kam herbei und erwies dem Meister seine Reverenz. Der Meister ließ ihn seine Schriftsachen versehen. Von da an merkte sich Qiu täglich mehr als 1000 Schriftzeichen. Auch verstand er sich gut auf das Rezitieren von Gedichten. Der Meister gab ihm den Namen Chu-ji und den Ehrennamen «Ewiger Frühling» [*Chang-chun*].

Die Leute, die später dem Meister ihre Reverenz erweisen wollten, strömten in Massen zusammen. Der Meister tadelte scharf und kasteite hart, um sie zu disziplinieren. Allmählich zerstreuten sie sich wieder, und es waren allein Ma, Tan und Qiu, die das *Tao* des Meisters erlangten.

Die nächste Stufe der Schulgründung begann, als Wang Chongyang auf seiner Wanderung die Provinz Shandong erreichte. Im Ort Wen-deng gründete er die Gesellschaft «Sieben Juwelen der Drei Lehren».

Im Jahr 1169 hat ein Zhou Bo-tong in Ning-hai den Meister eingeladen, in einer Klause zu leben. Ihr Name lautet: «Gold-Lotos-Halle». Nachts gab es dort einen wundersamen Lichtschein, so hell wie Tageslicht. Wer zunächst glaubte, es handle sich um ein Feuer, der sah näherkommend, daß der Meister inmitten strahlender Helligkeit einherging.

Das Wasser von Ning-hai war salzig. Der Meister besprach daher den Brunnen dieser Klause mit einer Formel, «und noch heute» erfreuen sich die Leute seines süßen, reinen Wassers. Der Meister bezog dann die Klause und gründete die Gesellschaft «Goldlotos der Drei Lehren». Im Landkreis Fu-shan gründete er die Gesellschaft «Drei Strahlen der Drei Lehren», in Deng-zhou die Gesellschaft «Jadeblüten der Drei Lehren». In Lai-zhou rief er die Gesellschaft «Gleichrangigkeit der Drei Lehren» ins Leben. Wenn er eine Gesellschaft gründete, nahm er immer die Formel «Drei Lehren», um sie zu benennen.

Der Autor unseres Textes kommentiert:

> Es ist ja wohl hinreichend evident, daß die Erleuchtung zum Mysterium der absoluten Leere, die perfekte und allumfassende Harmonie in reinster Ruhe, nicht nur bei einer einzigen Lehre (*jiao*) zu Hause sind.

Der Text beschreibt sodann die Aufnahme der Vollkommenen, Liu Chu-xuan, Wang Chu-yi, Hao Da-tong und Sun Bu-er. Der letzte Name bezeichnet die einzige Frau in dieser Gruppe, nämlich die ehemalige Ehefrau des Ma Zong-yi (*Dan-yang*). Kurz vor seinem Tod (1170) empfahl Wang Chong-yang seinen Schülern, für ihr tägliches Leben die Schriften *Ban-ro xin-jing, Dao-de jing, Jing-jing jing* und *Xiao-jing* zu rezitieren. Diese Schriften dokumentieren die «Drei Lehren» Buddhismus, Taoismus und Konfuzianismus. Auf dem Totenbett bestimmte er noch Ma Dan-yang zu seinem Nachfolger, der in Zentralchina die Menschen bekehren soll, Taoisten zu werden.

Wir erfahren, daß Kaiser Shi-zong von «der Größe» des Meisters Wang Chong-yang hörte. Im Jahr 1188 kam eine kaiserliche Order, der seine Schüler Qiu Chang-chun und Wang Chu-yi Folge leisteten, um am Hof eine Opferfeier (*jiao*) zum kaiserlichen Geburtstag zu leiten. Sie erhielten im «Palast Langes Leben und Frieden» eine Audienz. Auf der Insel der «Ewigen Kiefer» legten sie dem Kaiser das höchste Tao dar. Der Kaiser war beglückt und ordnete an, daß Bildnisse von *Chun-yang* (Lü Dong-bin), Wang Chong-yang und Ma Dan-yang modelliert werden und in einer offiziellen Klause im Palast Ehrenplätze einnehmen. Qiu Chang-chun hat später immer wieder seine Gedichte dem Kaiser eingereicht. Im Jahr 1197, als Kaiser Zhang-zong wiederum Wang Chu-yi an den Hof zitierte, gewährte der Kaiser ihm den Titel «großer Lehrmeister, der mit Tao eins ist» (*Ti-xuan da-shi*) sowie den Bau eines «Belvedere zur Kultivierung der Vollkommenheit». Im 10. Monat des Jahres wurde Liu Chu-xuan an den Hof zitiert, wo er zum Vorstand des *Tian-chang*-Tempels (Vorläufer des späteren *Bai-yun guan* in Peking) ernannt wurde. Alle diese Taoisten hätten, heißt es abschließend, «gesammelte Werke» ihrer poetischen und literarischen Schriften hinterlassen.

Dies betrifft also die historisch bedeutsame Gruppe der «Sieben Perfekten», der Ahnherren des *Quan-zhen* Taoismus, neben dem Gründer Wang Chong-yang. Es handelt sich um Ma Dan-yang (1123–1183), Tan Chu-duan (1123–1185), Wang Chu-yi (1142–1217), Hao Da-tong (1140–1212), Liu Chu-xuan (1147–1203), Qiu Chu-ji (1148–1227) und Sun Bu-er (1119–1183). Sie wurden zu Leitbildern für Generationen von Schülern, indem sie Affiliationen gründeten. Auf ihren Wegen, vor allem in der Provinz Shandong, gestalteten sie mit Klostergründungen das religiöse Leben lokaler Gemeinden.

Anhand der Biographie des Wang Chong-yang ist zu erkennen, daß *Quan-zhen* einen Lebensweg bedeutet, nicht aber die Enthüllung religiöser Schriften oder die Formierung einer neuen liturgischen Ausrichtung im Rahmen des Taoismus. Dieser *Lebensweg* beinhaltet die abrupte Lösung aus dem familiären und sozialen Umfeld bis hin zu drastischen Verhaltensweisen. Dies wird mit dem Begriff «die Familie verlassen» bezeichnet. Von Wang Chong-yang stammt eine literarische Sammlung mit dem vielsagenden Titel «Begehren die Heimat zu verlassen» (*Hao li-xiang ji*), die heute nicht mehr vorliegt.

Ausgedehnte Phasen der Askese, wie die Jahre im «Grab dessen der lebend tot» ist, lassen sich auch in den Biographien der anderen genannten Taoisten belegen. Sich jeweils anschließende Wanderungen, begleitet von positiven Wundertaten zur Rettung von Volk und Individuen, werden von allen Quellen berichtet. Auch *Quan-zhen*-Meister, wie die Priester des Himmelsmeister-Taoismus, «heilten» dank ihrer spirituellen Qualität und wurden als Wunderheiler berühmt. Als vielleicht bekanntestes Beispiel sei Wang Chu-yi genannt, der als Priester (*dao-shi*) und Exorzist agierte. Wang Chu-yi gab sein «Schweißhemd» an vertrauensvolle Anhänger weiter, die es Kranken auflegen konnten, um Heilung zu erwirken. Diese Methode erinnert an die «Bekehrung» des Tan Chu-duan durch das heilende Waschwasser des Schulgründers Wang Chong-yang. Wang Chu-yi trat auch hervor mit dem Zerschlagen von Substitutobjekten, in welche «Krankheit» gebannt war.[50] Tan Chu-duan zog durch die Gegend von Lo-yang, wo er

Abb. 2: Das berühmte Amulett des Tan Chu-duan mit den beiden Zeichen für «Schildkröte» und «Schlange» wurde an Hauswänden angebracht und sollte Feuer bannen. Während das Zeichen für «Schildkröte» klassischer Kalligraphie entspricht, ist «Schlange» naturalistisch dargestellt, nicht in Form eines Schriftzeichens.

entlang seines Weges an Hauswänden zwei kalligraphisch höchst eindrucksvoll gestaltete Zeichen «Schildkröte und Schlange» anbrachte, die perfekt vor Feuer und Brand schützen sollten. Sie repräsentieren uralte Vorstellungen bezüglich der Elemente «Wasser» und «Norden» (Farbe: *schwarz*), die sich in der Göttergestalt des «dunklen» oder «schwarzen Kriegers» (*Xuan-wu*) kristallisieren. Dargestellt wird *Xuan-wu* als Krieger, zu dessen Füßen sich eine Schlange um eine Schildkröte windet.[51] Schriftmagie und andere Verfahren etwa des Wang Chu-yi zeigen, daß die Methoden der alten Experten (*fang-shi*) weiter Bestand hatten, wenn auch jetzt im Kontext des Taoismus mit seinen verfeinerten Konzepten und einer literarisch geschulten Diktion.

«Wasser» verweist auf die *Yin*-Kraft, die schon die Mutter Wang Chong-yangs während ihrer Schwangerschaft aus dem Embryo des zukünftigen Meisters gebannt haben soll. Diese *Yin*-Kraft wird von Tan Chu-duan durch das Schreiben der beiden Zeichen «Schildkröte und Schlange» aus sich herausgekehrt oder abgelegt, wobei diese aber für ihre Empfänger den positiven Charakter eines vor Feuer schützenden Amuletts hatten. Der Erfolg der Selbstkultivierung und der persönlichen Verfeinerung, welche die *Quan-zhen*-Taoisten Wang Chu-yi und Sun Bu-er erreichten, wurde von Tan Chu-duan mit dem Begriff der «Überwindung von Schildkröte und Schlange» beschrieben.[52] Diese Überwindung galt als Vorbedingung für die Erzeugung «des (inneren) Elixiers», für die Selbsterhöhung zur spirituellen Reise in die Sphären jenseits dieser profanen Welt und letztlich zur Erkenntnis der eigenen wahren Natur, des eigenen wahren «Seins». Wo *yin* ist, dort ist auch *yang*. So komme es in letzter Konsequenz darauf an, sich aus der «Schale» von *yin* und *yang* zu befreien, um zu einer neuen unsterblichen Existenz *jenseits* dieses determinierenden Kräftepaars zu gelangen.

Solche Vorstellungen wurden in den vielfältigsten Weisen von *Quan-zhen*-Taoisten literarisch, oft in kryptischen Gedichten, ausgedrückt. Wir können nicht behaupten, daß all diese Taoisten genau dieselben Überzeugungen oder dasselbe Wissen über den Weg zum Ziel geteilt hätten. Wang Chong-yang hat zu Beginn seiner Karriere als taoistischer Meister mit dem Buch «Instruktionen zu Goldpaß und Jadeschloß» ein umfangreiches Werk vorgelegt, das die Selbstkultivierung nach den Gesetzen der inneren Alchemie der Song-Zeit präsentiert.[53] Einer der wichtigen Aspekte, die erläutert werden, betrifft den «gesteuerten Umkehrprozeß des Zyklus der fünf Elemente». Hierbei handelt es sich um eine Reihe «innerer» Methoden, die den Menschen von jenen Prozessen des Verfalls nach den Gesetzmäßigkeiten des «späteren Himmels», d.h. unserer realen postnatalen Welt, befreien sollen, um ihm zu einer neuen, unsterblichen Existenz zu verhelfen. Hierzu muß der «Zyklus der fünf Elemente» umgedreht werden, und zwar nach den Prinzipien des «früheren Himmels», d.h. der abstrakten Welt ewiger Göttlichkeit. Allerdings spielen die in diesem Buch gebotenen Terminologien und die komplizierten Beschreibungen innerer Vorgänge für die meditativen Verfahren in den späteren Texten Wang Chong-yangs keine große Rolle. Diese Konzepte der «Unsterblichkeit» sind aber absolut nicht mit jenen antiken Vorstellungen zu vergleichen, denen noch der Erste Kaiser der Qin anhing. In seinen «Fünfzehn Darlegungen zur Einrichtung der Lehre», einer späten Zusammenfassung seiner Meinung, spricht Wang Chong-yang im letzten Paragraphen von der «Unsterblichkeit».

> Erörterung über das Verlassen der gewöhnlichen Welt:
> Was «die gewöhnliche Welt verlassen» bedeutet, das ist kein körperliches Verlassen dieser Welt. Es bedeutet einen inneren, geistigen Zustand. Der physische Leib gleicht der Wurzel der Lotuspflanze, und der Geist gleicht der Lotusblüte. Während die Wurzeln unten im Schlamm sind, befindet sich die Blüte hoch oben im freien Raum. Was denjenigen betrifft, der Tao erlangt hat, sein physischer Leib ruht in dieser Welt, aber sein Geist verweilt bereits in der Sphäre der Heiligen [und Unsterblichen].[54]

Es gibt also keine spezifische Methode (*fa*), die man «erlernen» muß, an der man sich festhalten kann. Es sind vielmehr Reinheit, Freiheit und Ruhe, verbunden mit einer ruhigen Fixierung von Leib und Geist, die *allein* ausschlaggebend sind. Man solle sich an einen ruhigen Ort zurückziehen, richtig atmen und werde schon sehen, «was sich von selbst ergibt», beschied einmal Ma Dan-yang seine Schüler.[55]

Genau in diesem Sinne wurde von Wang Chong-yang auch erklärt, es sei unbedeutend, «Bücher zu lesen» und sich an Bücherwissen zu halten. In der Tat sehen wir immer wieder in Biographien und historischen Berichten, daß als Schlüsselerlebnis die «plötzliche Erkenntnis» gilt, die sowohl zur radikalen Umkehr des Lebensweges als auch zum Anschluß an eine *Quan-zhen*-Affiliation führt. Durch sie kann das höchste Ziel erreicht werden, nämlich «in der Ansicht des eigenen Seins Buddha werden». Dieser Erfolg, wenn er erreicht wird, ist gleichzusetzen mit der Wiederfindung des «ursprünglichen Seins» (*xing*), der genuinen Lebensgabe. Voraussetzung ist eine integere Lebensführung, daher unsere Übersetzung «vollkommene Integrität» für den Begriff *quan-zhen*, der wörtlich «die Vollkommenheit (oder Wahrheit) vollkommen sein lassen» bedeuten kann.

Das Zölibat ist in diesem Rahmen eine normative Voraussetzung. Es wurde schon lange vor dem Auftauchen der *Quan-zhen*-Schule von hervorragenden Taoisten, wie zum Beispiel vom Editor der *Ling-bao*-Schriften, Lu Xiu-jing (406–477), beispielhaft praktiziert, jedoch nicht als generelle Norm im Himmelsmeister-Taoismus durchgesetzt. Dennoch gilt als gesichert, daß die in der Frühphase des Taoismus der ausgehenden Han-Zeit geübten rituell-orgiastischen Zusammenkünfte zur «Verbindung des Lebensodems» schon bald aus dem offiziellen und öffentlichen Repertoire des Taoismus ausgeschieden wurden, explizit spätestens seit der Reform durch den «Himmelsmeister» Kou Qian-zhi (5. Jahrhundert).[56] Überlegungen zur Bewahrung der Essenzen und zur Ausbesserung innerer Organe und Potenzen wurden seit alters in vielen Linien der taoistischen Tradition gepflegt. Sie finden nun eine neue sublimierte Form im *Quan-zhen*-Taoismus. Als Beispiel für diese alten Überlegungen sei die «Rückführung der Samenessenzen zur Pflege des Hirns» erwähnt. Schon Ge Hongs Buch *Bao-pu zi* (3./4. Jahrhundert) führt dieses Konzept an, und zwar als Essenz der «Schlafzimmertechniken», wobei es sich wesentlich um Methoden der Heilung handeln soll.[57] Konzepte und Begriffe dieser Art werden im puritanischen *Quan-zhen*-Taoismus nicht als «Methode» propagiert. Sie sind bekannt, ohne daß sexuell orientierte Praktiken und Lebensformen explizit Platz fänden.[58]

Der Anschluß an eine *Quan-zhen*-Affiliation meint die Aufnahme als Schüler bei einem Meister infolge der plötzlichen «Erkenntnis der Vollkommenheit», die oft durch den Austausch von Gedichten und Widmungen evoziert wurde. Diesen Prozeß benennt die Floskel «den Geist durch den Geist übertragen». Diese Formel aber, und das Element der «plötzlichen Erkenntnis», waren durch den Chan-Buddhismus eingeführte Begriffe, die auch praktische Folgen für die Gestaltung der Klosterkultur hatten. Wie im Buddhismus war auch die sich entwickelnde *Quan-zhen*-Klosterkultur auf zölibatäre klösterliche Gemeinschaften hin angelegt.

Die *Quan-zhen*-Taoisten kamen aus verschiedenen Berufen und zumeist aus gehobenen gesellschaftlichen Positionen. Sie verfügten fast immer über eine hervorragende literarische Bildung. So betätigte sich Hao Da-tong, ein *Yi-jing*-Spezialist, als Wahrsager, der seinen Broterwerb auch nach seiner Aufnahme als Schüler bei Wang Chong-yang fortsetzte. *Quan-zhen*-Taoisten übten diesen oder jenen Beruf aus und waren auch als Ritualspezialisten (*dao-shi*) tätig, ohne daß dies herausgestellt würde. Die Ausführungen zum Ende der Biographie von Wang Chong-yang zeigen, daß schon sehr früh nach seinem Tode die kaiserlichen Administrationen Interesse an den Vertretern der *Quan-zhen*-

Schule hatten. Mit Sicherheit hat ihre literarische Bildung, die vielen Gedichte aller möglichen Versmaße, welche sie am Hofe einreichten, eine Rolle gespielt. In diesem Punkt standen die *Quan-zhen*-Patriarchen den säkularen Gelehrten nicht nach und erfuhren auch passende Anerkennung. Sie wurden aber vor allen an den Hof eingeladen, um zu Festtagen religiöse Dienstleistungen in Form von Ritualen (*jiao*) zu erbringen.

Hier sehen wir klar die Symbiose der zwei «Lehren» *Quan-zhen* und *Zheng-yi*. Die ausgeführten Rituale gehörten zur Kultur des älteren *Zheng-yi*-Taoismus. Der *Quan-zhen*-Taoismus hat keine Schriften und Handbücher zu neuen Liturgien hervorgebracht. Dies war und ist Privileg der «Himmelsmeister-Taoisten» (*Zheng-yi*). Selbstverständlich konnte ein Vertreter des rituellen Taoismus «seine Familie verlassen» und sich einer *Quan-zhen*-Affiliation anschließen. Er wird dann in einer zölibatären Gemeinschaft gelebt und durch seine Ausstattung mit Registern und liturgischen Manualen als *dao-shi* gewirkt haben. Es mag aber auch sein, daß er zölibatär lebend allein durch das Land wanderte, Rituale und Exorzismus ausübte und zugleich jene Selbstkultivierung praktizierte, die er bei seinem *Quan-zhen*-Meister erfahren hatte.

Überraschend ist, daß unsere Quellen nicht mitteilen, wann, wie, warum oder ob überhaupt unsere «Sieben Perfekten» und Wang Chong-yang die Profession des taoistischen Priesters *erlernten*. Wir können nur historischen Berichten entnehmen, manchmal nur Nebenbemerkungen, daß z.B. Qiu Chang-chun, Hao Da-tong und Wang Chu-yi Rituale ausführten, welche sie nur als «Hauptpriester» des Himmelsmeister-Taoismus ausführen konnten. Zhang Yu-chu in der Ming-Zeit argumentiert, daß die Kenntnis von «Sein (Natur) und Leben» (*xing-ming*) als zweiseitiger Ansatz auch die Grundlage für die «Lehre der Normen» (*ke-jiao*) sei, womit er den Himmelsmeister-Taoismus meint. Eine Tätigkeit als Priester impliziert für den *Quan-zhen*-Taoisten, daß er in der meditativen Innenschau mit den Gottheiten «in eine klare Verbindung» eintritt, unbeschadet der puristischen Meditation des *Quan-zhen*-Taoismus. Dennoch muß es zwischen diesen beiden unterschiedlichen Ansätzen Verbindungen geben. Dies zeigt beispielhaft Wang Chu-yi, der zwar der Askese, Meditation und Selbstkultivierung des *Quan-zhen*-Taoismus anhing, der zugleich aber am Kaiserhof «Opferfeiern» (*jiao*) durchführte. Es lohnt sich, den Rahmen für solche Feiern zu betrachten.[59]

Zur Ausführung einer Opferfeier wird der Tempel, in dem sie stattfindet, mit seinem Inneren durch die Einrichtung eines «sakralen Raumes» angepaßt. Die im Tempel verehrten Gottheiten haben in der Regel ihren Ursprung in dieser sichtbaren Welt, im sogenannten «späteren Himmel». Die in einem früheren Kapitel vorgestellte Göttin *Ma-zu*, die Patronin der Seefahrer, ist ein gutes Beispiel. Im Bereich des «späteren Himmels», also in unserer Welt, ergeben sich Wechsel und Veränderungen, welche den Bewegungen von *yin* und *yang* folgen. Die Gottheiten dieser Kategorie bewegen sich im Himmel, in der Welt um die Menschen herum und letztlich in der Unterwelt unter den Bergen. Gottheiten dieser Kategorie werden also von der Nordseite des Tempels, wo sie mit Blick nach Süden dem Herrscher vergleichbar installiert sind, auf Plätze an der Eingangsseite verbracht, wo sie nun wie Gäste an der kommenden *jiao*-Opferfeier teilnehmen.[60]

Die Gottheiten des Pantheons, welches die ausführenden Priester temporär im Tempel einrichten, stehen abstrakt und ideell über dem unbegrenzten schillernden Pantheon des «späteren Himmels». Die während der *jiao*-Feier von den Taoisten angerufenen Gottheiten haben ihre transzendenten Paläste und Observatorien in den Sternkonstellationen, in jener Sphäre, der das «ewige Tao» verhaftet ist. Diese Sphäre wird mit dem Begriff des «früheren Himmels» bezeichnet. Sie steht jenseits der Einwirkungen von *yin* und *yang*. In dieser Sphäre aber liegt der Ursprung all der positiven Einflüsse von Tao in dieser Menschenwelt. Im Ritual selbst wird die Beziehung zwischen der Gemeinschaft, die das Fest in Auftrag gab, und der göttlichen Administration der Welt erneuert, wozu jene abstrakten Gottheiten angesprochen werden. Wir können ein Bild aus einer früheren Darstellung aufnehmen und sagen, daß sich der Taoist im Ritual über die Welt von *yin* und *yang* erhebt und in ritueller Meditation und visionärem Himmelsflug vor das höchste Göttliche hintritt. So werden an der Nordseite des Tempels auf Bildrollen die «Drei Reinen» installiert, nämlich der Herr des Himmels *Yuan-shi tian-zun*, der Herr der Erde *Ling-bao tian-zun* und der Herr über die Menschen *Dao-de tian-zun*, den wir als *Tai-shang Lao-jun* identifizieren. Sie wohnen nicht nur in den höchsten himmlischen Sternregionen, sondern sollen zugleich im Leib des Priesters präsent sein, der als Mikrokosmos alles göttliche Potential beherbergt. Diese Gottheiten sind im Leib auf verschiedene Amtsbereiche verteilt, und zwar auf den *Ni-wan-* («Lehmkugel») Palast im Kopf des Menschen, auf den «Roten Palast» im Herzen des Menschen und letztlich auf das untere «Zinnoberfeld» im Unterleib.

Das Zentrum des Tempels soll in seiner Ausstattung mit Emblemen die acht Trigramme des Zhou-Königs Wen abbilden. Die fünf Richtungen symbolisieren die fünf Heiligen Berge. Der Kosmos und die Welt mit ihren Ordnungspunkten sollen symbolisch gegenwärtig sein. Im Zwischenbereich «Südwesten» wird das «Tor der Erde» angenommen, im «Nordwesten» das «Tor des Himmels». Der «Nordosten» beherbergt das «Tor der Dämonen» und der «Südosten» den «Weg der Menschen». Zu Beginn des Rituals verschließt der Priester das «Tor der Dämonen» (*yin*-Kräfte), um das Böse auszusperren, und öffnet das «Tor des Himmels», um das ursprüngliche *yang* des «früheren Himmels» einzulassen. Natürlich werden an den übrigen Wänden ebenfalls Bildnisse von Gottheiten installiert, die mit anderen kosmischen Bereichen verbunden sind.

Bis heute entfaltet sich das *jiao*-Fest in diesem so vorbereiteten «heiligen Raum» gemäß einer durch die Jahrhunderte hindurch vielen Änderungen unterworfenen Liturgie. Nicht nur lokale Varianten sind zu bedenken, sondern auch die unterschiedlichen Anlässe, die über Länge und Anlage der Rituale entscheiden. «Große» *jiao*-Feste können mehrere Wochen dauern oder auch nur wenige Tage, zumindest aber drei Tage. In der Regel handelt es sich um eine kommunale Angelegenheit, weshalb die Bewohner einer Gemeinde mit einbezogen sind. Dennoch bleibt dem allgemeinen Publikum der tiefere Sinn der Liturgie im Tempel, der sie nicht direkt beiwohnen, verschlossen. Das *jiao*-Fest umfaßt ein liturgisches Programm, in dem die Gottheiten zitiert, eingeladen und schließlich wieder zurückgesandt werden. Die Priester rezitieren stundenlang Schriften der Abbitte und Reue, präsentieren den obersten Gottheiten in Petitionen die Namen der Bewohner des Ortes und ihre Erwartungen. Schließlich werden unter Anteilnahme der Lebenden die Seelen der Ahnen und die unbefriedeten Geister zu besänftigen gesucht. Zukunft und Vergangenheit verschmelzen in diesen Aktivitäten, die zwischen der Menschenwelt und der Welt des abstrakten, wenn auch benennbaren Göttlichen vermitteln. Unsere Quellen zum *Quan-zhen*-Taoismus sagen nicht, wie lange das *jiao*-Fest dauerte, das zum Beispiel die *Quan-zhen*-Taoisten Qiu Chang-chun und Wang Chu-yi im Jahr 1188 am Hof Kaiser Shi-zongs leiteten, oder wie das rituelle Programm gestaltet war. Vergleiche zwischen heutigen *jiao*-Festen zeigen viele Varianten, Verkürzungen oder andere Veränderungen, je nach Ort (Volksrepublik China, Taiwan) und je nach Ausführenden, nach ihren lokalen Traditionen und anderen, äußeren Einflüssen. Wenn heute diese Liturgien in einem größeren gemeinschaftlichen Rahmen stattfinden, werden in Taiwan die lokalen Honoratioren eingeladen, im Inneren des Tempels teilzunehmen.

Daneben freilich, weniger spektakulär und oftmals privat gefeiert, gibt es eine erhebliche Zahl von kleinen Ritualen (*fa*, «Methoden»), deren Ausführung dem Bann von Unheil und Krankheit gilt. Ihre Urgründe lassen sich in die antiken Epochen der Experten (*fang-shi*) und Schamanen (*wu-ji*) zurückverfolgen. Die Taoisten unserer Zeit haben also auch hierzu Schriften, Amulette und Beschwörungsformeln, die sich mit ihren göttlichen Adressaten und Erscheinungsformen als Teil der Kultur des Himmelsmeister-Taoismus präsentieren. Ihre historische Anpassung an die formalen und schriftlichen Mittel des Himmelsmeister-Taoismus, der von «Offenbarungen» aus himmlischen Sphären gespeist sein wollte, wurde wohl endgültig in der Song-Zeit unter Kaiser Hui-zong (rg. 1101–1126) vollzogen und unter der Südlichen Song-Dynastie fortgesetzt.

Kaiser Song Hui-zong und die «Donner-Rituale»

Zur Zeit der Abdankung von Kaiser Song Hui-zong (rg. 1101–1126) war der Gründer des *Quan-zhen*-Taoismus, Wang Chong-yang, 13 Jahre alt und lebte in Nordchina unter der Fremdherrschaft der Jurchen (Jin-Dynastie). Norchina war sicher in vielen Punkten von Entwicklungen im Süden abgeschnitten. Die im Süden vom *Zheng-yi*-Taoismus unter Kaiser Song Hui-zong offiziell adaptierten exorzistischen «Donner-Rituale» (*lei-fa*), die neben den traditionellen Reinigungs- (*zhai*) und Opferfeiern (*jiao*) zu integralen Teilen des religiösen Taoismus wurden, fanden unter der Yuan-Dynastie im Norden des Landes Verbreitung und verbanden sich auch mit dem *Quan-zhen*-Taoismus.[61]

Kaiser Song Hui-zong pflegte zum religiösen Taoismus ein sehr persönliches Verhältnis. Unter dem Einfluß des Taoisten Lin Ling-su (1076–1120) und seines Nachfolgers Wang Wen-qing (1093–1153) sah sich der Kaiser als Verkörperung der auf Erden lebenden Gottheit «Herr der östlichen Blütenpaläste», wie ihm auch sein Hofstab als Replik eines himmlischen Hofstabs galt.[62] Während die Tang-Herrscher mit dem Zunamen *Li* in [*Li*] *Lao-jun* (Lao-zi) ihren spirituellen Ahnherren sahen, hielt Song Hui-zong den «Gelben Kaiser» für den spirituellen Ahn der Song-Herrscher.[63] Es gab diese sehr spezifischen Vorstellungen, die eine vertrauliche Nähe des Kaisers zur Sphäre hervorragender Taoisten förderten.

Die Begriffe «Donnermethode» oder «Donnerrituale» bezeichnen die von Song Hui-zong protegierten rituellen Methoden. Vor allem Wang Wen-qing, der wie Lin Ling-su am Song-Hof verkehrte, hat zahlreiche Schriften hinterlassen, die Donnermethoden vorstellen. Allerdings waren die Donnermethoden, die zur Zeit des Song-Kaisers im Rahmen der taoistischen Praxis Furore machten, keine neue Erfindung, sondern Ausfluß alter Traditionen, die aus der antiken Vergangenheit stammen. Auch können wir diese Methoden nicht als einheitliche «Lehre» betrachten, sondern müssen von vielen lokalen Ausformungen und Entwicklungen ausgehen, die nur in ihrem Bezug zur Praxis der Priester (*dao-shi*) und in theoretischen Grundannahmen eine Einheit erkennen lassen. Wir fragen uns, wie Wang Wen-qing mit der Donnermethode in Verbindung kam. Hierzu liegen unterschiedliche Überlieferungen vor.

Die «Schulgespräche» berichten, daß Wang Wen-qing einmal zum «Grottenhimmel der Reinen Vollkommenheit» nahe Nanjing gewandert sei, wo Ye Fa-shan (616–720), ein taoistischer Wunderwerker der Tang-Zeit, gelebt und Selbstkultivierung betrieben habe.[64] Zur Abenddämmerung sei Wang Wen-qing angekommen und habe im Berg ein Licht scheinen sehen. Dorthin sei er geeilt. Er habe einen mit Stroh gedeckten Unterstand vorgefunden, doch sei die Gegend verlassen gewesen. Unter einer Laterne sah er auf einem Tisch ein Schriftstück, das er eilends kopierte. Der Titel des nicht mehr vorliegenden Textes lautete: «Traktat über das Aussto-ßen des Odems von Wind und Regen». Da erkannte er, daß er sich in einem «Haus der Donner» befand. Als er den Text kopiert hatte, hörte er den Schrei eines Truthahns, und zugleich erschien eine alte Dame. Nach ihrem Namen befragt, erklärte sie, daß sie keinen habe, und daß der Ort sich nicht zum Verweilen eigne. Hier wohnten Blitz und Donner. Gefragt nach dem Schrei des Truthahns sagte sie, daß der «Gold-Truthahn» in der Erde rufe. Als Wang Wen-qing dies hörte, machte er sich davon. Als er sich umdrehte, war von all dem nichts mehr zu sehen. Er befand sich jedoch, wie sich herausstellte, in unmittelbarer Nähe des «Grottenhimmels der Reinen Vollkommenheit».

Interessant ist die Eröffnung des Textes zur Entäußerung von vitaler Kraft (*qi*), die Wind und Regen bestimmen können soll. Die Eröffnung findet an einem illusionären Ort statt, in dessen Nähe eine berühmte Persönlichkeit gelebt hatte. Dies ist der hagiographische Rahmen für eine magische Offenbarung. Es gibt eine große Zahl von Schriften und Berichten, welche die Überlieferungen zu den «Donnerritualen», die in der Song-Zeit in den Vordergrund traten, mit früheren Epochen der Geschichte des Taoismus verbinden, speziell mit den Gruppen der *Shang-qing-* («Himmel der Höchsten Reinheit») und *Ling-pao-* («Magisches Juwel») Taoisten und ihren Schriften. Auch der 1. Himmelsmeister Zhang Dao-ling soll schon «Donnerdokumente aus göttlichen Himmelshallen» in 20 Kapiteln besessen haben, die wir aber bibliographisch nicht belegen können.[65] Kehren wir zu Wang Wen-qing zurück. Ein «Feuermeister Lord Wang», eine historisch nicht greifbare Person, soll einer anderen Quelle zufolge Wang Wen-qing in die Donnermethode eingewiesen haben.[66] Er identifiziert gegenüber Wang Wen-qing jene alte Dame am «Haus der Donner» mit der Gottheit «Mutter der Blitze». Feuermeister Lord Wang erläutert, daß jene magische Initiierung im «Haus der Donner», welche die «Mutter der Blitze» gewährt habe, beweise, daß Wang Wen-qing ein «Unsterblicher aus einer vollkommenen früheren Existenz» sei. Dies erinnert uns an die Vorstellung von einem himmlischen Ursprung des Song-Hofs und seiner Paladine, zu denen auch Wang Wen-qing gehörte.

Die Aufgabe der Donnermethoden, bei denen es sich nicht nur um das Hervorbringen von Blitz, Donner, Regen und Trockenheit handelte, war die Beherrschung aller Naturphänomene. Diese wiederum sind ansprechbar als göttliche oder dämonische Kräfte, die sich im negativen Falle durch Epidemien und Krankheiten bemerkbar machen. Die Vertreibung derartig negativer Kräfte fällt in das Ressort des Priesters, der als «Donnerspezialist» agiert. Er verwirklicht die rettenden und in einer Agrargesellschaft lebenswichtigen Wunder, wie das Hervorbringen von Regen oder die Abwendung von Fluten. Er erreicht solche Erfolge aufgrund seiner spirituellen Potenz als Priester, der über entsprechende «Register» von Donnergottheiten verfügt sowie über Beschwörungsformeln, Siegel und Amulette, die sich auf das Pantheon der Donnergottheiten beziehen. Ihre höchsten Repräsentanten haben ihre Sitze im Nord- und Südgestirn. Es sind dies abstrakte Gottheiten des «früheren Himmels», welche die Priester als Donnergottheiten in sich identifizieren können. Dies beleuchtet zum Beispiel ein Bericht, demzufolge einmal ein lokaler «Gott der Stadtmauern», der sich einem «Donnerspezialisten» gegenüber feindselig verhalten hatte, durch Blitz und Feuer aus seinem Tempel verjagt wurde. An anderer Stelle erfahren wir, daß ein lokaler Kult für einen «schlechten Geist», der Menschenopfer verlangte, durch die rituell angeforderte Gewalt der «Donnergottheiten» zerschlagen wurde. Hier begegnen sich eben verschiedene Kategorien von Macht.[67]

Der taoistische Kanon enthält zahlreiche Dokumentationen zum Pantheon der Donnergottheiten aus unterschiedlichen Ursprüngen, in denen Verquickungen jener höchsten abstrakten Gottheiten des «früheren Himmels» mit solchen des «späteren Himmels» zu beobachten sind. In diese letztere Kategorie fällt zum Beispiel auch der 30. Himmelsmeister des *Zheng-yi*-Taoismus, Zhang Xu-jing, der nach seinem Hinscheiden aus dieser Welt in eine spirituelle Patronage von Donnerritualen avancierte und als Donnergottheit benannt werden kann.[68] Je nach Gelegenheit und Initiierung wird sich ein Priester spirituell auf ein Pantheon und letztlich auf eine vollkommene göttliche Identität einstellen, aus der heraus er magische Taten vollbringen wird. Wang Wen-qing dokumentiert, wie er dies für sich selbst zustande bringt. Unter dem Titel «die Göttlichen Kräfte zusammenbringen» erhalten wir folgende Aussagen zu einer meditativen Übung, die direkt in eine göttliche Identität mündet:

> Laß die göttliche Kraft sich in ruhiger Meditation festigen. Konzentriere die innere Schau auf den einen, den am meisten scheinenden Punkt im Nieren-Palast. Innerhalb eines kurzen Augenblicks erhebt sich Feuer, das nach und nach den ganzen Leib äußerlich umschließt. Blase einen Mund voll Odem aus, und alle Asche fliegt davon. Dann, konzentriere die innere Schau auf den Odem in den Farben der fünf Richtungen. Sie vermischen sich und bilden zusammen eine gemeinsame Mandorla strahlenden Scheinens voll von purpurnen und goldenen Farben. Dieses strahlende Scheinen formt aus sich heraus ein Kleinkind [*ying-er*]. Dieses Kleinkind wird nach und nach größer, mit dem Schnabel eines Phoenix, mit silbernen Zähnen, rotem Haar und einem blauen Leib. Beide Augen lassen wilde, durchdringende Strahlen einen Raum von 10000 *zhang* Tiefe durchdringen, und beide Flügel haben auch an sich das glimmernde Scheinen von Feuer. Auf den Unterseiten der linken und rechten Arme zeigt sich jeweils ein [weiterer] Kopf mit Augen, die ebenfalls feuriges Scheinen entsenden. Der Gürtel [der Gestalt] sieht golden aus. Die linke Hand umfaßt einen Feuerbohrer, die rechte einen achteckigen Hammer. Ein feuriger Drachen windet sich um den ganzen Leib. Konzentriere die gesamte Innenschau nun auf diesen «göttlichen General der fünf Donner», dessen Kopf den Himmel berührt, wobei er auf der Erde steht. Dies ist der «himmlische Lord Deng des wogenden Feuers» [*Yan-huo* Deng tian-jun], die herrschende und kommandierende Gottheit im System der Feuerwagen.[69]

Unter dem Titel «Opfer an die Großartige Gottheit von Recht und Gesetz» erfahren wir mehr über diese Gottheit. Sie hat einen Zunamen und wird vom meditierenden Priester in sich selbst gebildet. Sie führt ihn dabei zu einer neuen Identität, ausgestattet mit der Macht des Banns gegen das Böse. Der Priester wird nicht von der Gottheit «besessen», sondern er entwickelt aus sich heraus göttliche Kraft und Identität, wobei sich eine auf die Eingeweide ausgerichtete Meditation als instrumental erweist. Was ist der Ursprung des Namens Lord Deng? Wir finden folgende Erklärung:

> In der Abteilung der Donner residiert die große Gottheit des wogenden Feuers. Ihr Zuname lautet Deng, der Vorname heißt Bo-wen. In der Vergangenheit hatte er sich *Huang-di* ange-

schlossen, als dieser seinen siegreichen Kampf gegen Chi You führte und war dafür zum General in Honan ernannt worden. Als aber die große Gottheit [d.h. Deng Bo-wen] sah, daß *Huang-di* in den Himmel auffuhr, da gab er seinen Rang [als General] auf und ging auf den Berg *Wu-dang shan*, wo er einhundert Jahre lang Selbstkultivierung betrieb. Er konnte sich mit dem [kosmischen] Odem erheben oder heruntersteigen. Er sah auch, daß seine Zeitgenossen weder *Loyalität* ausübten noch die *Kindespietät* pflegten. Sie töteten einander, schadeten sich gegenseitig, bedrängten und betrogen einander und nahmen sich gewaltsam Vorteile gegenüber den Schwachen. Die Könige und ihre Helfer waren nicht in der Lage, Kontrolle auszuüben. Tag und Nacht begehrte Deng Bo-wen heftig, über die göttlichen Donner zu verfügen, um im Namen des Himmels gegen all diese schlechten Elemente vorgehen zu können. Beständig hatte er dies in seinem Sinne, und sein Ärger strahlte aus bis in die himmlischen Sphären. Plötzlich, eines Tages, verwandelte er sich und bekam einen Phoenixschnabel und Silberzähne, rotes Haar und einen blauen Körper. In der linken Hand hielt er einen Feuerbohrer, in der rechten einen Donnerhammer. Sein Körper wurde einhundert *zhang* groß, und in beiden Achseln wuchsen ihm Flügel. Wenn er sie ausbreitete, dann hatten sie eine Spannweite von mehreren hundert Meilen, und alles Land unter ihnen lag in Dunkelheit. Beide Augen ließen jeweils einen Strahl feurigen Scheinens aufleuchten, die eine Strecke von hundert Meilen ausleuchteten. An Händen und Füßen waren Drachenkrallen. Er konnte fliegen und im großen freien Raum schweben. Er konnte Tiergeister und Monster zerbeißen und schlucken, giftige Drachen köpfen. Der oberste Gottkaiser [in den Himmeln] erhob ihn zum Rang «Großartige Gottheit von Recht und Gesetz». Diese Gottheit hat die Kontrolle über die göttlichen Donner.

Am 5. Tag des 5. Monats geschieht es, daß diese Gottheit zwischen 11.00 Uhr und 13.00 Uhr [in den Himmel] auffährt und die Residenz der Feuer-Glocke im Sternenpalast des Südens betritt. An diesem Tag kann man seine Erscheinung in der Meditationszelle zeichnen. Man nehme das Blut einer Ziege, eines Truthahns und einer Gans, fünf Ziegenköpfe, Obst der Saison und reinen Wein, um diese großartige Gottheit einen

Tag und eine Nacht lang mit diesem Opfer zu verehren. Wenn diese Gottheit vom Himmel herabsteigt, dann kann man sie veranlassen, sofort Wolken und Regen hervorzubringen [oder] den Himmel aufzuklären und den Wind anzuhalten. In einem Moment kann sie Monster vernichten, Epidemien anhalten und Pest vertreiben. Diese Gottheit kann jene Dämonen hinabwürgen, die solche Epidemien verursachen. Zum Zeitpunkt der Darbringung dieser Opfergaben schreibe man zwei «Amulette des wogenden Feuers», die auf den Opferaltar zu legen sind, und welche am nächsten Tag wieder fortgenommen werden. Auf diese Weise kann man jede Epidemie und böse Krankheit bezwingen. Die Mysterien dieser Methode aber sind der mündlichen Unterweisung vorbehalten.[70]

Diese letzte Aussage ist bedeutsam. Im religiösen Taoismus, sei es der Himmelsmeister-Taoismus oder der *Quan-zhen*-Taoismus, immer kommt der mündlichen geheimen Instruktion eine Schlüsselrolle zu. So bleiben die letzten Einsichten dem Laien oder nicht autorisierten Leser dieser Texte verschlossen. Diese Möglichkeit ist bei jeder Betrachtung der chinesischen Religionen, speziell aber des Taoismus, zu beachten. Die weiteren Aussagen der beiden vorgelegten Texte sprechen für sich. Blutopfer und Speiseopfer, besondere Amulette und eine meditative Vergegenwärtigung bis hin zur Verkörperung des «Lords» bilden den religiösen Handlungszusammenhang. Ähnliche Vorgänge, auch unter anderen Prämissen, sind im Bereich der «Donnerrituale» reich zu belegen. Die Frage nach der ursprünglichen, menschlichen Existenz des Deng Bo-wen führt zurück in die alte Geschichte und zur Mythologie. Der legendäre Gelbe Kaiser (Huang-di) hatte in grauer Vorzeit gegen Chi You, den angeblich ersten Rebell in der chinesischen Geschichte, siegreich gekämpft. Der Gelbe Kaiser galt aber Song Hui-zong als spiritueller Patron seines Kaiserhauses, eine Beziehung, die das Interesse des Kaisers an Donnerritualen sicher vertiefte und seine persönliche Förderung für Wang Wen-qing begünstigte.

Die geschilderten Elemente um «Lord Deng» sind bezeichnend für eine gewaltige Zahl von Ritualen mit anderen spirituellen Patronen. Solche Rituale lagen jenseits der großen Liturgien und sind bis heute das Tagesgeschäft der Taoisten. Sicher sind sie als

Exorzismus zu bezeichnen. In der Song-Zeit wurde der zur Epoche passende und vielfach belegte Versuch gemacht, die Wirkungsweisen der Donnermethoden zu rationalisieren und durch Symbolik wie Rhetorik der «inneren Alchemie» zu erklären. Auch Wang Wen-qing hat auf dieser Ebene seinen Beitrag geleistet. Doch selbst in diesen Schriften erweist sich die große Vielfalt der möglichen Erklärungen. Für uns sollte vor allem interessant sein, wie sich Wang Wen-qing am Hof des Song-Kaisers einbrachte, und was dort von ihm erwartet wurde. Dies zeigt seine Biographie im Kanon, die in Auszügen vorgestellt sei.[71]

Wang Shu-dao (Wen-qing) aus dem Ort Nan-feng im Distrikt Jian-chang soll schon bei seiner Geburt im 2. Monat des Jahres 1093 eine beeindruckende Erscheinung gewesen sein. Als er heranwuchs, erwies er sich als sehr intelligent. Ein Gedicht belegt sein Interesse an der Welt der perfekten Unsterblichen, eine Neigung, die auch in einem Traum bestätigt wurde. Sein Vater erkannte, daß sein Sohn, wie er selbst, für eine Karriere als Priester geeignet und berufen war. Wang Wen-qing ging darauf ein. Er reiste weit zu magischen und hervorragenden Orten und hielt sich vom Getriebe der Welt und vom Streben nach Profit fern.

Als er 1119 versuchte, den Fluß *Yang-zi jiang* zu überqueren, traf er einen Fremden, der ihn mit Methoden vertraut machte, «Petitionen an die himmlischen Gottkaiser zu entsenden und in Audienzen mit ihnen einzutreten». Er erhielt auch Dokumente, die dienlich waren, um «Befehle für Wind und Donner» auszugeben. Es heißt, daß Wang Wen-qing in der Folge stets perfekt die rechte Zeit wählte, um solche Petitionen zu entsenden oder die Gottkaiser in stiller Meditation zu besuchen, Donner herbeizurufen, für Regen zu beten, Wind oder Regen nach Bedarf zu bringen oder zu vertreiben. Seine Wirkungsweisen entsprechen dem Spektrum der Aktivitäten eines Priesters. Das Entsenden von Petitionen und der Besuch in Meditation bei den Gottheiten verweisen auf Teilaspekte der *jiao*-Opferfeiern. Allerdings konnte Wang Wen-qing auch aufgrund seiner Ausstattung, die er von jenem Fremden erhalten hatte und den wir als «Feuermeister Lord Wang» identifizieren, «böse Geister, die unter dem Volk ihr Unwesen treiben, unter Kontrolle bringen». Gelegentlich wird betont, daß solche Aktivitäten im Verborgenen stattfanden und Wang Wen-qing kein Aufhebens um seine Leistungen machte. Lin

Ling-su war es jedenfalls, der Wang Wen-qing im Jahr 1122 am Hof des Song-Kaisers einführte. Zuvor hatte Wang Wen-qing einen jüngeren Bruder des Kaisers durch eine Wunderheilung von einer Erkrankung befreit.

Wang Wen-qing sollte am Hof dem Kaiser *dao* und *de*, die beiden Schlüsselbegriffe aus dem *Dao-de jing*, erläutern sowie Anregungen zur Herrschaft gemäß *wu-wei* («Wirken durch Nichthandeln») geben, was auch zur Zufriedenheit des Kaisers geschah. Er wurde am Hof nobel untergebracht und vom Kaiser reich beschenkt. Wang Wen-qing lehnte alle diese Gaben ab.

Später erhielt er den Befehl «Wasser zu besprechen» und Palasthallen zu «reinigen», wiederum eine exorzistische Aktion, für deren Ausführung er ein magisches Schwert und eine Schale für Amulettwasser erhielt. Als die Palastbewohner für ihn allerorts Geldschnüre mit Goldmünzen aufhingen, verließ er den Palast und streute die Münzen auf dem Boden aus, da er sie nicht annehmen wollte. Der Kaiser fragte ihn, ob Dämonen noch im Palast ihr Unwesen trieben. Der Taoist verwies auf die südöstliche Ecke des Palastareals, wo ein solches Problem bestehe. Er schrieb also ein Amulett in himmlischer Siegelschrift, das dort auf ein Gewässer gelegt wurde. Es wird berichtet, daß das Amulett im Wasser verschwand, «als ob es jemand hinuntergeholt» hätte. Da meldete der Taoist dem Kaiser, daß Donner erschallen würde, was auch geschah. Der Blitz spaltete einen gewaltigen Zimtbaum im fraglichen Palastbereich und trennte zugleich eine große Pythonschlange in zwei Hälften. Ein weiterer Bericht spricht von Fuchsdämonen, die im Palastbereich großen Schaden anrichteten und den Tod kaiserlicher Favoritinnen verursachten. Dieses Problem wurde Wang Wen-qing zur Kenntnis gebracht, der dann in kaiserlichem Auftrag im Palastbereich einen dreistufigen Altar errichten ließ, in dessen oberster Plattform ein Eisenkrug eingelassen wurde. Als es Nacht wurde und der Mond hell schien, ergriff der Taoist sein magisches Schwert, bestieg den Altar und entsandte Amulette, wobei er Beschwörungsformeln in die Nacht hinausschrie. Wind und Donner erhoben sich mächtig, Himmel und Erde wurden in Dunkelheit getaucht. Um Mitternacht sollen dann die anderen begleitenden Taoisten gesehen haben, wie Geister-Generale und ihre Offiziere eine große Zahl von Dämonen zusammentrieben und fesselten. Sie seien in der Mitte des Altars zusammengekommen, wo Wang Wen-qing mit einem Papieramulett dann die Öffnung des Eisenkrugs verschloß. Nach Ausführung eines Rituals habe er den Krug in der Erde vergraben, worauf die Erde ringsherum erbebte.

Diese Aktion wird mit ihren wundersamen Beweisen für ihre Wirkung in der Biographie ausführlich berichtet, was ihren hohen Stellenwert belegt. Im Palastareal wird der Erfolg mit neuen Tempelbauten dokumentiert. Hier sollte von nun an der Taoist jeden 5. Tag Weihrauch opfern und eine *jiao*-Liturgie anführen. Leider erfahren wir nicht, wie diese *jiao*-Opfer gestaltet waren und welches rituelle Programm umgesetzt wurde. Vermutlich war es eine kurze Veranstaltung zum Dank für die Befreiung von den Fuchsdämonen. Die Nennung dieser periodisch durchgeführten *jiao*-Opfer erinnert an den Hintergrund des *Zheng-yi*-Taoismus, der die professionelle Grundlage Wang Wen-qings ausmacht. Ein weiterer Auftritt Wang Wen-qings gilt der Not, die eine Dürre über das Gebiet von Yang-zhou brachte. Während der Kaiser Gebete um Regen kundgab, bat Wang Wen-qing um ein magisches Schwert, ein Wasserbecken und Wasser. Er spuckte symbolisch «reinigend» einen Mund voll Wasser aus und betete:

> Der Kaiser der großen Song-Dynastie befiehlt mir, um Regen zu beten. Regen muß viel und beständig fallen, Wind soll blasen, daß sich die Bäume biegen. Innerhalb einer Fläche von tausend Meilen muß in Yang-zhou durchnässender Regen fallen, um die Wassernot zu beheben. Borge Wasser drei *chi* tief vom Gelben Fluß (Huang-ho). Handle schleunigst nach diesem Befehl!

Nach einigen Tagen trafen am Hof die Berichte aus Yang-zhou ein, daß es ausreichend geregnet habe. Das Wasser aber sei gelb und trüb gewesen. Als der Kaiser den Taoisten nach dem Grund befragte, sagte dieser, daß die himmlischen Gottkaiser die Flüsse Jiang, Huai und Qi von dieser Wasserleihgabe ausgenommen und nur den «Gelben Fluß» freigegeben hätten.

Bei anderer Gelegenheit befahl der Kaiser dem Taoisten, mit einem bestimmten Amulett am Gürtel die innersten Wohnquartiere zu besuchen, um Wasser zu weihen, alles Übel «fortzuwaschen» und zu *tao* und *te* Darlegungen zu präsentieren. Er wurde aufgefordert, ein Ritual für diejenigen Palastbewohner aufzuführen, die durch jene Fuchsdämonen getötet worden waren, um ihre Seelen zu retten und sie in ein paradiesisches Leben hinüberzuführen. Der Taoist verwendete das «Register zur Wiedergeburt in den Himmeln», um jene Personen zu retten, die sich dann in körperlichen Erscheinungen zeigten. Der Kaiser war zutiefst beeindruckt.

Gemäß dieser Biographie wurde Wang Wen-qing am Hof mit Ehrentiteln überhäuft, eine Ehrung, die auch auf seine Familie ausgedehnt wurde. Als das politische Geschick von Kaiser Song Hui-zong durch die Armeen der Jin-Dynastie besiegelt war, gelang es Wang Wen-qing, dem Kaiser die Botschaft aus himmlischen Sphären zu vermitteln, daß er abtreten solle. Der Kaiser folgte dieser Aufforderung und dankte ab. Er akzeptierte das Ende seiner persönlichen Mission als Herrscher auf Erden, hatte er doch eigentlich eine andere, himmlische Bestimmung. Dies ist erkennbar an seinem göttlichen Titel, den er nach seiner Abdankung annahm, nämlich «Gottkaiser und Lord Tao, Lenker der [taoistischen] Lehre». Diese Übereinstimmung mit taoistischen Konzepten zeigt sich nicht nur bei Song Hui-zong, sondern kann bei manch anderem Kaiser nachgewiesen werden.

Was bei einer Betrachtung der Biographie Wang Wen-qings wie auch seiner theoretischen Schriften auffällt, ist die Abwesenheit literarischer Offenbarungen und Zitate, die eine klare Zuordnung zu älteren Gruppierungen bestätigen würden. Wang Wenqing argumentiert im Rahmen der Song-zeitlichen Wissenschaft der Welterklärung mit *Yi-jing*-Symbolen und anderen emblematischen Formeln, denen wir das Element des Religiösen schwerlich zubilligen können. Andererseits gelingt es auf diese Weise, den exorzistischen Möglichkeiten unter dem Obertitel der «Donnermethode» *literarische* Formen zu geben und sie in das offizielle Schrifttum des Kanons zu integrieren.

Im 14. Jahrhundert bildete sich, von Fukien ausgehend, die Gruppe der *Qing-wei-* («Reine Feinheit») Taoisten, welche die *shen-xiao-* bzw. *lei-fa*-Traditionen («Donnermethode») weiterführten und durch einen neuen, eigenen Stammbaum mit einer Rechtfertigung versahen. Dieser «Stammbaum der Unsterblichen aus dem Himmel der Reinen Feinheit»[72] beginnt in den Urzeiten des Kosmos. Die Aufsplitterungen der taoistischen Geschichte in Richtungen und Gruppierungen erscheinen als verdeckte Formen von *Qing-wei*, die im 14. Jahrhundert wieder als *Qing-wei* vereint wurden. Es ist der Geschichte geschuldet, daß in dieser angeblichen Gesamtgeschichte des Taoismus die *Quan-zhen*-Schule in Nordchina nicht genannt wird. Hier bestanden zu jener Zeit kaum Kontakte, und daher gab es auch keinen Bedarf an «Integration».[73]

Die *Quan-zhen*-Schule formulierte etwa zur gleichen Zeit ihren Stammbaum, der für den Schulgründer zunächst auf die uns schon bekannten Taoisten der Tang- und Han-Zeit, Lü Dong-bin und Zhong-li Quan, als Ahnherren zurückgriff, sowie im Sinne einer umfassenden Legitimation auch auf die Urgottheit *Taishang Lao-jun*.[74] Für die Individualität und Eigenständigkeit der «Sieben Perfekten» (*Qi-zhen*) aber spricht, daß Wang Chu-yi eine unabhängige spirituelle Initiierung vorweisen kann, die später in den Stammbaum der *Quan-zhen*-Schule integriert wird. Hier handelt es sich um die Gottheit «Gottkaiser der Blütenpaläste des Ostens», die auch als «Königlicher Vater des Ostens» bekannt ist und die *Quan-zhen*-Schule mit alten Mythologien verbindet, welche wiederum auf die «Königliche Mutter des Westens» verweisen. Die große Palette der Möglichkeiten und Querverbindungen wird auch daran erkenntlich, daß Kaiser Song Hui-zong den göttlichen Namen «Gottkaiser der Blütenpaläste des Ostens» für sich persönlich als sein himmlisches *Alter Ego* beanspruchte.

Im Vorgehen der *Qing-wei*-Taoisten erkennen wir ein Legitimationsschema, das für den Taoismus grundsätzlich bezeichnend bleibt. Seit dem 12. Jahrhundert bietet aber auch der *Quan-zhen*-Taoismus eine literarische und intellektuelle Kultur, welche die säkulare Gelehrtenwelt anspricht und mit Askese und Meditation an den *Chan*-Buddhismus erinnert. Dieses Bild wird in einer Klosterkultur zölibatärer Gemeinschaften bestätigt, die etwa der *Baiyun guan* in Peking in unserer Zeit dokumentiert.[75] Die Insassen dieser *Quan-zhen*-Klöster waren unter Umständen befähigt, als Priester im Sinne des älteren *Zheng-yi*-Taoismus Rituale auszuführen.

Parallel hierzu hat es aber seit der Antike exorzistische und heilkundige Verfahrensweisen gegeben, deren sich auch Taoisten bedienten, um den Bedürfnissen des Volkes zu entsprechen. Vor allem seit der Song-Zeit wurden diese Elemente als eigene, literarisch geprägte Rituale in den *Zheng-yi*-Taoismus integriert, was das Beispiel Wang Wen-qings zeigte. Im Bereich der «Methoden», wie eben der Donnermethoden (*lei-fa*), gab es keine Begrenzungen durch Offenbarungen und ältere festgelegte Schriften, so daß stets neue Formen aus dem Untergrund lokaler Kulte und Traditionen eingebracht werden konnten. Diese Möglichkeiten bestehen theoretisch auch heute. Bei alledem gibt es eine vielschichtige und verbindliche Grundlage. Das ist das taoistische Verständnis vom menschlichen Sein und dem ihm kongenial gegebenen Potential an Spiritualität und Göttlichkeit. Der Taoismus ist, in welcher Ausprägung auch immer, die praktische Konsequenz aus dieser Einsicht.

V. Buddhismus

Geschichte und Legenden

Der Buddhismus entstand in Indien und wurde vermutlich zwischen 560 und 480 v. Chr. von einem Königssohn namens Gautama Siddhartha aus Kapilavastu begründet. Seit Leben und Tod dieses Mannes vergingen Jahrhunderte, bis die von ihm begründete Lehre und Religion des Buddhismus in China historisch unzweifelhaft greifbar wird. Über Handelswege zu Wasser und zu Lande, über den Seeweg nach Süd-China sowie über die Seidenstraße in Zentralasien gelangten Gelehrte nach China. Sie brachten buddhistische Schriften (*sûtren*) mit und führten den Chinesen buddhistische Lebensformen vor Augen. Für die Frühgeschichte des Buddhismus setzen wir den Zeitraum des 2. bis 5. Jahrhunderts an. Mit dem Ende der Han-Dynastie im 2. Jahrhundert zerfiel das Land in die «Drei Reiche», dann in die «Südlichen und Nördlichen Staaten». Diese Vorgänge waren von kriegerischen Auseinandersetzungen und politischen Verwerfungen begleitet, von Wander- oder Fluchtbewegungen größerer Bevölkerungsteile von Nordchina nach Süden. In dieser Situation ergab sich für den Buddhismus kein einheitliches Bild.

Die nördlichen Staaten Chinas, im weiten Einzugsbereich der Seidenstraße, standen in einem regen Austausch mit den Völkern Zentral- und Westasiens. Dolmetscher, Händler und Gelehrte verschiedener Herkunft waren geläufige Erscheinungen an den nördlichen Höfen der Herrscher, die im Buddhismus ein Mittel der allseitigen Verständigung sahen, ohne daß damit eine unkomplizierte Übernahme des Buddhismus verbunden war. Im Süden des Landes, in den sich mancher Adelsklan aus dem Norden abgesetzt hatte, bot der Buddhismus mit seinen Klöstern Rückzugsräume. In diesen Klöstern konnten Adlige und Vertreter der Bildungselite, die aus welchen Gründen auch immer «die Welt verlassen hatten», ihre Bildung an Personen niedrigen und ungebildeten Standes weitergeben, studierten und rezitierten sie doch gemeinsam *sûtren* und entwickelten gemeinsam die in China neue Klosterkultur mit ihren wirtschaftlichen und karitativen Einrichtungen.

Die religiöse Entwicklung des Buddhismus in dieser Zeit war von einer Vielzahl von Übersetzungstätigkeiten geprägt und von der Entstehung von Klosterzentren in Nord- und Südchina. Große Aufmerksamkeit galt dem Mönchsgesetz (*vinaya*), war doch die Praxis mönchischer Lebensform anfänglich sehr einfachen Regeln unterworfen, wie etwa das Scheren der Haupthaare und das Verbot des Tötens «von Lebewesen», d.h. das Gebot, auf Fleischspeisen zu verzichten. Die Ausführungen im angeblich ältesten chinesisch-buddhistischen Text, dem «*Sûtra* in 42 Abschnitten» (*Si-shi-er zhang jing*), vermitteln einfache Maßgaben für das Mönchsleben. Genaues Wissen zum Mönchsgesetz kam erst mit der Übersetzung des *Prâtimoksa-sûtra* zur Mönchsdisziplin im indischen *Hinayana*-Buddhismus nach China. Dharmakala erstellte im Jahr 250 eine Übertragung unter dem Titel *Sengqi jie-ben*. Wenig später übersetzte Kang Seng-kai einen Text zur Mönchsdisziplin der Dharmaguptaka-Schule, *Tan-wu-de lü-pu za jie-mo* (T 1432), der im Jahr 255 von Tan-di nochmals übertragen wurde (*Jie-mo*, T 1433).[1] Der Komplex des Mönchsgesetzes erfuhr in der Geschichte des Buddhismus, in Abhängigkeit von der Entwicklung der Klosterkultur und neuer Schulen, große Verfeinerungen, die in einer der drei Sektionen des buddhistischen Kanons dokumentiert sind.

Wenn auch die ersten buddhistischen Kenntnisse aus dem Ausland kamen, so wurden doch bald Entdeckermissionen nach Indien unternommen, um Schriften, Kultgegenstände und Kultfiguren nach China zu bringen. Solche Aktivitäten begannen in der zweiten Hälfte des 3. Jahrhunderts. Der wohl bekannteste Indien-Reisende dieser Zeit war der Mönch Fa-xian, der 398 China verließ, nach Ceylon reiste und 414 zurückkehrte. Fa-xian übersetzte die *Mahayana*-Version des *Mahapara-nirvana-sûtra*, die Schrift über den Eintritt in das Nirvana.[2] Für die Übersetzer im Norden des Landes sei auf den früher lebenden Indo-Skythen Dharmaraksa (Fa-hu, etwa 266–308) verwiesen, der in Changan ein einflußreiches buddhistisches Zentrum schuf. Dharmaraksa war ein Wandermönch, der im Osten bis nach Lo-yang kam und im Westen bis nach Tun-huang. Ein sehr wichtiges Werk, das er übersetzte, war die «Schrift vom Lotus der Wahren Lehre» (*Zheng-fa hua jing*, T 263).[3] Das Lotus-*sûtra* enthält die Botschaft des einen Buddhawegs, der allen Gläubigen offensteht und allen den Weg zur Buddhaschaft weist. Die Schrift betont die Beständigkeit und allumfassende Einsicht des Buddha. Sie enthält ausgeschmückte Parabeln und wurde schließlich zu einer der einflußreichsten Schriften des *Mahayana*-Buddhismus. Im 6. Jahrhundert sollte das «Lotus-*sûtra*» als höchster Ausdruck der Lehren Buddhas im *Tian-tai*-Buddhismus eine maßgebliche Rolle spielen. Dharmaraksa hat noch zu anderen Schriften des *Mahayana*-Buddhismus Übersetzungen vorgelegt, die wie das Lotus-*sûtra* in der chinesischen Öffentlichkeit großes Interesse fanden. Dennoch darf bei diesem äußerst knapp gezeichneten Bild nicht vergessen werden, daß in der frühen Epoche nur einzelne *sûtren* von Indien nach China gelangten, wenn auch in steter Folge und verbunden mit dem Auftreten ausländischer Missionare. Nach unseren Quellen war Buddha Shakyamuni angeblich schon sehr früh als Heiliger der Antike, oder sogar als Gottheit, am Hof der Han-Dynastie bekannt.[4] Das Eindringen des Buddhismus in das Land vollzog sich parallel auf den verschiedenen gesellschaftlichen Ebenen. Für die Führung des Landes sei als bezeichnendes Ereignis auf jenes Opfer verwiesen, das im Jahr 166 Han-Kaiser Huan an Buddha und Lao-zi gemeinsam ausgerichtet haben soll.[5]

Selbstverständlich war die Einführung des Buddhismus für die Staatsverwaltungen im Norden und Süden des Landes, wie auch in den Epochen der Reichseinheit, mit Problemen und Konflikten in Politik und Wirtschaft verbunden, die verschiedentlich zu Konfiszierungen von Klosterbesitz und zur temporären Laisierung von Mönchen und Nonnen führten. Wie war etwa das Verhältnis zu Taoismus und Konfuzianismus zu bestimmen, und wie war der Klerus rechtlich einzustufen und dem Staat gegenüber in die Pflicht zu nehmen? Offensichtlich bewirkte der Buddhismus viele Änderungen in den Verhaltensweisen der Menschen. Durch den Abfluß von Vermögen in immer größere und besser ausgestattete Klöster wirkte er nachteilig auf die Wirtschaft. In den Klöstern entzog sich eine zunehmende Zahl von Menschen den Pflichten gegenüber Staat, Gesellschaft und Familie, indem sie eben «die Familie verließen» und ein zölibatäres Klosterleben führten.[6]

Abb. 3: Die Felsskulptur von Buddha Shakyamuni, der liegend in das Nirwana eingeht, stammt aus der Tang-Zeit (Provinz Sichuan). Im Hintergrund sind die achtzehn Lohan plastisch dargestellt. Die beiden kleinen Figuren am Boden gehören zum lokalen Boden- und Erntekult und sind jüngeren Datums.

Wesentliche Forderungen der chinesischen Gesellschaft, wie zum Beispiel die «Kindesliebe» (*xiao*), die durch die Hervorbringung von Nachfahren aus ehelicher Gemeinschaft neben der Altersversorgung der Eltern die Fortführung des Ahnenkults garantierte, wurden von Mönchen und Nonnen nicht erfüllt. Waren nicht Berechtigung und Notwendigkeit dieser neuen Anstrengungen und Aktivitäten zu bezweifeln? Derartige Fragen und Probleme der Staats-, Gesellschafts- und Verwaltungsgeschichte, die durch die Zeiten hindurch bestehen blieben und immer wieder auf unterschiedliche Weise administrativ angegangen wurden, sollen nicht unser Thema sein. Wir konzentrieren uns auf den Buddhismus als Religion.

Zunächst stellt sich die Frage nach Botschaft und Überlieferung buddhistischer Lehrinhalte. Man stand doch der verschachtelten Philologie und der spekulativen Philosophie Indiens weitgehend verständnislos gegenüber. Es sei dahingestellt, ob dies nur den mangelhaften frühen Übersetzungen und deren Präsentation anzulasten ist. Wie sollten buddhistische Vorstellungen überhaupt ausgedrückt werden, gab es doch zwischen den indischen und chinesischen Kulturkreisen keine *lingua Franca*, die dem Latein in Europa vergleichbar wäre? Wie konnte der Buddhismus legitimiert werden? Es kam darauf an, Vorstellungen zu verbreiten, die aus fremdländischen Konzepten eine Lehre machten, die diese als lange verdeckten Bestandteil chinesischer Geschichte und Kultur ausweisen würden.

Eine legendäre Überlieferung, die geeignet schien, diese Leistung eines Brückenschlags zwischen Indien und China zu erbringen, spricht vom indischen König Ashoka. Das im 4. und 5. Jahrhundert in der buddhistischen Literatur von ihm gezeichnete Bild entsprach dem chinesischen Herrscherideal. Der ideale Herrscher folgt den Maßgaben der antiken Heiligen und kann sich durch seine Güte die ganze Welt (China) untertan machen. Ashoka, ein inbrünstiger Verehrer des Buddhismus, habe durch seine Liebe für die Menschheit seine ideale Herrschaft so weit ausdehnen können, daß auch China in die Sphäre seiner Regierung gelangte. Das legendäre Leben dieses Herrschers wurde im 4. und 5. Jahrhundert durch zahlreiche Schriften verbreitet, die großen Eindruck machten. Als Gesamttext ist die «Biographie König Ashokas» (*A-yu wang zhuan*, T 2042) erhalten, die angeblich im Jahr 306 von einem Parther namens An Fa-qin in das Chinesische übertragen wurde.[7]

Eine viel Aufsehen erregende Aktivität Ashokas war seine überlieferte Anordnung, daß die Reliquien des historischen Buddha auf über 84000 Stupas verteilt werden sollten, um in allen Regionen des ganzen Kontinents *Jambudvipa* zugegen zu sein. Die Chinesen erfuhren, daß ihr Land als Teil jenes Kontinents zum Reich König Ashokas gehörte und folglich zu jener Zeit schon einmal mit dem Buddhismus in Verbindung gestanden hatte. Daraus folgerten sie, daß archäologische Forschungen Erweise einer buddhistischen Frühgeschichte in China ergeben und Grundflächen jener Stupas finden würden, die damals gebaut worden sein sollen. Vielleicht ließen sich sogar noch Teile jener Reliquien finden! In der Tat wurden im Land an verschiedenen Stellen Überreste alter Strukturen gefunden, vermutlich Reste von Stupas, sowie antike Buddhafiguren, manchmal mit der Inschrift «unter König Ashoka gegossen».

Beispielhaft sei auf den großen buddhistischen Meister Shi Huiyuan (334–416) verwiesen, der in seinem Zentrum am Berg *Lu-*

shan in der Provinz Kiangsi unter einem Regenbogen und tief in der Erde vergraben das Bildnis eines Buddha Manjusri durch Gebete und Meditationen hervorholte. Das Bildnis stammte angeblich aus der Zeit des Königs Ashoka.[8] Jene Statue wurde zu einem zentralen Kultgegenstand am Berg. Sie war Legitimation und Bestätigung für die Heiligkeit des Shi Hui-yuan. Dieses Wunder hat natürlich auch die Einbeziehung Chinas in den vergangenen Herrschaftsbereich Ashokas bestätigt. China war ursprünglich Teil des antiken, goldenen Zeitalters des Buddhismus!

Eine andere Überlieferung, die etwa seit dem Jahr 300 bekannt war und vielleicht als eigentlicher Auslöser der Ashoka-Legende im Sinne einer Gegenreaktion gelten kann, bezieht sich auf den Weisen Lao-zi. Er soll, nachdem er das Land in Richtung Westen verlassen hatte, zusammen mit dem Zöllner Yin Xi die 81 Staaten der «westlichen Regionen» (Indien) durchzogen und den «Barbaren» die ihnen angemessene Lehre des Buddhismus eröffnet haben. Im Zuge dieser Missionstätigkeit seien Lao-zi und abwechselnd sein Schüler Yin Xi als «Buddha» aufgetreten und hätten buddhistische *sûtren* enthüllt.[9]

Zunächst war die Legende von der Mission Lao-zis im Westen für die Buddhisten eine passable Brücke zur chinesischen Kultur. Wenn der Buddhismus in seiner Entstehung mit jenem antiken Heiligen verbunden werden kann, dann sollten sich Diskriminierung oder Geringschätzung des Buddhismus verbieten. Wang Fou, ein ehemaliger Buddhist, der sich von der Mönchsgemeinde abgewandt hatte und Taoist geworden war, hat zu Beginn des 5. Jahrhunderts die in den folgenden Epochen bis in die Gegenwart dominierende Polemik formuliert und verbreitet, wonach der Buddhismus als minderwertiger Ableger des Taoismus zu gelten hat. Die für diese Aussage maßgebliche Schrift Wang Fous heißt «Schrift von der Bekehrung der Barbaren», die heute in Fragmenten erhalten ist. Viele Ausgaben erschienen in den folgenden Jahrhunderten. Die letzte uns bekannte Version wurde als Blockdruck 1936 und dann um 1990 in Chengdu, Provinz Sichuan, aufgelegt. Titel späterer Ausgaben lauteten etwa «Bilder und Erklärungen zu den 81 Inkarnationen Lao-juns» (Ming-Zeit) oder «Bilder und Erklärungen zu den Reaktionen und Inkarnationen Lao-juns während aller Generationen» (Republik 1936; Volksrepublik China um 1990). Diese Texte beschreiben und feiern nicht nur die Göttlichkeit und kosmische Identität, die Lao-zi bzw. *Tai-shang Lao-jun* zukommen soll, sondern auch seine angebliche Schöpfung und Predigt der *sûtren*. So wird die Enthüllung des «Gold-Glanz-*sûtra*» auf der Reise zu den «Barbaren» und in einer Begegnung mit einem ihrer Könige wie folgt beschrieben:

> Der König der Barbaren sagte: «Die Begleitpersonen des *Tai-shang Lao-jun* sind schließlich so zahlreich geworden, daß meine Lagerhäuser bald geleert sein werden. Soll das etwa das Verhalten eines Mannes sein, der Tao besitzt? Ich habe diese Frage untersuchen lassen. Es muß sich hier um einen üblen Dämon handeln, und wenn ich nicht frühzeitig Maßnahmen plane, sind immer mehr Verluste und Schäden zu befürchten. Ich sollte ihn eilends verbrennen lassen». Er ließ Brennholz sammeln und *Lao-jun* mit seinen Begleitern von Truppen umringen. Da zeigte sich *Lao-jun* freimütig und ging in das Feuer hinein. Das ganze Volk des Landes sah zu. *Tai-shang*s Leib erstrahlte leuchtend, und inmitten des Feuers predigte er das Gold-Glanz-*sûtra*.[10]

Es soll eine überlegene Position, vertreten durch *Tai-shang Lao-jun*, für den Taoismus reklamiert werden. Sicher spielte eine Rolle, daß stets neue buddhistische Schriften auftauchten, was auf die Elite des Landes großen Eindruck machte und die Taoisten in Zugzwang setzte, bei der Produktion «offenbarter Schriften» gleichzuziehen. Die zunehmende Produktion chinesischer Übersetzungen von *sûtren* und anderen Materialien mündete in die Kanonisierungen dieser Texte nach einem dreiteiligen Ordnungsprinzip, den «Drei Körben» (*tripitaka*). Auf taoistischer Seite zog dies letztlich die Kanonisierung bestimmter Schriftengruppen nach sich, wie auch deren Anordnung in einem ebenfalls dreiteiligen Kanon, genannt «Schriften der Drei Höhlen» (*San-dong jing*). Enthielt der buddhistische Kanon *sûtren*, Lehrdarlegungen und Mönchsgesetze, die auf eine klösterliche Kultur ausgelegt waren, so war der taoistische Kanon nach Gruppen von Schriften organisiert, denen der Charakter von offenbarten Texten, von Kommunikationen aus höchsten himmlischen Sphären, zukam. Jede der «Drei Höhlen» stand daher unter der Ägide einer Gottheit aus dem Kreis der «Drei Reinen» (*San-qing*). Waren die Schriften der Buddhisten für die klösterliche Rezitation und Meditation in

Gemeinschaften von Mönchen ausgelegt, so waren die taoistischen Schriften exklusiver Besitz und Berufsausstattung des Spezialisten, des taoistischen Priesters. Allein an diesen Unterschieden, die von Anfang an klar und präsent waren, zeigt sich die verschiedene Anlage beider Religionen.

Konflikte konnten auch aus den unterschiedlichen inhaltlichen Ansätzen entstehen. In späteren Jahrhunderten fanden an den Herrscherhöfen immer wieder Diskussionen zum wechselseitigen Verhältnis der drei Lehrsysteme Konfuzianismus, Taoismus und Buddhismus statt, wobei die Rangordnung mit ihren praktischen und wirtschaftlichen Implikationen entschieden wurde. Der öffentliche Streit um den Vorrang des Taoismus gegenüber dem Buddhismus oder umgekehrt zog sich hin, bis er im 13. Jahrhundert in Streitgesprächen vor den Mongolenherrschern der Yuan-Dynastie (1271–1368) zugunsten der Buddhisten entschieden wurde.[11]

Zur inneren Nähe von Buddhismus und Taoismus in ihrer Frühphase trug bei, daß anfangs terminologische und konzeptionelle Unterschiede zwischen den beiden Systemen nicht vollständig verstanden wurden oder ungenügend ausformuliert waren. Taoisten *und* Buddhisten «entsagten» der Welt, doch zu verschiedenem Zwecke. Taoisten mögen sich zurückgezogen haben, um «Selbstkultivierung» zu betreiben, die profane Welt hinter sich zu lassen und «unsterblich» zu werden. Buddhisten wollten durch Entsagung und Rückzug von allem Weltlichen dem «Tal der Tränen», der Welt voller Leid und Illusionen, entkommen, um den Kreislauf der Wiedergeburten zu durchbrechen. Beide Lehren befürworteten die Meditation. Die Beschreibungen von Praktiken und ihrer Ziele bedienten sich zwangsläufig eines im Taoismus geläufigen Vokabulars. Andererseits sind auch wesentliche konzeptionelle Vorstellungen des Buddhismus in den Taoismus eingeflossen, die über oberflächliche terminologische Gemeinsamkeiten weit hinausgehen. Als Beispiel seien die kosmischen Zeitzyklen *kalpa* genannt, die buddhistischen Raum- und Zeitvorstellungen sowie die Strukturen ihrer Ordnung. Ein anderes Beispiel bieten die Hagiographie und die Meditation, bezogen auf die sogenannten «Merkmale» des «hervorragenden Mannes», d.h. eines Buddha oder eben eines *Tai-shang Lao-jun*, welche für die handwerkliche Produktion von Idolen wichtige Orientierungen darstellten.[12] Der seit der Han-Zeit offiziell verehrten kosmischen und allumfassenden Gottheit *Tai-shang Lao-jun* stand im Buddhismus eine unendliche Vielzahl kosmischer Zeiträume in Vergangenheit und Zukunft mit all den entsprechenden Buddhas gegenüber. Die Entstehung des Buddhismus war jedenfalls ein höchst vielschichtiger Vorgang, an dessen Ende im Mittelalter eine buddhistisch-chinesische Kultur entstand. Sie konnte sich einer eigenen Diktion, einer eigenen Rechtsordnung und Personalstruktur bedienen, die sich in den Klöstern manifestierte und die in der Gesellschaft integriert war.

Doch was geschah eigentlich, als fremdländische Mönche nach China kamen und den Buddhismus sowohl vorlebten als auch durch Wunder und heilige Schriften Land und Leute zu beeindrucken und zu bekehren suchten? Wie ging das vor sich? Wir betrachten dies anhand des Lebens berühmter Missionare.

Das Wirken des Missionars Kang Seng-hui

Der Mönch Kang Seng-hui (3. Jahrhundert) wurde als Sohn eines sogdischen Kaufmanns im Bereich des heutigen Hanoi geboren, wo sich ein Zentrum chinesischen Kulturschaffens befand. In diesem südlichsten, relativ autonomen Bereich der chinesischen Einflußsphäre hatten sich Adlige und Gelehrte aus nördlichen, weniger friedvollen Regionen zurückgezogen, wo sie an einer Schnittstelle zum indischen Kulturbereich lebten. Hier waren Kontakte zu buddhistischer Lehre und Lebensart Elemente des täglichen Lebens.[13]

Um 247 erreichte Kang Seng-hui die Stadt Jian-ye (Nanjing), die damalige Hauptstadt des Landes Wu in der heutigen Provinz Kiangsu, wo der Buddhismus bereits vor ihm durch die Aktivitäten des *upasaka* Zhi Qian bekannt wurde. Zhi Qian hatte jedoch bereits einige Jahre zuvor den Ort wieder verlassen. Die praktischen Aspekte der Missionierung durch Kang Seng-hui und seine Vorgänger können anhand der Sammlung *Gao-seng zhuan* («Biographien erhabener Mönche») studiert werden.[14]

Kang Seng-huis Eltern starben, als er knapp über zehn Jahre alt war. Nachdem er pietätvoll die Trauerzeit erfüllt hatte, «verließ er die Familie» und schloß sich einer Mönchsgemeinde an. Er war sehr kultiviert und verfügte über großes Wissen, da er fleißig studierte. Kang Seng-hui hat die Schriften des buddhistischen Kanons verstanden und sich zudem umfassend mit den sechs Klassikern des Konfuzianismus befaßt. Auch hat er die Astronomie, die Diagramme (z.B. des Buchs der Wandlungen) und die apokryphen Schriften studiert. So verstand er es auch, über die Regierungskunst zu diskutieren und sich literarisch zu betätigen.

Zu jener Zeit, sagt das *Gao-seng zhuan*, kontrollierte Sun Quan (229–252) weit nördlich das Gebiet Jiang-zuo (u.a. das heutige Kiangsu). Als der Buddhismus noch nicht verbreitet war, trat dort zuerst der *upasaka* (Laienanhänger) Zhi Qian auf, ein Indo-Skythe. Der Text wendet sich noch weiter der Vergangenheit zu und sagt, daß zur Zeit der Han-Kaiser Huan (147–167) und Ling (168–189) der Mönch Lokaksema auftrat, der eine große Zahl von *sûtren* übersetzte und verbreitete. Ein Mann namens Zhi Liang, der vor allem bei Lokaksema studiert hatte, wurde später dann Lehrmeister des Zhi Qian, als dieser das Land bereiste.

Diese sehr einfach anmutende Aussage beschreibt das Organisationsprinzip von Buddhismus (und Taoismus), nämlich die «Affiliation» von Lehrer und Schüler. Es gibt keine dogmatische und administrativ fixierte Lehrautorität neben der Autorität des Lehrmeisters, der als Abt eines Klosters fungieren mag. Eine weitere Standardaussage in solchen Biographien ist die Betonung von Bildung und Wissen, die stets als allumfassend beschrieben werden. Buddhistische Gelehrsamkeit wird nie ohne den Hinweis auf die Beherrschung der traditionellen literarischen Bildung dargestellt, was über den Werdegang der meisten dieser Prediger und Missionare viel aussagt.

Zhi Qian hat die *sûtren* studiert. Er wurde vertraut mit verbreiteten «Techniken und Künsten», vielleicht eine Anspielung auf seine Fertigkeit, Wunder zu wirken. Er soll sich auf die Sprachen von sechs Ländern verstanden haben. Als zum Ende der Herrschaft des Han-Kaisers Xian (190–220) Chaos im Land ausbrach, hat sich Zhi Qian im Gebiet von *Wu* versteckt. Sun Quan, der regionale Herrscher, der von seinem Genie und seiner Klugheit hörte, zitierte ihn an seinen Hof und war begeistert. Er erhob Zhi Qian in einen akademischen Rang und betraute ihn mit der Erziehung des Erbprinzen. Zhi Qian gab sein Bestes, wurde aber, weil er «dunkelhäutig und von ausländischer Art» war, nicht in den Annalen von *Wu* registriert.

Zhi Qian hat sich der Verbreitung des Buddhismus gewidmet, hatte aber Schwierigkeiten, da die *sûtren* in indischer Sprache verfaßt waren. Sprachlich versiert, sammelte und übersetzte er eine große Zahl von Texten. In den Jahren 222 bis 252/253 hat er 49 *sûtren* publiziert. Die Feinheit und sachliche Richtigkeit seiner Übersetzungen werden gelobt. Zu den Texten, die für ihn wichtig waren, gehörte z.B. das Amitayus-*sûtra*. Wir erfahren die Titel von Hymnen, die er verfaßte, und seiner Kommentare zu *sûtren*. Mit diesen Werken operierte Zhi Qian in der gehobenen Schicht des Staates *Wu*. Eine rechte Vertiefung im Lande soll der Buddhismus aber damals noch nicht gefunden haben. In dieser Situation befand Kang Seng-hui, daß die Gebiete südlich des Flusses Yang-zi jiang vom Buddhismus «bewegt» werden sollten. Er nahm seinen Wanderstab und machte sich auf den Weg nach Osten. Im Jahr 247 erreichte er *Jian-ye*, errichtete sich eine Klause und stellte in ihr eine Buddha-Statue auf. Hier praktizierte er die Zeremonie der «rituellen Umschreitung» der Statue. Damals sollen die Menschen im Staate *Wu* erstmals einen Mönch gesehen haben. Von seinem Äußeren konnte man nicht auf seine Lehre schließen, und so kam die Vorstellung auf, daß er ein häretischer Meister sei. Ein Beamter trat auf, der zu Sun Quan sagte: «Ein Fremder ist in unser Gebiet gekommen, der sich selbst als Mönch bezeichnet. Seine äußere Erscheinung aber ist ungewöhnlich, nicht wie bei uns üblich. Das sollte überprüft werden.» Sun Quan antwortete: «Früher hatte Kaiser Ming der Han-Dynastie von einer Gottheit geträumt, die sich Buddha nannte. Was diese Person da verbreitet, ist das nicht im Stil jener Gottheit?» Sodann ließ Sun Quan den Kang Seng-hui zu sich kommen und befragte ihn: «Was für magische Erweise haben Sie?» Kang Seng-hui antwortete: «Die Spuren des Buddha *Ru-lai fo* sind schon über 1000 Jahre alt. Seine hinterlassenen Knochenreliquien haben einen grenzenlosen Glanz. Früher ließ König Ashoka 84000 Pagoden errichten. Der Bau solcher Pagoden und Tempel diente dem Anzeigen der Präsenz von derartigen wunderwirksamen Hinterlassenschaften, den Reliquien des Buddha.» Sun Quan hielt dies für Prahlerei und sagte zu Kang Seng-hui: «Wenn Sie eine solche Reliquie beibringen können, dann werde ich für sie eine Pagode bauen lassen. Wenn das alles aber leere Worte sind, dann gibt es dafür eine höchst wirksame Strafe.»

Kang Seng-hui bat um sieben Tage Zeit und sagte zu seinem Gefolge: «Blüte und Verfall des Buddhismus liegen ganz in dieser Sache. Wenn wir nicht vollkommen seriös sind, wo werden wir enden?» Darauf reinigten sich alle und zogen sich in eine Meditationshalle zurück. Sie nahmen eine Bronzevase, stellten sie auf einen Tisch, zündeten Weihrauch an und sprachen Bittgebete. Nach sieben Tagen war es ruhig im Saal, keinerlei Resultat war erkennbar. Kang Seng-hui bat um eine zweite Siebentagefrist, die ebenso ergebnislos verstrich. Da sagte Sun Quan: «Das ist alles ein riesiger Betrug», und ließ Kang Seng-hui verhaften. Dieser bat um eine dritte Siebentagefrist, die gewährt wurde. Kang Seng-hui sprach zu seinen Religionsbrüdern über Konfuzius, der einmal gesagt hatte: «König *Wen* (der Zhou-Dynastie) ist zwar gestorben, aber ist denn seine Kultur nun nicht bei mir?» Wenn die magische Kraft des Buddha reagiert und auf uns herabkommt, wir alle dies aber nicht verspüren, wie sollten wir dann den Sanktionen des Königs (Sun Quan) gegenübertreten? Wir sollten uns mit einem Todesschwur auf diese (neue) Frist festlegen.»

Am Abend des siebten Tages nahmen sie immer noch nichts wahr. Jeder zitterte vor Schrecken. Als die fünfte Wache in der Nacht gekommen war, hörten sie plötzlich in der Vase einen metallenen Laut. Kang Seng-hui sah nach und fand eine Reliquie. Bei Morgengrauen präsentierte er sie Sun Quan, der den Hofstaat zusammentreten ließ, um die Reliquie zu begutachten. Ein Leuchten in den fünf Farben zeigte sich über der Vase. Sun Quan nahm sie und kippte ihren Inhalt in ein Bronzebecken. Dort wo die Reliquie hinfiel, zersprang das Becken. Sun Quan war gerührt und erkannte dies als besonderes Zeichen an.

Kang Seng-hui trat hervor und sagte: «Ist die spirituelle Macht dieser Reliquie wirklich nur in ihrer Leuchtkraft zu sehen? Auch das Feuer der *kalpa* (an einem Weltende) konnte sie nicht einäschern, auch Knüppel mit Diamanthärte konnten sie nicht zerschmettern.» Sun Quan ließ dies überprüfen. Kang Seng-hui beschwor die Reliquie mit folgenden Worten: «Die Wolken des Gesetzes des Buddhismus mögen sich über uns ausbreiten, und alle Lebenden mögen zu ihrer wohltuenden Wirkung aufschauen. So wünsche ich denn, daß diese Reliquie noch einen göttlichen Erweis herabsende, um für uns alle weithin ihre magische Macht zu zeigen.»

Man legte die Reliquie auf eine eiserne Unterlage und ließ einen Kraftmenschen darauf einschlagen, wobei die Unterlage nachgab, die Reliquie aber keinen Schaden nahm. Sun Quan war beeindruckt und ließ für diese Reliquie sogleich eine Pagode errichten. So wurde hier erstmals ein buddhistischer Tempel gebaut. Er bekam den Namen «Kloster der Etablierung des Beginns [des Buddhismus in *Wu*]» (*Jian-chu si*), und der Ort wurde «Weiler Buddha-Reliquie» genannt. Von da an florierte der Buddhismus weithin im Bereich südlich des Flusses Yang-zi jiang.

Als aber Sun Hao (264–280) an die Macht kam, erließ er die Order, daß schlechte Kulte abzuschaffen seien. Er dachte auch an die buddhistischen Tempel, denn er argumentierte: «Woher kommt es denn, daß sie so sehr in Blüte stehen? Wenn ihre Lehre wahr und richtig ist, wenn sie mit den Kodices des Heiligen (Konfuzius) übereinstimmt, dann sollte ich diese Lehre bewahren und annehmen. Wenn sie aber unrecht und unwirklich ist, dann sollten diese Tempel, wie alle anderen, verbrannt werden.» Seine Minister hielten dagegen: «Kraft und Macht des Buddha sind nicht gleich der anderer Gottheiten. Kang Seng-hui ließ ein Wunderzeichen erscheinen, und der große Kaiser (Sun Quan) ließ dafür einen Tempel bauen. Wenn man ihn leichtfertig zerstört, so sind Folgen zu befürchten.»

Sun Hao entsandte Chang Yu, den Tempel zu besuchen und Kang Seng-hui zu befragen. Unser Text beschreibt ausführlich die Begegnung dieser zwei gebildeten und beredten Gelehrten, als deren Ergebnis Chang Yu es aufgibt, Kang Seng-hui «beugen» zu wollen. Er kehrt zurück und berichtet dem Herrscher Sun Hao vom Genie des Buddhisten, um dann vorzuschlagen, daß der Herrscher selbst ein Gespräch mit ihm führe. Da ließ Sun Hao die Noblen des Hofes zusammenkommen und Kang Seng-hui mit einem Pferdewagen herbeiholen. Er befragte den Buddhisten: «Was die buddhistische Lehre dargelegt, das ist die Vergeltung für gute und schlechte Taten. Was hat es denn damit auf sich?» Kang Seng-hui erwiderte:

> Nun denn, es wird klargemacht, wenn ein Herrscher durch pietätvolles Verhalten und Mitgefühl [für die Wesen] alle Welt anleitet, dann geschieht es, daß rote und schwarze [Vögel] sich hoch oben fliegend zeigen und die Gestirne *lao-ren* erschei-

nen. Wenn Mitmenschlichkeit und Tugendhaftigkeit alle Wesen nähren, dann geschieht es, daß süße Quellen sprudeln und die feinsten Sprößlinge hervorkommen. Gutes Verhalten bringt denn wundersame Zeichen hervor, schlechtes Verhalten entsprechend andere. Daher ist es, daß von Dämonen ergriffen und vernichtet wird, wer im Verborgenen Schlechtes tut. Wer Schlechtes ganz offen ausübt, den ergreifen und vernichten die Menschen. Es ist leicht deutlich, daß sich durch die Anhäufung guter Taten ein unglaublicher Glücksvorteil ergibt. Wenn man durch Gedichte und Oden Glück ersuchen wollte, es könnte auf diese Weise nicht erlangt werden. Was also die Maßregeln gemäß den konfuzianischen Kodices sind, das sind denn die «erleuchteten Instruktionen» des Buddhismus.

Sun Hao antwortete: «Wenn also Konfuzius aus der Zhou-Zeit schon erleuchtet war, wozu sollte man sich dann noch der buddhistischen Lehre bedienen?» Kang Seng-hui beschied Sun Hao auf folgende Weise:

> Die Worte des Konfuzius beleuchten knapp, was in der Gegenwart vor uns liegt, was aber die Lehren der Buddhisten betrifft, sie sind vollkommen in ihrer äußersten Subtilität, sie sind dunkel und mysteriös. Wenn schlechte Verhaltensweisen und Taten verübt wurden, dann werden unendlich lange, bittere Leiden in den Höllen erfolgen. Wenn aber Gutes gepflegt und vollbracht wurde, dann wird es die Erfahrung unendlicher Freude in himmlischen Palästen geben. Ich bringe dies vor, um Sie zu ermutigen, aufzuhören [Tempel zerstören zu wollen]. Ist denn all dies nicht großartig?

Sun Hao ließ sich durch diese Worte nicht abhalten, und obwohl er von der wahren Lehre gehört hatte, gab er sich doch seiner gewalttätigen Natur hin. Als er später durch seine Garde im Hof der Frauengemächer eine vergoldete Buddhastatue hatte auffinden lassen, die dort in der Erde vergraben war, ließ er sie an einer Latrine aufstellen, um sie in Schmutz zu ertränken. Die Beamten hielten dies für einen großen Spaß.

Der Text schildert nun, wie Sun Hao qualvoll erkrankte, bis er seinen Fehler einsah, Reue übte und die Buddha-Figur im Palast ehrenvoll aufstellen ließ. Er bedachte Kang Seng-hui, der ihn in die Grundregeln des buddhistischen Lebens einwies, mit Belohnungen. Kang Seng-hui gelang es, sich in seiner Übersetzer- und Kommentatorentätigkeit und bei der Verbreitung des Buddhismus zu entfalten. Die «Biographien erhabener Mönche» nennen zahlreiche Texte, deren Edition auf Kang Seng-hui zurückgehen soll. Diese Überlieferung zeigt vor allem aber auch die Wunderwirksamkeit und Macht, die vom Buddhismus erwartet wurden.

Kang Seng-hui trat als Mönch auf, gelehrt und fremd zugleich. Gelehrsamkeit eröffnete den Eintritt zu den Kreisen des Hofs und zum Herrscher. Dies war stets die Voraussetzung für die Einrichtung und Verbreitung von Religionen, die realpolitischen Gegebenheiten entsprach. Missionare, und Kang Seng-hui war ein solcher, mußten beim Herrscher Akzeptanz finden. Traditionelle Literatenbildung war unabdingbar für den intellektuellen Austausch mit den maßgeblichen Beamten des Hofstabs. Nur von der Zentralverwaltung waren die Erlaubnis und die materielle Unterstützung für die Einrichtung von Tempeln und Pagoden zu erhalten sowie Privilegien wirtschaftlicher Art, wie die Freistellung von Steuern und vom Arbeitsdienst, die zur Führung von Klöstern nötig waren. Konnte der Schritt von einer lokalen und populären Verbreitung zur offiziellen Annahme als orthodoxer Kult nicht vollzogen werden, so verblieb ein Kult im Bereich des «Häretischen» und war der Unterdrückung ausgesetzt.

Die Diskussion des Sun Hao mit Kang Seng-hui zeigt die stets unmittelbare Beziehung zum älteren kulturellen Rahmen. Kang Seng-hui legt offen, daß Konfuzianismus und Buddhismus dieselben moralischen Forderungen an den Herrscher stellen. Die konfuzianischen Tugenden «Mitmenschlichkeit» und «Pietät» münden in buddhistischer Interpretation in «gute Taten». Im konfuzianischen Sinne «Gutes tun» zeitigt im Buddhismus eine religiöse Qualität, nämlich die positive «Vergeltung». Im Diskurs des Kang Seng-hui spielt jene Vorstellung eine wichtige Rolle, wonach auf ein gutes Leben mit guten Taten die Belohnung himmlischer Freuden erfolge, während der Böse, und das könnte natürlich auch ein Herrscher sein, mit grauenhaften Höllenstrafen bedacht werde. Vollstrecker der Vergeltung seien unter den Menschen eben die Menschen selbst, im jenseitigen Leben aber, unter den Seelen, seien es die Dämonen, die Bestrafungen vollziehen. Hervorragend wichtig und neu im Sinne einer religiösen Aussage in dieser Geschichte des Kang Seng-hui ist die «Vergeltung» der Taten. Dennoch, «Vergeltung» an sich ist ein dem chinesischen Denken vertrauter Mechanismus, der unter dem vom Taoismus vertieften Begriff *gan-ying* («wechselseitige Einwirkung und Reaktion») bekannt war. Was sich für den Taoisten im interaktiven Leben der Natur zeigt, das erhält im Buddhismus eine neue religiöse Konnotation.

Sun Hao, der an einer Stelle im Palast eine goldene Buddha-Figur ausgraben läßt und sie entweiht, wird durch Krankheit bestraft. Sie ist unheilbar, bis er seinen Fehler einsieht, bereut und sich dem Buddhismus nicht mehr verschließt. Diese sehr einfache inhaltliche Aussage des Buddhismus zur Vergeltung der Taten, die eine Hypothek im diesseitigen wie im jenseitigen Leben darstellen können, dürfte für die Allgemeinheit verständlich gewesen sein. Der Buddhismus war nicht nur eine literarische und intellektuelle Angelegenheit, er war auch eine religiöse neue Lebensform, deren Akzeptanz mit dem Nachweis der Verbindung zu den überlegenen göttlichen Kräften des Buddha zu sichern war. Wunderwirksamkeit aber war ein absolut unabdingbares Element, dessen Erwartung die Geschichte der experten Wunderwerker (*fang-shi*) und Taoisten vorgegeben hatte.

Das Wirken des Missionars An Shi-gao

An Qing oder auch An Shi-gao, Erbprinz des Königs von Parthien, hatte zugunsten einer religiösen Karriere seinen Thronanspruch aufgegeben und war, vielleicht als Flüchtling, im Jahre 148 in Lo-yang angekommen.[15] Zunächst werden im *Gao-seng zhuan* An Shi-gao ein starker Wille und die Entschlossenheit bescheinigt, intensiv zu studieren, weshalb er eine umfassende Bildung erlangte, die sich auch auf «fremdländische» Schriften bezog. Er soll in den medizinischen Künsten bewandert gewesen sein und sich bei «Vögeln und Vierbeinern» bestens ausgekannt haben. Als er einmal unterwegs war, habe er einen Schwarm Schwalben gesehen und seinen Begleitern erklärt, daß recht bald jemand auftauchen werde, der ihnen allen Essen anbieten wolle, was auch eintrat. Durch prognostische Fähigkeiten kam er in den «westlichen Regionen», vermutlich in Parthien, zu großem Ansehen.

Obwohl An Shi-gao zu Hause lebte, nahm er die Regeln der buddhistischen Disziplin an und war dabei sehr penibel. Nach dem Tod des Königs, seines Vaters, trat er zwar zunächst die Thronnachfolge an, befaßte sich aber innerlich mit «dem Leiden» und «der Leere» und verspürte eine Abneigung gegen materielle Güter. Nach der Trauerzeit übergab er sein Reich einem Onkel väterlicherseits. Sodann verließ er die Familie und widmete sich der «wahren Lehre» des Buddhismus. Er spezialisierte sich auf das *Abhidharma* (*A-bi-tan xue*), wobei nicht ganz klar ist, was zu diesem Zeitpunkt darunter verstanden wurde. Vermutlich handelte es sich um Texte mit speziellen Konzepten oder emblematischen Zahlensystemen. An Shi-gao rezitierte *sûtren* und beachtete ihre Weisungen. Schließlich machte er sich auf den Weg, die Lehre zu verbreiten. Er bereiste viele Länder, bis er zur Zeit des Han-Kaisers Huan (147–167) China erreichte. Seine Intelligenz waren derart hervorragend, daß er alles verstand, was er nur einmal gehört hatte. So gelang es ihm in kürzester Zeit, des Chinesischen mächtig zu werden. Daraufhin propagierte er all jene Schriften, die er aus dem Indischen in das Chinesische übersetzt hatte. Unser Text schildert die Schriften, die von ihm bearbeitet wurden. Es handelt sich insgesamt um 39 Titel, deren literarische Qualität und inhaltliche Stärke sehr gelobt wurden.

An Shi-gao sagte von sich, daß er in einem «früheren Leben» die Familie verlassen hatte, also Mönch gewesen war. Damals hatte er einen jähzornigen Mitstudenten, der sich vor allem beim Betteln um Almosengaben von seiner schlechten Seite zeigte. An Shi-gao ermahnte ihn 20 Jahre lang vergeblich, sich zu bessern. Als er sich von ihm verabschiedete, sagte er:

> Ich sollte nach Guang-zhou gehen, um eine Schuld aus einem früheren Leben abzutragen. Sie, Edler, sind sehr erleuchtet, was die Schriften betrifft, und stehen mir in Bildung und Eifer nicht nach. Aber von Natur aus sind Sie jähzornig, und so werden Sie nach dem Ende dieses ihres Lebens eine üble äußere Gestalt annehmen müssen. Wenn ich jedoch das Tao [der buddhistischen Lehre] erlange, dann werde ich Sie sicherlich erretten.

Als An Shi-gao in das Gebiet von Guang-zhou gelangte, verursachten Räuber und Diebe große Unruhen. Er begegnete einem jungen Mann, der sein Schwert mit den Worten zog: «Hab' ich Dich endlich!» An Shi-gao lachte und sagte: «Ich habe Sie in einem früheren Leben im Stich gelassen und komme nun von ferne, um diese Schuld einzulösen. Ihre Wut und ihr Zorn haben ihre Berechtigung aus jener Zeit.» Sodann hielt er ihm seine Kehle hin, um den Schwertstreich zu empfangen. Äußerlich zeigte er keinerlei Furcht. Der Räuber tötete ihn, und die Zuschauer am Wegesrand waren über dieses Ereignis zutiefst erschrocken. Seine Seele aber kam zurück in die Welt, und so wurde er als Erbprinz des Königs von Parthien wiedergeboren. Dieser Erbprinz ist also jener An Shi-gao, von dem die Biographie im *Gao-seng zhuan* handelt.

An Shi-gao reiste missionierend durch China und beendete sein Projekt der Verkündung der Schriften (*sûtren*) zum Ende der Herrschaft von Kaiser Ling-di (168–189). Damals herrschte Chaos in den Gebieten von *Guan-zhong* und *Lo-yang*, das sich bis in die Regionen südlich des Flusses Yang-zi jiang ausbreitete. An Shi-gao beschloß, dem Berg *Lu-shan* (in Kiangsi) einen Besuch abzustatten, um seinen «Mitschüler von früher zu erretten», wie er sagte. Er gelangte schließlich zum «Tempel am *Gong-ting*-See», in dem es seit alters eine Gottheit gab. Händler und Reisende auf Segelschiffen beteten zu ihr, da sie am Po-yang-See den Wind kontrollierte, den sie in eine nach oben und eine nach unten führende Strömung teilen konnte, je nach Wunsch oder Bedarf. Es hatte dort einmal einen Mann gegeben, der die Gottheit um Bambus aus dem Tempelbereich gebeten hatte und ihn sich einfach nahm, noch bevor die Zustimmung der Gottheit vorlag. Sein Boot kenterte, und der Bambus kehrte wieder auf seinen alten Standplatz zurück. Seitdem fürchteten die Schiffer diese Gottheit.

An Shi-gao reiste also zusammen mit einer Flotte von etwa 30 Schiffen, deren Besatzungen am Tempel ihre Opfer darbrachten und um Glück beteten. Die Gottheit ließ folgende Mitteilung kundgeben: «Auf einem Schiff befindet sich ein Mönch, und den sollt ihr zu mir heraufschicken.» Die Reisenden waren höchst erschrocken und baten An Shi-gao, in den Tempel zu gehen. Dort erfuhr er, daß die Gottheit früher mit ihm zusammen im Ausland gelebt hatte, und daß sie beide die Familie verlassen hatten, um die wahre Lehre zu studieren. Beim Betteln um Almosen war der damalige Mitschüler von An Shi-gao stets jähzornig. Als Vergeltung wurde er als Gottheit des Tempels am *Gong-ting*-See eingesetzt, dem ein Amtsbereich von 1000 Meilen im Umkreis zustand. Durch die von Besuchern in vielen Jahren gespendeten Opfergaben besaß er als Tempelgott inzwischen viele Wertgegenstände. Er erklärte dies An Shi-gao und sagte noch:

> Heute sehe ich meinen Mitschüler und kann die Trauer und die Freude, die ich empfinde, aussprechen. Meine Lebensspanne ist erschöpft, aber meine äußere häßliche Gestalt ist riesengroß geworden. Wenn ich hier an dieser Stelle meine Existenz aufgebe, dann verschmutze ich den Fluß *Chang-jiang* und den *Gong-ting*-See. Ich sollte mich hinüber in eine Marsch westlich des Berges *Lu-shan* begeben. Nachdem mein Körper zerstört ist, werde ich, so steht es zu befürchten, in eine Hölle stürzen. Ich besitze aber tausend Rollen feinster Seide und Wertgegenstände. Diese Objekte können verwendet werden, die [buddhistische] Lehre zu etablieren und eine Pagode zu bauen, um mir zu einer Wiedergeburt an einem guten Ort zu verhelfen.

An Shi-gao erklärte ihm, daß er gekommen sei, um ihn zu erretten. Er fragte, ob sein früherer Gefährte ihm denn nicht einmal seine Gestalt zeigen wolle. Dieser erwiderte, daß seine Gestalt häßlich und ungewöhnlich sei, so daß sich alle Menschen vor ihm fürchteten. Schließlich zeigte sich aber die Gottheit, indem sie ihren Kopf hervorstreckte, den Kopf einer Riesenschlange. Sie kam hervor und kroch zur Seite An Shi-gaos, der zu ihr auf Indisch sprach, Hymnen und *sûtren* rezitierte. Da vergoß die Schlange bittere Tränen und zog sich augenblicklich wieder zurück. An Shi-gao nahm die Wertgegenstände im Tempel und verabschiedete sich. Die Seeleute hißten ihre Segel, und die Schiffe erreichten bei günstigem Wind *Yu-zhang*. An Shi-gao verwendete die Gegenstände aus dem Tempel, um den sogenannten «Ost-Tempel» erbauen zu lassen.

Nach dem Fortgang von An Shi-gao fand das Leben jener Gottheit sein Ende. An jenem Abend aber, noch am Strand vor dem Tempel, kam ein junger Mann auf das Schiff, der sich lange vor An Shi-gao hinkniete. An Shi-gao übergab ihm Gebetsformeln und nahm seine Gelübde ab. Ganz plötzlich verschwand er. An Shi-gao erklärte den Leuten auf dem Schiff, daß jener junge

Mann die Gottheit vom Tempel am *Gong-ting*-See war, die es geschafft hatte, ihre häßliche Gestalt abzulegen. In der Folge gab es auf dem See auch keine magischen Erweise der Macht jener Gottheit mehr, die eben aufgehört hatte zu sein. Später entdeckten Leute in der Marsch westlich des Berges *Lu-shan* eine tote Python, deren Schwanz mehrere Meilen maß. «Heute befindet sich dort der Ort Schlangendorf.»

An Shi-gao gelangte anschließend wiederum nach Guang-zhou, wo er jenen jungen Mann suchte, der ihm in seinem früheren Leben geschadet hatte. Zu jener Zeit lebte der junge Mann noch, und An Shi-gao fand dessen Familie. Er erzählte die Geschichte von der Ablösung seiner Schuld aus einer früheren Zeit und sprach von der Bedeutung der Ursächlichkeit der früheren Existenzen. Schließlich sagte An Shi-gao, daß immer noch eine weitere Vergeltung auf ihn warte und er nach Kuai-ji gehen wolle, um sie einzulösen. Sein Gesprächspartner in Guang-zhou, eben jener junge Mann, erkannte, daß An Shi-gao kein gewöhnlicher Mann war, und empfand Reue über seine frühere Missetat. Zusammen reiste er mit An Shi-gao nach Kuai-ji, wo auf dem Markt ein Schläger An Shi-gao so schwer am Kopf verletzte, daß er sofort verschied. Sein Begleiter aus Guang-zhou, der nacheinander diese zwei Vorgänge der Vergeltung und Wiedergeburt erfahren hatte, widmete sich ganz der Lehre des Buddha, predigte weithin von diesen Ereignissen und vor allem von der Bedeutung der Ursächlichkeit, die sich über drei Generationen hinweg bewahrheiten kann.

Soweit die Geschichte des An Shi-gao, zu der die Sammlung *Gao-seng zhuan* einen langen Nachtrag enthält. Hier werden die vielen widersprüchlichen Quellen zum Leben und Wirken An Shi-gaos verglichen und aufgrund historischer Daten als falsch erwiesen. An Shi-gao war sicher eine höchst bewunderte Gestalt der Frühgeschichte des Buddhismus. Weil er königlichen Geblüts gewesen sei, heißt es, wurde er überall «Herzog An» genannt. Die indischen Länder nennen ihre Schriften «himmlische Schriften», erläutert das *Gao-seng zhuan*, und ihre Sprache gelte als «himmlische Sprache». Ihr Klang und ihre Instruktionen sind «schlau und schwierig», ganz anders als Chinesisch. Die früheren und auch die späteren Überlieferer und Übersetzer hätten vielfache Irrtümer begangen. Nur die von An Shi-gao herausgegebenen Schriften sind unter all den anderen Übersetzungen erstklassig.

Dieser Darstellung entnehmen wir weitere Themen, die für die Entwicklung des Buddhismus große Bedeutung haben. Die literarische Bildung An Shi-gaos ist zunächst wieder ein hervorragendes Thema, verbunden mit seiner Editionstätigkeit. Dieses Thema ließ sich auch schon für Kang Seng-hui zeigen und ist für die Frühgeschichte des Buddhismus vielfach wiederholbar. Die Buddhisten machten den Konfuzianern ihr Bildungsmonopol streitig, wobei die Taoisten, immer schon mit einem eigenen Bildungsanspruch, gleichzuziehen suchten. Durch die Popularisierung buddhistischer *sûtren* und ihre Darstellung in klösterlichen Gemeinschaften wurde literarische Bildung vermittelt, unabhängig von den Akademien und Hauslehrern der säkularen Elite. Darüber hinaus vertieft die Überlieferung zu An Shi-gao vor allem aber das Thema der *Wiedergeburt* und der *Vergeltung* guter und schlechter Taten. Diese Vorstellung berührte das einfache Volk ebenso wie den Herrscher, der durch seine Regierung im Sinne konfuzianischer Tugenden «Gutes anhäufen» kann, wodurch ihm im Jenseits «himmlische Freuden» zuteil werden können, während im negativen Falle Höllenstrafen und eine ungünstige Wiedergeburt drohen. Himmelshallen und Höllenstrafen, Wiedergeburt und eine klar religiös ausgelegte Abrechnung waren zentrale Aussagen, welche die individuelle Verantwortlichkeit für Handeln und Lebenswandel bedeuteten. Die Biographie des An Shi-gao ist so angelegt, daß genau diese Grundaussagen, die eine deutliche Erweiterung und einen Unterschied zum System des Konfuzianismus ausmachen, eindringlich illustriert werden. Höllenbilder und Paradiesdarstellungen in Tempeln vermitteln bis heute eine rudimentäre religiöse Erziehung in diesem Sinne.

Der Kult am Berg *Lu-shan* ist eine vielsagende Überlieferung in der Geschichte der buddhistischen Missionierung. Hier existierte zunächst ein gut besuchter Tempel, der mit der Schiffahrt auf dem *Gong-ting*-See (*Po-yang*-See) verbunden war. An Shi-gao gelang es, diesen Kult auszuschalten und die Gottheit als «häßliche» Inkarnation eines Mitschülers aus seinem früheren Leben darzustellen. Die in Szene gesetzte Errettung oder Ablösung der häßlichen Inkarnation jenes Mitschülers durch die Erscheinung des frommen jungen Mannes bedeutete nicht nur das Ende eines populären Kults, sondern eben auch den Anfang eines neuen buddhistischen Kults. Er wurde durch die Übernahme der materiellen Ausstattung (Votivgaben) jenes abgelösten Kultes eingerichtet. Die Integration lokaler Kulte in Buddhismus und Taoismus war ein Vorgang, der sich zu allen Zeiten der chinesischen Geschichte und im ganzen Land immer wieder abspielte. Die gezeigten fundamentalen Lehraussagen des Buddhismus dürften für die Mehrheit der Anhänger An Shi-gaos durchaus den Kern der Sache ausgemacht haben.

Für diese Eindringlichkeit von Wundern und persönlichem Opfer, getragen von dem schlichten und unerschütterlichen Glauben an den buddhistischen Lebensweg, den Kang Seng-hui und An Shi-gao vorlebten, präsentiert das didaktische «*Sûtra* in zweiundvierzig Abschnitten» (T 784, *Si-shi-er zhang jing*) den inhaltlichen Hintergrund. Dieser Text soll das älteste buddhistische Werk in chinesischer Sprache sein. Die Geschichte des *sûtra* ist legendär, soll es doch von Kasyapa Matanga und Dharmaratna, zwei indischen Missionaren, im Zuge einer Gesandtschaft in den Jahren 64–67 zu Kaiser Han Ming-di gebracht und dann übersetzt worden sein.[16]

Es ist nicht sicher, ob der Text, zu dem verschiedene Versionen vorliegen, wirklich die Übersetzung eines einheitlichen fremdsprachlichen Textes darstellt, oder ob es sich um eine Collage aus verschiedenen Textteilen handelt. Das *sûtra* dürfte aber, in welcher Form auch immer, schon zur Zeit der beiden Missionare Kang Seng-hui und An Shi-gao bekannt gewesen sein. Diese Schrift konzentriert sich inhaltlich auf die Absage an emotionale und soziale Beziehungen, auf die Erkenntnis der Nichtigkeit und Leere allen weltlichen Seins und die Verantwortlichkeit für das eigene Geschick, das in einen kosmischen Kreislauf der Existenzen eingebunden ist. Der Text zeigt auch, wie dieser Kreislauf der Existenzen durch den buddhistischen Lebensweg verlassen werden kann.[17] Diese Grundpositionen charakterisieren den Buddhismus von Anfang an und immerwährend. Einzelne Aspekte dieser Positionen wurden im Lauf der Geschichte hervorgehoben und mit neuen Schriften und Interpretationen verbunden, die zur Bildung von Schulen um hervorragende Mönche führten.

Die buddhistischen Schulen Tian-tai, Chan, Jing-tu und der Lamaismus

Die Biographien von Kang Seng-hui und An Shi-gao zeigen die Anlage zu einer neuen Lebensform und einem neuen Lebensweg. Er war von der Annahme der Nichtigkeit der Welt bestimmt sowie von den Konzepten der Wiedergeburt und der transzendenten Vergeltung der Handlungen des Menschen. Zu diesen Themen hat sich rasch ein umfangreiches Schrifttum entwickelt. Das fundamentale Aussagen vermittelnde und voranstehend genannte *Si-shi-er zhang jing* ist sicherlich eine historisch bedeutsame Quelle, war aber keine zentrale «heilige Schrift». Es ist überhaupt zu bezweifeln, daß für den Buddhismus irgendein *sûtra* als verbindliche zentrale «heilige Schrift» angenommen werden kann, da diese Qualität praktisch allen «Worten Buddhas» zugebilligt wird.

Die Entwicklung des Buddhismus war also getragen von Persönlichkeiten, die einzelne Schriften und ihre eigenen Interpretationen in das Zentrum ihrer Lehrtätigkeit stellten. Auf dieser Basis entwickelten sich in Klöstern regionale Zentren buddhistischer Gelehrsamkeit und Frömmigkeit. Das wohl wichtigste Konzept war die «Erleuchtung», die den Menschen aus den Fesseln dieser Welt befreien soll. Doch wie wurde sie erreicht? Das «Verlassen der Familie» war sicher nicht alles, wie das Beispiel im 33. Abschnitt des *Si-shi-er zhang jing* zeigt:

> Ein Mönch rezitierte nachts ein *sûtra*, wobei er sehr bedrückt klang. Innerlich wurde er von Zweifeln geplagt, ob er in den Laienstand zurückkehren solle. Buddha rief ihn zu sich und befragte ihn nach seinen früheren Tätigkeiten zu Hause. Der Mönch gab an, daß er zu Hause gewöhnlich das *Qin*-Instrument spielte. Im Gespräch wird geklärt, daß der Zustand der Saiten nicht zu schlaff und nicht zu straff sein müsse, um die gewünschte Musik erzeugen zu können. Dies dient als Vergleich für den Mönch, der sich um das Studium des rechten Weges bemühen sollte. Wenn der Geist wohlgestimmt und in guter Verfassung ist, dann kann der rechte Weg erreicht werden.

Hier steht die Frage im Hintergrund, wie Geist, Willen, Wollen und Denken beschaffen sind. Was sind die geistigen Bedingungen, um den «rechten Weg» zu beschreiten oder überhaupt zu erreichen? Wie steht es mit der Erkenntnis von Leben und Tod, speziell aber mit der Erkenntnis der eigenen Person und der Wahrnehmung des eigenen «Ich»?

Als historische Entwicklung und Ergebnis des Studiums dieser und verwandter Fragen entstanden Schulrichtungen, wie der *Tian-tai*-Meditations-Buddhismus, der durch den Mönch Hui-wen gegründet wurde. Hui-wen lebte unter der Nördlichen Qi-Dynastie und verstarb im Jahr 550. Regionale Basis der von ihm begründeten Schule wurde das *Tian-tai*-Gebirge unweit der Stadt Hangzhou, daher der Name der Schule. Seit der Tang-Zeit trat dieser Meditations-Buddhismus weithin in Erscheinung, um im 9. Jahrhundert auch in Japan als *Tendai*-Schule Fuß zu fassen. Das *Tian-tai*-Gebirge zog mit seinen Klöstern Gelehrte aus dem ganzen Land an, die literarisch produktiv die spezifische *Tian-tai*-Lehre weiterentwickelten.[18] Diese Schule gründet sich auf *sûtren*, welche alle als Worte Buddhas verstanden und angenommen werden. Hervorragende Wertschätzung erfahren aber vor allem das «*Sûtra* des Lotos der wahren Lehre» (T 262) und das «*Sûtra* des großen Erlöschens» (T 374, 375), wobei zum erstgenannten Text eine Übersetzung von Kumarajiva (384–417) aus der Östlichen Jin-Dynastie vorlag.[19] Als oberstes Ziel steht vor Augen, daß die Bemühungen um die eigene Persönlichkeit mit ihren geistigen und sinnlichen Funktionen zur individuellen, eigenen Buddhaschaft führen sollen, das heißt also, zu einem abstrakten Sein jenseits dieser Welt und der Zyklen von Wiedergeburten. Nur wenige Ausführungen können zeigen, wie in der *Tian-tai*-Schule argumentiert und gedacht wurde. Ausgehend von einer als sublimiert beschriebenen Gestalt des Buddha Shakyamuni, der selbst die Erleuchtung verkörpern soll, wird im *Tian-tai*-Buddhismus gesehen,

> daß Buddha nicht in der Vergangenheit starb, noch einer Wiedergeburt in der Zukunft bedarf, sondern von Ewigkeit zu Ewigkeit existiert. Sein Geist enthält alle Phänomene in Zeit und Raum. Sein Wesen ist Einheit, und es gibt nichts außer ihm. Daher ist die gegenwärtige Welt Buddhas Welt; der menschliche Körper ist Buddhas Körper; die uns in Sinnlichkeit und Sündhaftigkeit verstrickenden Leidenschaften sind

> Erleuchtung. Die Wolken der Unwissenheit und irdischen Wünsche, die unseren Geist bedecken, brauchen nur vertrieben zu werden, und die Erleuchtung, die sich in unserem Geist verbirgt, wird zum Vorschein kommen. Denn wir selbst und alle Lebewesen sind bereits Buddha in latentem Zustand; wir könnten nie de facto Buddha werden, wenn die Buddhaschaft nicht schon in uns wäre.[20]

Dieses Grundkonzept, das Verbreitung und allgemeine Annahme erlangte, wurde mit vielen anderen *sûtren* belegt, erklärend in praktische Aspekte der Meditation aufgefächert und im Klosterleben umgesetzt. Die zentrale Figur der beiden genannten Schriften ist Buddha Shakyamuni. Der frühe Meister Zhi-yi (538–597), der «Große Meister vom *Tian-tai*» und Schüler des zweiten Patriarchen Hui-si (515–577), verehrte auch den Buddha Amitabha. Er hoffte, nach seinem Tod im «Westlichen Paradies» des Amitabha wiedergeboren zu werden. Zhi-yi kombinierte das Lotos-*sûtra* mit zwei anderen *sûtren*, nämlich dem «*Sûtra* der unermeßlichen Bedeutungen» (T 276) und dem «*Sûtra* betreffend die Methode der Meditation über den Bodhisattva Samantabhadra» (T 277). Amitabha, Shakyamuni und all die anderen Namen von Buddhas und Bodhisattvas galten als Ausdruck der Realitäten und der Epochen einer unermeßlichen Einheit des Universums.[21]

Ganz auf dieser Linie liegt im Ansatz der meditative *Chan*-Buddhismus, der unter dem japanischen Namen *Zen* allgemein bekannt ist. *Chan* verweist auf eines der Mittel zur Erreichung des Nirvana, des Zustands jenseits aller uns greifbarer Existenz. Meditation (*dhyana*) wird in dieser Schule als das wesentliche Mittel der Erlösung angesehen. Ein besonderer Vorteil dieses Weges scheint zu sein, daß auf ein langwieriges und mühsames Studium der *sûtren* verzichtet werden kann. Meditation und die «plötzliche Erleuchtung» oder «Erkenntnis» stellen den unmittelbaren Weg zum Erfolg dar, der sich aber nur nach Phasen der Vorbereitung einstellen werde. Ein Streitpunkt in der *Chan*-Schule ist die Gestaltung dieses Weges und seiner einzelnen Phasen oder aber die eventuelle Freiheit von gestuften Phasen und vorbereitenden Erfolgen.

Als Gründer dieser Schule und erster Patriarch gilt Bodhidharma, der Ende des 5. oder Anfang des 6. Jahrhunderts aus Südindien über den Seeweg nach China kam. Seine Gestalt, er soll in Indien der 28. Patriarch einer buddhistischen Traditionslinie sein, ist sagenumwoben. Tatsache ist, daß die von ihm vertretene Lehre mit den taoistischen und philosophischen Ideen von der «ursprünglichen Leere» und von der Bedeutung der transzendenten Prinzipien einen Hintergrund vorfand, von dem ausgehend bereits vor Bodhidharma einzelne chinesische Mönche ganz verwandte Vorstellungen vertraten.

Seng-zhao (384–414), vertraut mit den Schriften *Zhuang-zis*, *Lao-zis* und den Texten der philosophischen Neotaoisten seiner Zeit, war Schüler des berühmten Übersetzers Kumarajiva in der Hauptstadt Changan in Nordchina. Er verstand das Streben des Buddhisten als Suche nach einer höchsten Wahrheit, die er in einer inneren «Schau» ergreift. Sie «ist nicht in den Worten der Textbücher, sonder liegt hinter den Worten. Sie kann nicht gelernt, sondern muß erfahren werden. In Augenblicken einer ekstatischen Annahme des Lebens wird sie entdeckt.»[22] Seng-zhao wird bekannt durch sein «Traktat über *Prajna* [Buddha-Wissen] als Nicht-Wissen». Ein von ihm gezielt verwendeter Vergleich spricht vom Geist des Menschen als einem Spiegel. Der «vollkommene Mensch gebraucht seinen Geist wie einen Spiegel», denn die Weisheit würde einem Spiegel gleich alle Dinge reflektieren. Die Nähe zur späteren *Chan*-Schule liegt in seiner Konzentration auf die unmittelbare, erlebte Erfassung der vollkommenen Wahrheit. Dieser Vorgang macht die Verwendung von Paradoxen als Ausdruck des Unaussprechlichen erforderlich. Die angestrebte Erfassung der vollkommenen Wahrheit aber ist das endgültige Ziel, an dem alle Bemühungen zusammenlaufen sollen, wie verschieden die Wege auch sein mögen.[23]

Ein weiterer Schüler Kumarajivas in Changan war Dao-sheng (etwa 360–434), der wohl erstmals explizit die Plötzlichkeit der Erleuchtung lehrte, wobei sich ein taoistischer Hintergrund bemerkbar macht. «Buddha» wird mit dem Tao, dem kosmischen Gesetz, identifiziert, das als absolute Kraft auch das Menschenleben bestimmt. Alle Menschen und Lebewesen tragen daher in sich die *Buddhanatur*. Theoretisch wäre es demnach möglich, daß auch Nichtbuddhisten die Buddhaschaft erlangen. Die Plötzlichkeit der Erleuchtung fand nicht nur Befürworter, gab es doch auch in buddhistischen Schriften, so im Lotos-*sûtra*, das Konzept eines gestuften Aufstiegs zu Erkenntnis und Erleuchtung. Ein anderer Schüler Kumarajivas, Hui-guan (gest. 443?), verfaßte ein Traktat von der siebenfach gestuften Erleuchtung in fünf Perioden. Alle diese gegensätzlichen Modelle wurden aus verschiedenen *sûtren* abgeleitet und entwickelt, wobei die Schriften des «kleinen Fahrzeugs» (*Hinayana*) und des «großen Fahrzeugs» (*Mahayana*) unterschiedslos aufgenommen wurden. Kurz gesagt, das erstgenannte «Fahrzeug» kann mit der individuellen Erleuchtung und Errettung verbunden werden, letzteres mit der Errettung der «Wesen» und der Allgemeinheit. Selbstverständlich hat es um alle diese Positionen Kontroversen und Auseinandersetzungen zwischen gelehrten Mönchen gegeben, wobei stets den *sûtren* eine hervorragende Wertschätzung zukam. Alle Interpretationen gründeten auf der Tätigkeit der Übersetzer, was zwangsläufig mit einer selektiven Auslegung und Weiterentwicklung verbunden war.

In der Geschichte des *Chan*-Buddhismus kann keine direkte Linie zwischen Tao-sheng und Bodhidharma hergestellt werden. Dao-sheng begründete keine eigene Schule. Sicherlich aber hatte er eine vorbereitende Wirkung, welche der Lehre des Bodhidharma den Weg ebnete. Bodhidharma soll, in China angekommen, dem Gründer der Liang-Dynastie, Kaiser Wu-ti (502–550), begegnet sein und ihm die Sinnlosigkeit der Einrichtung buddhistischer Tempel und der Rezitation von *sûtren* unverblümt eröffnet haben. Er habe auf einem Schilfrohr den Fluß Yang-zi überquert, um dann neun Jahre in einem Kloster vor einer Wand zu sitzen, bis ihm die Beine abfaulten. Das Patriarchat der *Chan*-Schule übergab er seinem Schüler Hui-ke. Vielleicht ist seine Lehre, die sich mit der des Dao-sheng verbinden läßt, durch den folgenden wohl späteren Vers beschrieben:

> Eine besondere Überlieferung außerhalb der Schriften,
> unabhängig von Wort und Schriftzeichen:
> Unmittelbar des Menschen Herz zeigen,
> die (eigene) Natur schauen und Buddha werden.[24]

Dieser letzte Satz ist bereits aus dem Abschnitt über den *Quanzhen*-Taoismus bekannt, was auf die gewaltige Verbreitung und Attraktivität der Idee einer individuellen, asketischen und hoch abstrakten Kultivierung des Geistes verweist, die letztlich zur individuellen Wandlung und Erleuchtung führen soll. Der *Chan*-Buddhismus bietet einen Weg an, der ohne langwieriges Studium von *sûtren* auskommen will. Dieser Weg wurde aber von Gelehrten entwickelt, die Jahre ihres Lebens mit dem Studium der buddhistischen Schriften verbracht hatten und von ihnen ausgehend dieses neue Ufer erreichten. Wo aber ist hier das Element des Religiösen zu finden, jenseits der individuellen, intellektuellen Erfüllung? Die individuelle «Erwartung von Heil und Hilfe» beinhaltet das Wissen um eine Transzendenz, an der die Menschen teilhaben. Der Buddhismus bietet, ähnlich dem Taoismus, ganz verschiedene Wege an, wobei die *Chan*-Schule sicher als elitär bezeichnet werden kann.

Zur selben Zeit, in der Tao-sheng seine Vorstellungen von der plötzlichen Erkenntnis formulierte, entstand am Berg *Lu-shan* die «Gesellschaft des weißen Lotus». Sie hatte die Errettung aller Menschen durch wechselseitige Mithilfe zum Ziel. Dao-sheng trifft am Berg *Lu-shan* auf den dort bestimmenden, gelehrten Mönch Shi Hui-yuan (334–417), der mit dem Kult um Buddha Amitabha und dessen «westliches Paradies» die Grundlagen für die «Schule vom reinen Land» (*Jing-tu*) legen sollte. Tao-sheng kann sich ihm nicht anschließen, da er weder an das westliche Paradies des Amitabha glaubt, noch den Bildern und Worten den Wahrheitsgehalt zubilligen kann, der von Shih Hui-yuan angenommen wird. Durch das Element der angestrebten und behaupteten Errettung aller Menschen und die religiös ansprechenden, praktischen Ansätze des Shi Hui-yuan sollte sich die spätere Schule *Jing-tu* zu einer Form des religiösen Buddhismus entwikkeln, die bis heute die Massen erfaßt und all die anderen Schulen zu überlagern scheint.

Die den Laienbuddhismus in seiner ganzen Breite prägende «Schule vom reinen Land» (*Jing-tu*) und der intellektuell anspruchsvolle, individualisierende *Chan*-Buddhismus sind die beiden großen Möglichkeiten, die seit Jahrhunderten den Buddhismus bestimmen. Es ist aber die Schule *Jing-tu*, in der wir vornehmlich das Moment des eigentlich Religiösen erkennen, das auch die Bedürfnisse des Volkes, ohne philosophischen und literarischen Hintergrund, erfüllen konnte. Hier tritt anstelle von Philosophie und Textauslegung das buddhistisch fromme Leben und die integre Lebensführung. Die temporäre Teilnahme am Tempelleben mit seinen Rezitations- und Andachtszusammenkünften, mit Spenden für den Unterhalt von Mönchs- und Nonnenklöstern, der Verzicht auf Fleischspeisen, vielfältige karitative Tätigkeiten boten und bieten mannigfache Möglichkeiten religiösen Lebens und der individuellen Versicherung transzendenter Verdienste. Vor diesem Hintergrund verliert jede bewußte Erklärung der Zugehörigkeit zu dieser oder jener Schule ihre Wichtigkeit. Wenn wir von Mönchen späterer Epochen in den Schulen *Jing-tu*, *Tian-tai* oder *Chan* sprechen, so sollten wir die Schulbezeichnungen als losen Rahmen verstehen, den eine fast uferlose Facette an internen Richtungen und theoretischen Modellen der Interpretation ausfüllt. Indem sich Schüler oder Novizen um gelehrte Mönche scharten, entwickelten sich eben Traditionslinien in der Art und Weise, wie wir dies bei der taoistischen *Quan-zhen*-Schule gesehen hatten. Die internen Formen der Weitergabe religiösen Wissens und praktischer, ritueller Formen unterlagen in Buddhismus und Taoismus ähnlichen Mustern. Diese Traditionsformen haben sich bis in die Gegenwart erhalten, verbunden mit der Produktion eines gewaltigen Schrifttums, das neben exegetischen Texten auch historische Dokumentationen, wie zum Beispiel die Sammlungen von Mönchsbiographien, enthält.[25]

Das äußere Erscheinungsbild des Buddhismus war von Anfang an durch ausländische Missionare geprägt und durch politische Interessen und Wechselbeziehungen zu fremden Völkern in der unmittelbaren Nachbarschaft mit bestimmt. Dies gilt nicht nur für die frühen Epochen, für die Zeiten des Zerfalls des Reiches in Einzelstaaten im Norden und im Süden (*Nan-bei chao*, 420–589). Augenfällig wird dieser äußere Einfluß am späten Wirken des tibetischen Buddhismus (Lamaismus) in China, für den der Begriff «Gelbe Sekte» (*Huang-chiao*) geläufig ist.

Tibet selbst wurde wohl erst seit dem späten 7. Jahrhundert von Indien aus für den Buddhismus gewonnen, wobei zunächst ein erheblicher Widerstand der einheimischen Schamanen zu überwinden war. Im 8. Jahrhundert wurden die ersten Tempel gebaut und einheimische Mönche gewonnen. Nach Rückschlägen durch ein Erstarken von Kräften, die sich am Schamanentum orientierten, bildeten sich im 10.–13. Jahrhundert verschiedene Gruppierungen, die als «Sekten» bezeichnet und durch Farbsymbole identifiziert werden. So spricht man von einer «Roten Sekte» und

Abb. 4: Die zentrale «Flaschenpagode» befindet sich im Hochtal des Wu-tai shan, einem Zentrum des Lamaismus. Der Wu-tai shan ist der heilige Berg des Buddha Manjusri.

einer «Bunten Sekte», deren Stammkloster Shakya westlich von Lhasa liegt. Von dieser Gruppe gingen im 12. Jahrhundert Missionsversuche bei den Mongolen aus, die damals an politischer Macht gewannen. Die Mongolen eroberten China, wo sie die Yuan-Dynastie (1271–1368) begründeten. Im 14. und 15. Jahrhundert führten die Reformationen des Tsonghapa (1357–1419) zu einer neuen Schule, der «Gelben Sekte» (*Huang-chiao*).[26] Das Gelb der Kopfbedeckung führte zu dieser Bezeichnung, die schließlich ohne Unterschied auf die Gesamtheit des tibetischen Buddhismus oder Lamaismus angewandt wurde. Der oberste Führer dieser Gruppe galt jeweils als Wiedergeburt, die seit dem 16. Jahrhundert den Titel *Dalai Lama* trägt.

Durch tibetische Mönche und Gelehrte faßte der Lamaismus von Westtibet aus in China Fuß. Speziell seit der mongolischen Yuan-Dynastie aber erlangten tibetische Mönche erheblichen Einfluß auf Staat und Gesellschaft. Das Gewicht des Lamaismus verlor sich nicht mit dem Fall der Yuan und der Einrichtung der neuen «nationalen» Ming-Dynastie (1368–1644). Kaiser Yung-le

(1403–1424) war ein engagierter Schutzherr des Lamaismus, der, wie unter der Yuan-Dynastie üblich, an Mönche dieser Richtung grandiose Titel verlieh, vergleichbar weltlichen Adelstiteln, die teils mit realen Lehen verbunden waren. Kaiser Wu-zong (1506–1521) war vollkommen vom tibetischen Buddhismus eingenommen. Er verlieh sich selbst den Titel «Dharma König der großen Glückseligkeit», trat gelegentlich in der Robe eines lamaistischen Mönchs auf und dozierte über den Buddhismus.[27] Die Hinneigung zum Lamaismus war auch den Mandschu-Herrschern der Qing-Dynastie (1644–1911) eigen. Gewaltige Klöster in Peking sollten das politische Gewicht der tibetischen Kirche balancieren und sie in die Pflicht nehmen. Persönlich waren die Qing-Herrscher dem Lamaismus sicher unter ganz verschiedenen Perspektiven verbunden. Die ursprünglich vom Schamanentum geprägten Kulturen der Tibeter und Mongolen haben den Buddhismus in ihren Bereichen mit mystischen und orgiastischen Elementen angereichert, die dem chinesischen Buddhismus fremd waren, aber die Herrscher der Mongolen- und Mandschu-Dynastien ansprachen. Im Lamaismus steht das Mönchsleben im Vordergrund, dem die Realisierung des Buddhismus vorbehalten bleibt. Er basiert auf dem Mönchsgesetz, welches das Leben der Mönche gemäß indischen *Hinayana*-Schriften in allen Phasen und Einzelheiten regelt. Philosophische Grundkonzepte des Lamaismus gründen sich aber auf *Mahayana*-Schriften und erläutern die «Leere allen Seins». Die uns wahrnehmbaren Erscheinungen seien entweder nichtig oder aber vor und in unserem geistigen Bewußtsein erst geschaffen worden.[28]

Offenkundig handelt es sich um eine abstrakte Schau des Seins, was sich in philosophischen Exkursen niederschlägt und in einem umfangreichen Schrifttum dokumentiert wird. Diesem abstrakten Denken steht das auf Erden zu realisierende Bodhisattva-Ideal gegenüber, eine im chinesischen Buddhismus ebenfalls hoch geschätzte Vorstellung.[29] Der Bodhisattva verzichtet auf die Erlösung, nachdem er die endgültige Erkenntnis und Erleuchtung erlangt hat, um auf Erden den noch nicht erlösten und erleuchteten Mitmenschen zu helfen, den Heilsweg zu erreichen. Tätiges Engagement, Mitleid und Liebe sind notwendig. Die Vereinigung dieser beiden offenkundig gegensätzlichen Aspekte, hier die absolute Leere, dort die mitleidige Hilfe und Liebe, vollzieht sich in der «vollkommenen Erkenntnis».

Abb. 5: Der «Goldpavillon» (rechts im Vordergrund) im Hochtal des Wu-tai shan (Provinz Shansi) besteht vollkommen aus Bronze. Seinen Namen hat er von der Feuervergoldung der Wände, von der deutliche Spuren erhalten sind. Die riesige Tempelbibliothek im Hintergrund verweist auf die Gelehrsamkeit, die an diesem Ort gepflegt wurde.

Praktisch wird dies in den mystischen Ritualen des tibetischen Buddhismus verwirklicht, die ihren Ausdruck auch in entsprechenden Texten finden. In magischen Riten soll alles Denken überstiegen werden, was äußerlich z. B. in den Rezitationen magischer Silben, in Opferriten und rituellen Tänzen ausgedrückt wird und so auch in der rituellen Musik vernehmbar wird. Diese Anlagen verbanden sich mit Elementen des Volksglaubens, der von Dämonen und einem gewaltigen Pantheon göttlicher Kräfte bestimmt war.[30] In China wurde die Aura des geheimnisvoll Magischen sicherlich von dieser Form des Buddhismus in höchstem Maße ausgestrahlt. Tibetische Mönche waren, ebenso wie chinesische Mönche anderer Schulen, mit Mitteln der Medizin vertraut und erwarben sich im Volk Achtung durch ihre Tätigkeit als Helfer und Heiler. Der religiöse Heilsweg aber, den die Volksmassen in China zu beschreiten suchten, war weit weniger esoterisch, exklusiv und rituell geheimnisvoll als die Wege der «Gelben Sekte».

Der chinesische Heilsweg, der ohne den Anspruch, zur Erleuchtung auf Erden zu führen, ohne anspruchsvolle intellektuelle Übungen und asketische Praktiken auskommt, das ist der Weg des «Reinen Landes». Für ihn hat Shi Hui-yuan im 5. Jahrhundert am Berg Lu-shan die Grundlagen geschaffen. In Anbetracht der phantastischen Breitenwirkung dieser Schule des chinesischen *Mahayana*-Buddhismus widmen wir den folgenden Abschnitt Shi Hui-yuan.

Der Kult um Buddha Amitabha des Shi Hui-yuan (334–417)

Die Einführung des *Mahayana*-Buddhismus, des «großen Fahrzeugs» für die universale Rettung und Erlösung, ging auf die zweite Generation der Übersetzermönche zurück. Unter ihnen ragt Lokaksema hervor, der etwa 20 Jahre nach An Shi-gao nach China kam (168–188).[31]

Sein Werk sollte Jahrzehnte später Dao-an (312–385) weiterführen. Dieser stammte aus einer Familie konfuzianischer Gelehrter und war als Exponent der buddhistischen Theorie vom «Fundamentalen Nicht-sein» bekannt.[32] Kumarajiva (344–413) gilt als Vollender dieser theoretischen Ansätze. Er war es, der den Staat veranlaßte, in Changan Übersetzerbüros einzurichten, was das allgemeine Interesse an diesen Aktivitäten und auch den regulär öffentlichen Charakter dieser Übersetzertätigkeiten bezeugt. Durch Kumarajiva wurde endgültig im chinesischen Buddhismus die *Mahayana*-Schule in den Vordergrund gestellt. Der vielleicht wichtigste Text aus seiner Hand ist eine neue, elegante Fassung der Übersetzung des «*Sûtra* vom Lotus der wahren Lehre», die jene des Dharmaraksa ablöste.[33]

Inhaltliches Merkmal dieser und anderer Schriften, die weite Verbreitung fanden, ist der Anspruch, das universelle, allgemeine Heil zu vermitteln. Dies bedeutet die Errettung aus den Lebenszyklen der Welt, die Befreiung von altem *Karma* und letztlich die Wiederfindung der Buddhanatur, die allen Menschen zu eigen sei. Sie sei nur überlagert von den weltlichen Emotionen und Begierden. Alle diese Gesichtspunkte erfuhren philosophische Vertiefungen und diskursive Überhöhungen, vor allem auch im Süden Chinas, im sogenannten Gentry-Buddhismus. Es waren aber andere Aktivitäten und Strömungen, die für die Entwicklung des Buddhismus in der Breite der Gesellschaft entscheidend wurden. Fundamental war dabei der Brückenschlag von einer fremdartigen und exklusiven Mönchsreligion zur Volksreligion, die umfassend die Laien ansprach und von ihnen aktiv in Besitz genommen werden konnte. Dieser Brückenschlag wurde von Mönchen wie Dao-an vorbereitet und vor allem von seinem Schüler Hui-yuan (334–417) vollendet.

Dao-an führte den Buddhismus heraus aus jenem Stadium der Wunder- und *Yoga*-Religion, in der psycho-physische und meditative Übungen zur Erreichung eines Trancezustands im Vordergrund standen. Auch Dao-an sammelte und übersetzte buddhistische Texte. Er versuchte ihren Sinn neu zu interpretieren und schuf einen buddhistischen Gnostizismus, durch den sich die gebildeten Schichten angesprochen fühlten. Dao-an verschärfte die Mönchsdisziplin und führte für alle Mönche den «Zunamen» *Shi* (Shakya) ein, den wir aus Gründen der Bequemlichkeit weglassen. Dao-an heißt also in buddhistischen Quellen Shi Dao-an und Hui-yuan eben Shi Hui-yuan.

Es war Dao-an, der den Kult um den «kommenden Buddha» Maitreya (*Mi-lo-fo*) initiierte, dessen spätere ikonographische Popularisierung als Dickbauchbuddha zu einem allgegenwärtigen Element in Eingangshallen buddhistischer Tempel wurde. Im Jahr 370 versammelte Dao-an sieben seiner Schüler vor einem Maitreya-Bildnis. Zusammen schworen sie, sich gegenseitig zu helfen, den Tusita-Himmel zu erreichen, sobald einer von ihnen dorthin gelange.[34]

Die Vorstellung eines zukünftigen Buddha verbindet sich mit dem Konzept verschiedener Weltzeitalter, die eine unendliche Kette von Buddhas als Retter in der Not einer Endzeit implizieren. Das Erscheinen eines «zukünftigen Buddha» in der Welt bedeutete also Hoffnung auf Hilfe. Dies war eine allseits akzeptierte und zugängliche Quelle der Inspiration, die auch in jüngeren Epochen zu einem inneren, fließenden Zusammenhang der verschiedenen Schulen beitrug.[35]

Die Aktivitäten des Mönchs Hui-yuan im 4./5. Jahrhundert, die nachhaltig auf die Geschichte des Buddhismus einwirken sollten, waren mit seinem Leben am Berg *Lu-shan* in der Provinz Kiangsi verbunden. Zeitlich fielen sie zusammen mit dem Wirken des Übersetzers Kumarajiva in Changan, mit dem Hui-yuan einen engen Austausch pflegte.[36] Ein wichtiges Ereignis im Leben des Hui-yuan war die Begegnung mit Dao-an, als er sich unterwegs im Westen der Provinz Hobei befand. Dao-an hatte am Berg *Heng-shan* ein Kloster gegründet. Als Hui-yuan die Darlegungen von Dao-an zur «Vollkommenen Erkenntnis der Buddhaweisheit» hörte, entschloß er sich, als Schüler bei ihm zu bleiben. Er ließ sich zusammen mit seinem jüngeren Bruder (Hui-ji) das Haupthaar scheren. Hui-yuan und Hui-ji blieben beide, 24 Jahre lang, Schüler des Dao-an, dem sie auf seinen vielen Reisen folgten.

Hui-yuan war über die philosophischen Diskussionen, die unter dem Begriff «Studium der Mysterien» (*xuan-xue*) bekannt waren und sich in Spekulationen um das Thema «Buddhaweisheit» entfalteten, gut informiert. Er scheint sich von dieser Sphäre zurückgezogen zu haben und wurde nicht Begründer einer eigenen exegetischen Schule. Vermutlich im Jahre 367 erreichte Hui-yuan die Stadt Xun-yang (Kiangsi), wo ein Onkel von ihm als Beamter tätig war. Hui-yuan war eingenommen von der Schönheit des Berges *Lu-shan*, der die besten Voraussetzungen für ein «zurückgezogenes Leben» bot, was ihm in großen Städten, wie in Changan, nicht möglich schien, speziell im Umkreis von Übersetzermönchen, die in theoretischen Streitereien gefangen waren. Ein Beamter der Lokalverwaltung bat ihn, zu bleiben und in der «Drachenquellen Klause» auf der Westseite des Berges zu wohnen.

Berge waren Kristallisationspunkte religiöser und kultureller Aktivitäten. Es waren Berge, wo die Medizin der Unsterblichen zu suchen war und wo, fern vom Getriebe der Welt, Selbstkultivierung und Entsagung möglich waren. Hier fanden sich die Kommunikationspunkte zwischen der diesseitigen Welt und der Welt der Unsterblichen und Gottheiten. Der Berg *Lu-shan* war unter diesem Aspekt mit alten Überlieferungen verbunden. Das ausgedehnte Bergland liegt nicht weit entfernt vom See *Gong-ting* (*Po-yang hu*). Hier stand der Tempel für jenen in eine Schlangengestalt gebannten Mitschüler des An Shi-gao, den dieser errettete. Zur Zeit Hui-yuans war diese Überlieferung natürlich noch bestens bekannt, allerdings war es nun «Marquis An [Shi-gao]», dem der Tempel gewidmet war, und zwar genau an der Stelle des alten Tempels für jenen Geist in Schlangengestalt.[37]

Hui-yuan hatte mehrere Jahre in seiner Klause gelebt, als der Mönch Hui-yong vom «Tempel vom Westlichen Wald» am Berg *Lu-shan* den Regenten von Jiang-zhou überredete, für Hui-yuan ein neues, größeres Kloster zu bauen. So entstand im Jahre 384 der «Tempel vom Östlichen Wald», der zum berühmtesten Zentrum des Buddhismus am Berg *Lu-shan* wurde.[38] Zur Zeit von Hui-yuan fanden im Kloster gemeinsame religiöse Übungen statt. Sie bestanden aus Anrufungen des Namens von Buddha, aus einem Vortrag von Schriften, begleitet von rituellem Niederlegen auf dem Boden. Gelegentlich wurden diese Tätigkeiten unterbrochen, und ein erfahrener Mönch begab sich auf einen erhöhten Sitz, um zu den rezitierten Schriften Erklärungen zu geben. Diesem Teil scheint Hui-yuan eine neue Form gegeben zu haben, indem er selbst die Führung bei solchen Predigten übernahm. Zunächst habe er den Verlauf des Kreislaufs von Ursache und Vergeltung dargestellt, um schließlich den Sinn der aktuellen Zusammenkunft zu erörtern.

Hui-yuan hielt sich eisern innerhalb seines klösterlichen Bereiches auf, den er in den letzten Jahrzehnten seines Lebens nicht verließ. Der sogenannte «Tigerbach» war jene Grenze, die er nie mehr überschritt. Er legte größten Wert auf die Bewahrung seiner «Reinheit» durch Vermeidung aller Kontakte mit der profanen Welt, und er mag diese Haltung durch die Beachtung jener Grenze angedeutet haben. Andererseits ist bemerkenswert, daß Hui-yuan um sich eine Gemeinschaft von Schülern und Anhängern versammelte, der eine große Zahl von Laien angehörte. Seine Gemeinschaft war nicht exklusiv auf Mönche beschränkt. Im Gegenteil, die *gemeinsamen* religiösen Andachten und die spirituelle Kultivierung, welche Hui-yuan einführte, blieben bis in die Gegenwart grundlegende Momente für Bestand, Entwicklung und Präsenz des Buddhismus. Diese Gemeinsamkeit von Mönch und Laie, die Rettung für jeden Einzelnen bedeuten sollte, unabhängig von seinem äußeren Stand, kommt im Kult für Buddha Amitabha zum Ausdruck.

Im Jahr 402 versammelte Hui-yuan die 123 Mönche und Laien seiner Gemeinschaft vor einem Bildnis des Amitabha in einer Klause auf der Nordseite des Berges, wo sich die Klöster «Östlicher Wald» und «Westlicher Wald» befanden. Zusammen schworen sie sich, im himmlischen Paradies *Sukhavati* (*jing-tu*, «Reines Land») wiedergeboren zu werden, in der Region des reinen Glücks der westlichen Hälfte des Universums. Dort soll jene Sphäre sein, wo Buddha Amitabha residiert.

Hui-yuan gründete bei dieser Gelegenheit die «Gesellschaft des weißen Lotus» (*Bai-lian she*) und war ihr erster Patriarch. Das Gelübde vor dem Bildnis des Amitabha war begleitet von Darbietungen von Weihrauch und duftenden Blumen. Natürlich wußten diese Buddhisten, daß das individuelle *Karma* verschieden ist und im nächsten Leben auch verschiedene Wiedergeburten zu erwarten sind. Sie versprachen sich daher in ihrem Gelübde, sich gegenseitig zu helfen, *Sukhavati* zu erreichen. Wer früher als die anderen dieses Paradies erreichen würde, der würde nicht allein für sich die Gegenwart Amitabhas genießen wollen, sondern werde sich der anderen erinnern, damit schließlich alle dort zusammenkommen könnten, um das paradiesische Glück zu genießen. Dies ist der beeindruckende Kern der religiösen Übung, die Hui-yuan initiierte.

Grundsätzlich erkennen wir den Ansatz zu einer Kollektiverlösung für Mönche und Laien, deren Grundlage in der Überzeugung von der Wirkung gegenseitiger spiritueller Hilfe und Verbundenheit zu sehen ist, wie auch in der direkten Zugänglichkeit des Buddha Amitabha. Die Rettung in das buddhistische Paradies ist von nun an keine exklusive, klösterliche Angelegenheit ordinierter Mönche.

Zwei Aspekte dieses neuen Ansatzes sollten weiterhin die Geschichte des Buddhismus prägen und sogar eine tragende Bedeutung erlangen: Die spirituelle Versenkung und die meditative Verinnerlichung der Gestalt des Buddha Amitabha, ausgedrückt in meditativer Schau und innerer Anrufung. Diese Verfahren bergen die Hoffnung auf ein ewiges Leben im Paradies des Amitabha. Dies steht uns auch heute eindringlich vor Augen, wenn wir auf Laternenpfählen und an Wänden etwa in Taiwan die Aufschriften lesen «Bitte immerwährend Buddha Amitabha verinnerlichen». Diese Rezitation gilt heute noch als allgegenwärtige Rettungsmöglichkeit in einem Leben, das vom Tod umgeben ist. Der zweite Aspekt, der tragende Bedeutung erlangte, war die Notwendigkeit, Meditationshilfen in Form von figürlichen oder bildlichen Darstellungen Amitabhas zu schaffen. Schon sein Lehrer Dao-an hatte seine Schüler vor einem Bildnis des Buddha Maitreya ihr Gelübde ablegen lassen. Auch hier war ein Buddhabildnis Mittel zum Zweck.

Laut Überlieferung spielte in der ersten, legendären Phase des chinesischen Buddhismus das Traumbild eines «güldenen Menschen», des Buddha Shakyamuni, eine nicht unerhebliche Rolle. Während der Han-Periode *Yong-ping* (58–75) träumte demnach Kaiser Ming von einem güldenen Menschen, der im freien Raum heranschwebte. Der Kaiser rief Staatsbeamte zu sich, um den Traum deuten zu lassen. Der Gelehrte Fu Yi wollte gehört haben, daß es in den «westlichen Regionen» eine Gottheit gebe, die «Buddha» genannt werde. Der Kaiser entsandte dann den Offizier Cai Yin der kaiserlichen Garde zusammen mit Gelehrten der Nationalen Akademie nach Indien, um die Lehren des Buddha aufzunehmen. Cai Yin und seine Begleiter stießen dort auf Kasyapa Matanga, der schließlich mit ihnen in die Hauptstadt Loyang reiste und vom Kaiser empfangen wurde. Dieser ließ für Kasyapa Matanga eine Klause einrichten. Zu dieser historisch fragwürdigen Überlieferung gibt es viele Varianten.[39] Wichtiger noch ist die Aussage in der Biographie des Dharmaratna, daß Cai Yin damals ein Bild von Buddha mitbrachte, das gemäß einer Statue aus Sandelholz aus dem Besitz Königs Udayanas gefertigt worden war. Kaiser Ming aus der Han-Dynastie habe dieses Portrait kopieren und an bestimmten Orten anbringen lassen.[40] Wenn auch diese Bildnisse nur noch als Teil einer frühen Überlieferung bekannt sind, Visualität und Verläßlichkeit der Abbildung waren von Anfang an, lange vor Hui-yuan, äußerst wichtig. Die moderne Archäologie hat viele Zeugnisse buddhistischen Bilderkults aus der Han-Zeit zu Tage gefördert. Schriften und Reliquien wurden in Statuen eingebracht und versiegelt, die dann geweiht wurden und als religiöse Objekte der Verehrung und Meditation in Kult und Ritual dienten.

Für Hui-yuan spielten in diesem Zusammenhang die Traditionen um die «Schattenhöhle» bei der Stadt Nagarahara im nördlichen Indien eine ausschlaggebende Rolle. Diese Höhle soll ursprünglich von fünf weiblichen Dämonen bewohnt worden sein, die sich in bösartige Schlangen verwandeln konnten. Buddha habe sie bezwungen und zu Anhängern seiner Lehre bekehrt. Der Schatten Buddhas aber sei in der Höhle zurückgeblieben. Dieser

Buddhaschatten galt Hui-yuan als Grundlage des «wahren Bildnisses» von Buddha. Ein Mönch aus den «westlichen Regionen» beschrieb ihm seine leuchtende Erscheinung mit dem Heiligenschein und den 32 strahlenden Merkmalen. Hui-yuan ließ einen Schrein bauen, in dem ein Maler in leichten Farben eine Kopie jenes «Buddhaschatten» anfertigte. Hui-yuan verfaßte eine lange, poetisch und philosophisch inspirierte Weiherede, in der er erläutert, daß dieses sichtbare Zeugnis die Wirklichkeit Buddhas mit all ihren Prinzipien symbolisiere. In seiner hervorragenden Schönheit öffne das Bildnis die inneren Gefühle, und sein Einfluß leite die Menschen auf den rechten Weg. Zum Schluß stellt Hui-yuan fest, daß «wir am Ende unseres Lebens Buddha schauen werden, um dann für immer aller Kümmernis enthoben zu sein».

Genau besehen ist dies die Essenz von Glauben und Hoffnung der Laien und Mönche im chinesischen Buddhismus, die ungebrochen fortwirken. Zur Zeit Hui-yuans entwickelte sich auf diese Weise ein Devotionalismus, der durch die Überführung von Schriften und Bildnissen aus Indien vorbereitet war. Diese Entwicklung stand der metaphysischen und philosophischen Verarbeitung der buddhistischen Lehre auf der Ebene der gelehrten und interessierten Mönche in keiner Weise entgegen. Zeitlich parallel entwickelte sich somit als breite Grundlage für das buddhistische Leben ein Laienbuddhismus mit Laienbewegungen, für die der Ansatz des Hui-yuan richtungweisend blieb. Hui-yuan war in seinem Kloster von Laien umgeben, die ein wichtiges Bindeglied zur profanen Gesellschaft darstellten. Zwei von ihnen seien vorgestellt, um zu zeigen, wie solche Verbindungen zustande kamen. Ihre Biographien finden sich im anonymen Traktat «Biographien von achtzehn Edlen» (*Shi-ba xian zhuan*). Dieser Text wurde im 11. Jahrhundert von dem Beamten Chen Shun-yu aufgrund historischer Quellen revidiert und seinem «Bericht über den Berg Lu» (*Lu-shan ji*) angefügt.

> Liu Cheng-zhi, genannt Zhong-si, stammte aus der Stadt Pengcheng. Er war Nachfahre des Königs Yuan von Chu aus der Han-Dynastie. Liu Cheng-zhi verlor in jungen Jahren den Vater und sorgte so gut für seine Mutter, daß er im ganzen Land als «pietätvoll» bezeichnet wurde. Die hundert Schulen der antiken Klassiker studierte er ausführlich. Vor allem aber verstand

er sich auf die Prinzipien des Buddhismus. Yin Zhong-kan aus dem Bezirk Chen, Huan Xuan und all die anderen hervorragenden Leute seiner Zeit brachten ihm ausnahmslos ihre Bewunderung entgegen. Liu Cheng-zhi trat in die Beamtenlaufbahn als Lokalkommandant ein. Er eiferte aber alsbald nach dem Ruhm und der Tugend des Herrn [Hui-]yuan und wollte sich ihm in seiner Vereinigung bis ins hohe Alter anschließen. Als er schließlich in Chai-sang, im Distrikt Xuan-yang (nahe am Berg Lu-shan), beamtet war, nutzte er seine Stellung, um sich die Mittel für ein Leben auf dem Berg zu beschaffen. Nach Ablauf eines vollen Jahres gab er die Beamtenstellung auf und baute sich eine Hütte beim «Tempel zum Westlichen Wald», die von Buschwerk verdeckt war. In den Jahren 405–418 riefen die Noblen und Fürsten ihn wiederholt zurück zu Amt und Würde, aber er nahm nie an. Später änderte er seinen Namen in «der Zurückbleibende». Unter den Edlen von Herrn Yuans Vereinigung wurde er als auserlesener Gast hochgeschätzt. Er sandte regelmäßig Briefe nach Guan-zhong und stand mit den beiden Dharmameistern Kumarajiva und Seng-zhao in guter Verbindung. Umfassend entfaltete er seine Erörterung der *sûtren*. Er verfaßte Gedichte über die «drei Meditationsstufen der Verinnerlichung und über die Anrufung des Buddha» sowie Texte über Namen und Wirklichkeit von *dao* und *de* [«Dao und seine Wirkkraft»]. Die gute Qualität seiner literarischen Darstellung wurde zu seiner Zeit sehr beachtet. Insgesamt hatte er zwölf Jahre am Berg Lu gewohnt, als er eine Krankheit verspürte.

Nun stützte er sich gänzlich auf das *sûtra Nian-fo san-mei* und rezitierte den Namen des Buddha *A-mi-to-fo* [Amitabha]. Schließlich sah er das «Leuchten der weißen Augenbrauen» des Buddha und dann den wahren «Schatten des Buddha», der schließlich seinen Scheitel berührte. Da fastete und betete er, denn er wollte seine Lebensspanne rasch erfüllen. Zudem bat er die Mönche, die *sûtren Wu-liang shou* [T 362, Amitabha-*sûtra*] und *Fa-hua* [T 262, Lotus-*sûtra*] zu lesen. Am 27. Tag des 6. Monats hatten sich alle Mönche bei ihm versammelt, und Liu Cheng-zhi sprach: «Heute ist meine Stunde gekommen. Meine Lebenskräfte sind erschöpft. Weinet nicht, um euch nicht gegenseitig zu bedrücken und außer Fassung zu bringen.» Wiederum brannte er Weihrauch ab und bat alle

Mönche, Huldigungen an Buddha Shakyamuni darzubringen, um ihm dafür zu danken, daß er ihn von der Existenz des Buddha Amitabha habe wissen lassen. «Am heutigen Tage ersehne ich vollkommen, daß er mich empfängt.» Einen Augenblick danach legte er die Hände zusammen, neigte sich nach Westen und starb. Er hatte seinen Schülern befohlen, Erde aufzuwerfen und ihn so zu bestatten. Sie sollten keinen Sarg verwenden. Es gab niemanden, der nicht voller Bewunderung zu ihm aufgeschaut hätte. Liu Cheng-zhi wurde 57 Jahre alt.

Das zweite Beispiel:

Zong Bing, genannt Shao-wen, stammte aus Nie-yang in Nanyang. Sein Großvater Zong Cheng hatte die Stellung eines Bezirksvorstands von Yi-du. Sein Vater, Zong Yao-zhi, war Magistrat von Xiang-qing. Zong Bing besaß hervorragende Bildung. Er verstand sich vortrefflich auf das Spiel mit der Zither, auf Schriftkunst und Malerei. Besonders vertraut war er mit den taoistischen Werken *Lao-zis* und *Zhuang-zis*. Als sich Kaiser Wu der [Liu-] Song Dynastie in Jing-zhou aufhielt, bestellte er Zong Bing zum Registrator, doch dieser nahm nicht an. Nach dem Grund befragt, sagte er: «Schon seit über dreißig Jahren habe ich auf Hügeln gehaust und in Tälern meinen Trank genommen.» So ging er auf den Berg *Lu-shan*, baute sich dort ein Logis und trat der Vereinigung des Herrn Hui-yuan bei.

Sein Bruder als Bezirksvorstand von Nan-ping übte auf ihn Druck aus, mit ihm zusammen zurückzukehren. So schuf er sich dann in San-hu bei Jiang-ling einen Wohnsitz. Als er später zum Lokalkommandeur und «Großen Marschall» berufen wurde, trat er den Posten nicht an. Der Text schildert weitere vergebliche Versuche, Zong Bing in hohe Positionen zu berufen. Auch ein «doppeltes Gehalt» erwies sich als vergebliches Angebot. Es heißt, er liebte ganz inständig Berge und Gewässer. Er war im Westen bis zum Berg *Jing-wu shan* vorgedrungen, im Süden hatte er den Berg *Heng-shan* bestiegen. In seinem Alter hatte er dann all diese Berge in seiner Behausung gemalt. Er sagte einmal: «Nun bin ich alt, und die berühmten Berge können nicht noch einmal von mir geschaut werden. Allein in reiner Verinnerlichung schaue ich meine Wege. Hier ruhend will ich sie durchstreifen. Ich nehme meine Zither auf zum Spiel und sehne mich danach, all die Berge, ihr Echo, erschallen zu lassen.» Er starb im Alter von 69 Jahren.[41]

Zong Bings Verbindung mit Hui-yuan wird nur mit einem Satz erwähnt. Er verfaßte den Text «Erörterung der erleuchteten Darstellung Buddhas» (*Ming-fo lun*). Zong Bing ist der Typ des Gelehrten, der es sich leisten kann, sich dem Dienst für den Staat zu entziehen, Posten auszuschlagen und statt dessen einer schöngeistigen Kultur zu leben. Dieses Bild finden wir häufig in idealisierenden Biographien, die aber einen Teil der chinesischen elitären Gesellschaft realistisch beleuchten. Die Verbindung mit «Religion», hier mit dem Buddhismus des Hui-yuan, wird nur *en passant* erwähnt, handelt es sich doch beim Buddhismus um einen integralen Bestandteil der von Zong Bing gesuchten Sphäre des wundervollen Berglandes mit all den Möglichkeiten zum «zurückgezogenen Leben». Fast selbstverständlich hat er sich mit seiner Gelehrsamkeit eingebracht und eine Schrift zu einem buddhistischen Thema verfaßt. Typisch ist diese Unauffälligkeit des Engagements und das ruhige Vertrauen an das Eingehen in eine neue Existenz aus dem Umfeld des Amitabha-Kults heraus. Es gibt viele Kommentare und analytische Werke säkularer Gelehrter zu religiösen Schriften des Taoismus und Buddhismus. Sie wurden manchmal aus Sympathie für Würdenträger dieser Religionen verfaßt, ohne daß wir die betreffenden Autoren für Taoisten oder Buddhisten halten könnten. Die Beschreibung des Todes von Zong Bing läßt aber vermuten, daß er als gelehrter Bewunderer des Buddhismus anzusprechen ist, dessen Glauben als Laienbuddhist hinter dem Schleier literarischer Konvention verborgen bleibt.

Offenkundiger sind die Verhältnisse bei Liu Cheng-zhi, der direkt in die religiös orientierte Laiengemeinde um Hui-yuan integriert war. Liu Cheng-zhi hatte Kontakte zu bedeutenden Buddhisten seiner Zeit und verfaßte selbst Gedichte über meditative Erfahrungen. Als er die Nähe des Todes spürte, legte er sein Geschick gewissermaßen in die Hände von Buddha Amitabha, den er in einer letzten Vision geschaut haben soll. Wesentliche Momente der Vorbereitung seiner individuellen Begegnung mit Amitabha sind in dieser Phase die Rezitationen des Namens Amitabha und Lesungen aus dem Lotus-*sûtra* und dem Amitabh-*sûtra*, zwei Kernschriften des *Mahayana*-Buddhismus. Diese beiden Schriften lagen zur Zeit Hui-yuans schon lange vor. Es zeigt sich also, daß auch diese verinnerlichte Frömmigkeit und direkte Ansprache Buddhas literarische Grundlagen hatte, auf die Hui-yuan aufbaute. Die von ihm praktizierte Form von Frömmigkeit ist bis in die Gegenwart ein tragendes Elemente der buddhistischen Volksreligion, die jedenfalls weithin ohne philosophische Exkurse auskommt.

Was uns heute als äußerliche, einfache, aber auch typische Form der religiösen Übung und Verehrung im Buddhismus erscheint, nämlich die Rezitation von *sûtren* und die Anrufung der Namen von Buddhas, hat seine Wurzeln im frühen Buddhismus, welcher die Errettung aus dieser Welt und vor allem die Befreiung aus dem Zyklus steter Wiedergeburt versprach. Die Anhänger Hui-yuans wollten in das himmlische Reich des Amitabha eingehen und verbanden sich in einem Gelöbnis zu gegenseitiger Hilfe in der «Gesellschaft des weißen Lotus».

Diese Idee stand später in der chinesischen Geschichte Pate für ähnliche Zusammenschlüsse. So gründete etwa im Jahr 1050 ein Minister namens Wen Yan-bo (1006–1097) eine Vereinigung von Ordinierten und Laien, welche die Anrufung des Buddha Amitabha und die Vorbereitung zur Wiedergeburt im «reinen Land» zum Ziel hatte.[42] Die Grundidee und Aussage des Buddhismus von Hui-yuan wird auch von der späteren «Schule des reinen Landes» (*Jing-tu zong*) aufgenommen. Sie bezieht sich auf Hui-yuan als ihren Gründer, ohne daß eine konkrete, historische Tradition gegeben wäre.[43] Die Schule des Reinen Landes (*Jing-tu zong*) beruft sich aber auch auf Buddha *Pu-xian* (*Samantabhadra*) als spirituellen Urahn. Sein irdischer Sitz soll der Berg *E-mei shan* in der Provinz Sichuan sein.

Das Phänomen «heiliger Berge» gibt es in der alt-chinesischen Staatsreligion, im Taoismus und natürlich auch im Buddhismus, wobei es sich oftmals um ein und dieselben Berge handelt. Im Buddhismus fungieren sie als Sitz bestimmter Buddhas. Buddha *Manjusri* (*Wen-shu*) etwa thront am Berg *Wu-tai shan* in der Provinz Shansi, und Buddha *Ksitigarbha* (*Ti-zang*) hat sein irdisches Reich am Berg *Jiu-hua shan* in der Provinz Anhui. Es ist klar, daß sich in diesen Bergländern, denn es handelt sich immer um geographisch ausgedehnte Gebiete und nicht nur um einzelne Gipfel, im Laufe der Jahrhunderte eine religiöse Kultur entwickelte,

Abb. 6: Auf der Tempelglocke, die aus einem buddhistischen Kloster in Sichuan stammt, sind die «Acht Trigramme» dargestellt. Diese Symbole haben keinen spezifischen Bezug zum Buddhismus, sondern dokumentieren die Einheit des Kosmos und der religiösen Tradition in China jenseits aller Religionen.

die das Flair der Region prägte und in der Bevölkerung tief wurzelte. Diese Beziehungen und die entsprechenden kulturellen wie religiösen Aktivitäten sind bis heute lebendig. Es ist sicher Hui-yuans Verdienst, daß der Berg *Lu-shan* für den Buddhismus ebenfalls zu einem heiligen Berg wurde, was für die Öffentlichkeit die vielen Wunder belegen, wie zum Beispiel die mysteriösen Lichterscheinungen «in den fünf Farben», ein Zeichen von «Buddhanähe», oder die Erscheinungen Amitabhas und die Auffindung einer Figur von Buddha *Manjusri* «gegossen in der Zeit des Königs Ashoka». Freilich war es allein dem Wirken des hervorragenden und im religiösen Sinne würdigen Meisters Hui-yuan vorbehalten, dieses Relikt durch Gebete zum Vorschein zu bringen.[44] Die Aktivitäten des Hui-yuan haben letztlich mit der «Gesellschaft des weißen Lotus« das Phänomen des Laienbuddhismus begründet, der sich landesweit entfaltete und mit dem Namen *Jing-tu,* «reines Land», assoziiert wird. Diese Bewegung tritt vor allem in Klosterzentren an den heiligen Bergen in Erscheinung, wo die Wunder der Natur, das Flair der Geschichte und das Wirken guter Mönche Raum für Innerlichkeit und die individuelle Erfahrung einer nahen Transzendenz ermöglichen.

VI. Islam

Neben dem Buddhismus und dem Taoismus stellt der sunnitische Islam eine dritte Religion dar, die in China stark vertreten ist. Der chinesische Name lautet *Qing-zhen jiao*, «Lehre der reinen Wahrheit». Die Anhänger dieser Lehre werden *Hui* genannt, weshalb der Islam auch als *Hui-jiao*, «Lehre der *Hui*», bezeichnet wird. Wie der Buddhismus hat der Islam seinen Ursprung außerhalb Chinas und gilt als Fremdreligion. Diese Bezeichnung trägt dem Umstand Rechnung, daß die Anhänger des Islam zunächst Fremde oder Ausländer waren, also nicht Angehörige der Han-Chinesen, der staatstragenden Bevölkerung. Ein grundlegender Unterschied zu den etablierten und älteren Religionen Buddhismus und Taoismus bestand und besteht in folgenden Aspekten.

1 Der Islam wurde nicht wie der Buddhismus inhaltlich und formal sinisiert und zu einer «chinesischen Religion», wenn er sich auch als «Religion in China» fest und unübersehbar etabliert hat. Die Moscheen, «Hallen der reinen Wahrheit» (*Qing-zhen tang*), sind oftmals unscheinbar in den Wohnbezirken der *Hui* untergebracht, ohne arabeskes Minarett. Muslime im heutigen China, und in der Vergangenheit war dies nicht anders, versuchen zumeist, sich im Rahmen der chinesischen Gesellschaft unauffällig zu bewegen. Als äußerlich sichtbares Beispiel sei an die große Moschee in Xi-an erinnert, in der vielleicht prominentesten der alten Hauptstädte, die in vollkommener Schönheit gemäß den Prinzipien der traditionellen chinesischen Architektur erbaut wurde und auch heute noch ihrem Zweck dient.

2 Der Umstand, daß eine Sinisierung ausblieb, kann mit der religiösen Aussage des Islam als monotheistischer Religion begründet werden, die keine funktionale Auflösung des «einen Gottes» in ein allgemein vergöttlichtes Sein, in eine vergöttlichte Welt und Umwelt zuließ, was wir beim Taoismus ausgeprägt gesehen haben. Der arabische Koran war und ist für die *Hui* die verbindliche Quelle religiöser Gelehrsamkeit und Inspiration. All

Abb. 7: Eingangstor zur Moschee in Xi-an.

jene Anschauungen, die in Buddhismus und Taoismus ein stetes Anwachsen des religiösen Schrifttums ermöglichten und vielleicht sogar erforderten, waren dem Islam fremd und fanden keinen Einfluß. Es gibt daher zwar einen buddhistischen und taoistischen Kanon, aber eben keinen islamischen. Standen für die kaiserlichen Bibliographen mit ihren «Vier Abteilungen» die religiösen Schriften von Buddhismus und Taoismus «außerhalb der Norm» (*fang-wai*), so taucht eine vergleichbare Kategorie für den Islam überhaupt nicht auf. Die Praktiken der taoistischen Selbstkultivierung, das Streben nach Unsterblichkeit, die Bedeutung der Zeitepochen mit ihren Zyklen (*kalpas*) sowie die Offenbarungen himmlischer Schriften zur Rettung der Menschen usw., all das waren Elemente, zu denen sich im Islam keine Annäherungen oder verwandte Praktiken fanden. Mochten die Chinesen anfangs Sinn und Zweck der Meditation im Buddhismus mit taoistischen Praktiken verglichen und verwechselt haben, mochten sie Buddha Gautama für eine Erscheinung des altchinesischen Heiligen Lao-zi bzw. Universalgottes *Tai-shang Lao-jun* gehalten haben, zum Islam fanden sich keine vergleichbaren Wege der Annäherung. Der Islam war und blieb eine relativ nüchterne, fast karge Religion. Seine Gebetspraktiken und religiösen Gebote, wie der Verzicht auf Schweinefleisch und das Bilderverbot, waren den Chinesen fremd. Gebote der muslimischen Ehe bzw. Eheschließung erschwerten das Aufgehen des Islam und seiner fremdländischen Anhänger in der Han-chinesischen Bevölkerung.

3 Die gelehrten Vertreter des Islam, die Imame, repräsentieren eine ausländische Schriftkultur und Schriftreligion, die sich nicht für eine literarische Ausgestaltung eigneten, wie dies bei Buddhismus und Taoismus üblich und möglich war. Chinesische Gelehrte partizipierten an diesen Religionen durch ihre Kommentare, durch Gedichte und Tempelinschriften, ohne ihnen innerlich verbunden sein zu müssen. Der Islam war eher exklusiv und bestimmt. Entweder war man Gläubiger oder Ungläubiger. Die in China typische religiöse Wahlfreiheit und emotionale Ungebundenheit des Einzelnen steht dem Absolutheitsanspruch des monotheistischen Islam fremd gegenüber.

4 Diese Fremdheit wurde vor allem im Hinblick auf allgemein verbindliche Grundlagen der konfuzianisch bestimmten Moralvorstellung in der chinesischen Gesellschaft empfunden, welche mit dem Konzept der «Kindesliebe» oder «Pietät» (*xiao*) benannt werden. Hieraus ergibt sich der Ahnenkult, den die Muslime nicht kennen und auch nicht angenommen haben. Es wurde von Han-chinesischer Seite unterstellt, daß Muslime dann auch kein Verhältnis zu den weiter entwickelten Vorstellungen von der absoluten Macht des Himmels und der daraus folgenden Position des «Sohnes des Himmels» (Kaiser) annehmen würden, also in diesem Punkt keine «Loyalität» erwarten ließen. Wenn die Muslime sich also außerhalb dieses Rahmens bewegen, äußerlich manifestiert durch ihren eigenen Kalender, durch eigene Feste, eigene Heirats- und Bestattungsriten u.a., dann stehen sie eben außerhalb der (Han-) chinesischen Gesellschaft.[1]

Diese Punkte zeigen deutlich, daß der Islam unter anderen Prämissen operiert als die indigenen chinesischen Religionen.[2] Arabische und zentralasiatische Anhänger des Islam kamen seit der Tang-Zeit (7./8. Jahrhundert) als Händler nach China, und zwar über den Seeweg nach Kanton im Süden des Landes, von wo aus langsam in den Provinzen Yunnan, Guang-dong bis in das Hinterland, in der Provinz Sichuan, Ansiedlungen von Muslimen entstanden. Verbindungen mit den lokalen Ethnien und mit Han-Chinesen führten im Laufe der Jahrhunderte zu chinesisch-muslimischen Bevölkerungsteilen innerhalb dieser Siedlungsräume, wo sie als *Hui* nicht nur geduldet, sondern vielfach auch als Händler und Handwerker geschätzt waren. In der Tang-Zeit kamen aus Zentralasien Muslime als Soldaten und Söldner, die in einer Armee dienten, welche gegen den aufständischen Parther An Lu-shan 756 erfolgreich ins Feld geführt wurde. Über das heutige Turkmenistan und die angrenzende Gebiete fand der Islam aus Persien kommend Eingang.

Die Bezeichnung *Hui* benennt auch heute die muslimische Bevölkerung der zentralasiatischen Regionen, die zum Staatsgebiet der Volksrepublik gehören und unter dem Namen Sinkiang («Neue Grenzregion») bekannt sind. Die angestammte Bevölkerung sind Uiguren und andere Turk-Völker, die sich zum Islam bekennen und sich auch sprachlich vollkommen von den in der jüngeren Vergangenheit gezielt nach Sinkiang umgesiedelten Chinesen unterscheiden. Quantitativ gesehen leben die meisten Muslime in dieser Region sowie in Ninghai. Auch in der Provinz Qinghai, südwestlich von Sinkiang, gibt es islamische Bevölkerungsteile.

In der Vergangenheit waren zeitweise islamische Gelehrte, Verwaltungs- und Finanzfachleute aus Arabien, in hohen administrativen Positionen tätig. Dies gilt vor allem für die Zeit der Yuan-Dynastie (13./14.Jahrhundert), als die Mongolenherrscher an ihrem Hof Araber und Zentralasiaten einsetzten, die in der sozialen Hierarchie über den Chinesen rangierten und kompetente Fachkräfte für die Finanzverwaltung des Landes stellten. Unter dieser Bedingung fanden Muslime Zugang zu Machtpositionen, ohne daß sie für eine Verbreitung des Islam oder gar eine Missionierung Chinas gewirkt hätten. Wohlhabende, arrivierte muslimische Familien haben sich früh schon mit dem chinesischen Volk zu vermischen gesucht. Der fremde Ursprung war schließlich nur noch am Familiennamen erkennbar. Als Beispiel sei der Name *Ma* genannt, der muslimische Familien oder deren Nachfahren bezeichnen kann, wobei vermutlich «Mohammed» als Wurzel für den phonetisch naheliegenden Namen *Ma* gelten kann. Muslime haben von Zeit zu Zeit die Herrscher sehr beeindruckt. Es gab berühmte Personen, die islamischen Glaubens waren, wofür als Beispiel für die Ming-Zeit auf den Seefahrer Zheng He (15. Jahrhundert) verwiesen sei.

In China gab es niemals eine islamische Missionierung, schon gar nicht mit dem Schwert, und folglich auch nie eine islamische Staatsführung für das gesamte Land. Die Muslime versuchten sich entlang der Handelswege zu integrieren, was sicherlich mit ihren merkantilen Berufen und Interessen zusammenhing. Andererseits wurde ihre Fremdheit sehr deutlich gesehen, erkennbar etwa an der üblichen Zuweisung eigener Wohnviertel. Eine Wende in der Geschichte der Muslime wurde in der zweiten Hälfte des 18. Jahrhunderts eingeleitet, als durch chinesische Eroberungen in Zentralasien die Muslime in China anderen Muslimen in Zentralasien näherkamen und so die Tendenzen und politischen Strömungen des Islam im Mittleren Osten kennenlernten. Im 19. Jahrhundert ereignete sich eine Reihe von massiven Aufständen der Muslime in den Provinzen Gansu und Yunnan, herausgefordert durch eine lange andauernde Unterdrückung und Diskriminierung. Etwa ab 1720 erfolgten unter Kaiser *Qian-long* massive Versuche der Sinisierung der *Hui*, die auf starken Widerstand stießen.[3] Versuche eigener Staatenbildungen in diesen Randregionen sollten schon im Ansatz militärisch unterbunden werden. Selbstverständlich gab es auch bei den Muslimen konservative und liberale Gruppierungen, die um Erneuerung und Tradition bei Formen und Riten rivalisierten und sich gegenseitig bekämpften.[4] Die vielseitigen Aufstände der Muslime führten in Da-li (Yunnan) zu einem eigenen kurzlebigen islamischen Staat. Sicher kann man sagen, daß in der jüngeren Geschichte die Muslime selbstbewußter wurden, sich ihrer Identität versicherten und für Han-China zunehmend eine Herausforderung darstellten. In den Provinzen Qinghai und Ningxia gelang es schließlich den Muslimen bis zur Machtergreifung der Kommunisten die Politik zu bestimmen.[5] Fraglos stellen die ethnischen und religiösen Verhältnisse in Sinkiang, nahe den muslimischen Staaten der ehemaligen UdSSR, für die Volksrepublik China Probleme, aber auch Möglichkeiten dar. Unter dem Namen des Islam lassen sich Beziehungen in der «Dritten Welt» knüpfen und pflegen, als Mittel eines globalen politischen Einflusses.

Die «nationalen Minderheiten», hier also die *Hui*, erfreuen sich einer relativ großzügigen Politik, in deren Gefolge auch religiöse

Freiheiten gewährt wurden. Hierzu gehört sicher auch die limitierte Freigabe der für Muslime obligatorischen Pilgerfahrt nach Mekka. Selbstverständlich versucht die kommunistische Staatsführung, dem Atheismus zugetan, z.B. über die «Chinesische Islamische Vereinigung», mögliche Entwicklungen und Zusammenschlüsse zu kontrollieren, um politischen Bewegungen vorzubeugen.[6] Der Islam bleibt in China eine bedeutende und einflußreiche Religion, die immer noch weitgehend an die Kultur und Geschichte der zentralasiatischen Fremdvölker gebunden ist und daher einen größeren Freiraum genießt, als über viele Jahrzehnte der jüngsten Geschichte den bodenständigen chinesischen Religionen gewährt wurde.

VII. Christentum

Das kirchliche Christentum, das wir in Europa in Form der katholischen und protestantischen Gemeinden und Strukturen kennen, neben diversen jüngeren Sekten, hat auch in der Geschichte Chinas tiefe Spuren hinterlassen, die heute sehr gut sichtbar sind. Das Christentum ist in der chinesischen Welt eine intellektuelle und religiöse Realität, wenn auch keine die Gesellschaft bestimmende Kraft. Die abendländischen Erscheinungsformen des Christentums, seine Orden und Organisationen, wurden durch Missionare auf China zu übertragen gesucht, wobei der Aufbau einer chinesischen Christenheit mit einem bodenständigen Klerus rasch als Ziel und Gebot erkannt war. Dennoch war und blieb das Christentum eine «Fremdreligion», die es allerdings vermochte, eine eigene chinesisch-christliche Identität zu finden. Dies geschah freilich in unendlich geringerem Umfang, was die Quantität der chinesischen Gläubigen betrifft, wenn wir den Buddhismus zum Vergleich beiziehen wollten. Es hat keine den Entwicklungen des indischen Buddhismus vergleichbare Sinisierung des Christentums gegeben, ganz zu schweigen von einer Christianisierung der Chinesen.[1]

Ein weiterer Aspekt des Christentums in China, der von vorneherein bedacht sein will, ist der Umstand, daß ein massives Missionsaufgebot in einer Phase der chinesischen Geschichte in das Land drängte, als es sich gegen die europäischen und amerikanischen Staaten, ihre wirtschafts- bzw. machtpolitischen Interessen, nur sehr ungenügend behaupten konnte. Wie hatte sich das Land einem drängenden und militärisch aggressiven «Abendland» gegenüber zu verhalten? Wie waren die Wege der eigenen Entscheidungsfindung den neuen westlichen Ideen, Techniken und politischen Strukturen anzupassen? Segelten die Missionen nicht unter dem Zeichen dieser fremden Mächte? Unter diesem äußeren Anschein war die Vermittlung eines reinen christlichen Glaubens, unverfälscht von wirtschaftlichen und politischen Interessen, nur schwer zu bewerkstelligen.

Gemäß einer berühmten Inschrift in der Stadt Xi-an (Changan) kam das nestorianische Christentum aus dem zerfallenen Sassaniden-Reich (Persien) im Jahr 635 nach China, zur Zeit des Tang-Kaisers Tai-zong. Tai-zong war offen eingestellt gegenüber den zentralasiatischen Völkern, die ihm erhebliche Hilfstruppen stellten. Die Kirchen der Nestorianer wurden als «Persische Tempel» (*Po-si si*) bezeichnet, wobei die letzte Silbe *si* bereits als Bezeichnung für buddhistische Tempel bekannt war. Die nestorianische Lehre konnte so auch «Persische Lehre» (*Po-si jiao*) genannt werden. Die Inschrift der «Stele zur Propagierung der leuchtenden Religion von Da-Qin im Reich der Mitte» vom 4. Februar 781 belegt eine starke Anlehnung an die buddhistische Terminologie. Trotzdem bestanden die Gemeinden der Nestorianer wesentlich aus zentralasiatischen Gläubigen. Sie konnten sich bis zum Beginn der fremdenfeindlichen Ming-Dynastie im 14. Jahrhundert halten, verschwanden dann aber vollkommen.[2]

Im 13. und 14. Jahrhundert suchten Franziskaner den Kontakt zum Kaiserhof in Peking. Johannes von Montecorvino blieb dort von 1294 bis 1330, seinem Todesjahr. In Peking konnte er eine Kirche bauen, die einer nicht-chinesischen Gemeinde diente. Von einer Missionierung des Landes kann zu jenem Zeitpunkt noch keine Rede sein. Der Anfang einer konkreten christlichen Missionierung wird mit dem Jesuiten Matteo Ricci verbunden. Die Kontakte zu Chinesen sollen sich zunächst sehr schwierig gestaltet haben, und erst als Matteo Ricci 1594 begann, sich wie ein chinesischer Gelehrter zu kleiden und zu geben, öffneten sich ihm neue Wege. Im Jahr 1601 erreichte er den Kaiserhof, wo er für seine Kenntnis der westlichen Wissenschaft und Technik geschätzt wurde, vor allem aber für seine Fähigkeiten als Astronom. Matteo Ricci bemühte sich um eine christliche Literaturtradition und achtete darauf, sich vom Buddhismus abzugrenzen. Es gelang den Jesuiten bis zum Jahr 1838, mit einigen Unterbrechungen, die muslimischen Astronomen aus dem kaiserlichen Staatsdienst zu verdrängen. In jener Zeit gab es unter den gelehrten und hochgestellten Kontakten der Jesuiten chinesische Konvertiten.

Die Jesuiten zeichnete ein erhebliches Geschick und Einfühlungsvermögen in die chinesische Gesellschaft aus, getragen von einer genuinen Hochachtung vor den kulturellen und zivilisatorischen Leistungen des Landes. Sie erkannten, daß das Christentum sich in chinesischem Gewand unter Anerkennung zentraler Orientierungspunkte der alten Traditionen einzufügen hatte, stand doch die christliche Ethik den chinesischen Lebens- und Moralvorstellungen nahe. Dies führte zu liberalen Methoden der Missionierung mit einer christlich-chinesischen Diktion, die den Widerspruch anderer Missionsorden heraufbeschwören sollten, nachdem ab 1628 auch Franziskaner und Dominikaner nach China gelangten. Im sogenannten «Ritenstreit» ging es um die Adaptionsmethoden der Jesuiten, die harsch abgelehnt wurden. Besonders umstritten war der Gottesbegriff, nämlich die Frage, ob *Shang-di* («Oberster Gottkaiser») und *Tian* («Himmel») als christliche Gottesbegriffe gebraucht werden dürften, da sie auch im Rahmen des Ahnenkults und bei der Verehrung des Konfuzius Anwendung fanden. Die Entscheidung des Papstes lautete «nein». Sie wurde durch päpstliche Legaten 1707 und 1720 dem Qing-Kaiser Kang-xi übermittelt. Kang-xi war den Jesuiten gewogen und teilte deren Haltung. Das vom Papst ausgesprochene Verbot wurde als äußere Einmischung mit Nachdruck zurückgewiesen. Sein Nachfolger, der Yong-zheng-Kaiser, verwies 1724 alle Missionare des Landes, außer denjenigen, die in der Pekinger Mission ansässig waren.

Nachdem die Jesuiten gegen die Dominikaner unterlegen waren, der Ahnenkult als Götzendienst gewertet und «eine puristischere Form des katholischen Glaubens durchgesetzt wurde, war das Christentum in die Kategorie der von der Intelligenz als Aberglauben verachteten Volksreligion abgerutscht und sah sich durch entsprechende Kontrollmaßnahmen blockiert».[3]

Ein weiteres einschneidendes Element in der Geschichte des chinesischen Christentums war der eher zufällige Einfluß christlicher Vorstellungen auf die *Tai-ping-* («Größter Friede») Bewegung und deren fanatischer Aufstand, der von 1850 bis 1864 große Teile des Landes erfaßte und Millionen von Menschen das Leben kostete. Die *Tai-ping* betrachteten sich als Christen einer eigenen chinesischen Art, jenseits einer Unterordnung unter westliche Missionsorden. Der Gründer der Bewegung war Hong Xiu-quan, der im Alter von 23 Jahren vergeblich versucht hatte, in Canton auf Provinzebene die Beamtenprüfung abzulegen. Zufällig hörte er in einer Kirche eine Predigt und nahm von dort einige christliche Traktate mit nach Hause. Nach einem zweiten Fehlschlag bei der Beamtenprüfung, die stets eine schwere finanzielle Belastung für seine arme Familie darstellte, erlitt er einen Zusammenbruch, der bei ihm Visionen auslöste. Hong Xiu-quan gelangte in seinen Visionen himmlischer Sphären und Offenbarungen zur Überzeugung, daß er ein jüngerer Bruder von Jesus Christus sei und zum neuen Messias für China und die Welt bestimmt sei.[4] Hong Xiu-quan ernannte 1853 Nanking, das von den *Tai-ping*-Armeen erobert wurde, zur neuen Hauptstadt, dem «Neuen Jerusalem», eines Reichs des größten Friedens. Die Bewegung war synkretistisch, sektiererisch und von großem Fanatismus bestimmt. Sie stützte sich auf bewaffnete Gewalt. Die Militärführer trugen Titel wie «Ostkönig», «Westkönig», «Südkönig», «Nordkönig» und «Nebenkönig», während Hong Xiu-quan die Position des «Himmelskönigs» einnahm.[5]

Die chinesische Administration stand dieser sozialrevolutionären und religiös fanatisierten Bewegung schwach gegenüber. Sie wollte und mußte sich aber wehren zur Verteidigung der traditionellen konfuzianischen Ordnung und Wertvorstellungen. Zunächst formierte der Beamte Ceng Guo-fan ein Freikorps, das erfolgreich operierte. Andere Beamte (Li Hong-zhang, Zo Zong-tang) folgten seinem Vorbild und schufen eigene überlegene Provinzarmeen.

Die *Tai-ping*-Bewegung scheiterte wohl wesentlich an internen blutigen Machtkämpfen und an der Unglaubwürdigkeit einzelner Führer und Unterführer sowie am Widerstand der genannten Provinzarmeen, die es vermochten, die Werte der traditionellen konfuzianischen Gesellschaft als Ziel hochzuhalten. Als letztlich die Truppen Ceng Guo-fans Nanking im Juli 1864 mit dem Ziel eroberten, die *Tai-ping*-Bewegung auszurotten, und ein Massaker veranstalteten, war der Versuch, nach christlich-egalitären Vorstellungen ein Staatswesen zu gründen, gescheitert, aber auch das Christentum in Mißkredit geraten. Die *Tai-ping*-Bewegung konnte keine generelle Umformung der Geisteshaltung und intellektuellen Überzeugungen bewirken. Eine Wiederbelebung der angestammten Traditionen verband sich in der Folgezeit mit einer feindseligen Haltung aller Gesellschaftsschichten gegenüber den abendländischen christlichen Missionen.

Dennoch, die Operationsbereiche der Missionare konnten sich im Gefolge der Eingriffe der Fremdmächte ausweiten, vor allem in den Vertragshäfen und Pachtgebieten entlang der Küste. Diese Entwicklung ist wiederum negativ mit dem «Boxeraufstand» verbunden. Zum Ursprung der Boxer-Bewegung gibt es verschiedene Überlieferungen. Eine davon besagt, daß die «Gesellschaft für Gerechtigkeit und Harmonie» (*Yi-ho tuan*) aus einer lokalen Protestbewegung entstand, als im Jahr 1887 in der Provinz Shandong katholische Missionare buddhistische Tempel gegen den Widerstand der Bevölkerung in Kirchen umwandelten. Die in der Folge entstehende Volksbewegung konnte unter dem Motto «Stützt die mandschurische Qing-Dynastie und vernichtet die Ausländer» sich einer möglichen Unterdrückung durch die Behörden entziehen und sich auf den Kampf gegen die Ausländer konzentrieren. Eine Parole der Boxer lautete: «Es regnet nur deshalb nicht, und die Erde verdorrt nur deshalb, weil die christlichen Kirchen den Himmel verdunkeln.»[6] Zu den Ursachen für diese Erhebung zählt sicher das wirtschaftliche Eindringen der Westmächte in das Land nach dem Chinesisch-Japanischen Krieg von 1894/1895, der mit dem Frieden von Shimonoseki zur Abtretung Taiwans an Japan führte und China seine Unterlegenheit in der modernen Kriegsführung drastisch verdeutlichte. Die Niederschlagung des Boxeraufstands, in dessen Verlauf auch Kirchen verbrannt und chinesische Christen getötet wurden, geht auf das Konto einer Eingreiftruppe («Relief Force») mit Soldaten aus acht Nationen. Dieser Vorgang beschleunigte das Ende des chinesischen Kaiserreichs (1911).

Zwangsläufig war die christliche Mission im Windschatten dieser äußeren politischen Ereignisse schwer belastet, zumal ein Zusammenhang zwischen Missionierung und Bekehrung, d.h. zwischen Glauben und Kultur, Christianisierung und Verwestlichung, gesehen wurde. Sowohl einzelne Missionare als auch chinesische Intellektuelle erkannten, daß sich ein Bruch mit chinesischen Lebensformen und Traditionen zwangsläufig ergeben würde. Ein neuer, für die Missionierung hilfreicher Brückenschlag zwischen Ost und West wurde durch die Realpolitik mit ihren psychischen und praktischen Folgen verhindert. Vielleicht war aber auch die Verurteilung der Jesuiten im «Ritenstreit» 1742 durch Rom jener historische und irreparable Fehler, der eine harte Markierung setzte, zumindest für die katholische und offizielle Missionsarbeit, über den die Kirchen nicht mehr hinwegkamen.

Es gab und gibt Missionare, die in der Abgeschiedenheit ihrer Stationen, ehemals im chinesischen Hinterland und heute vielleicht in Taiwan, ihre eigenen Wege gingen, sich an ihre Gemeinden anpaßten, hingebungsvolle Beziehungen zu «ihren Chinesen» pflegten und im Sinne der Mission sehr gut arbeiteten. Sicher galt und gilt dies vor allem dort, wo Gläubige nicht mit Nachdruck «gewonnen» werden sollten, sondern vielmehr das Christentum durch eine Verwirklichung christlicher Sozialethik vorgelebt wurde. Dies geschah und geschieht auch heute noch vorrangig durch die Einrichtung von Schulen und Heimen, speziell auch für jene benachteiligten Menschen, für deren Betreuung Staat und Gesellschaft kein Interesse zeigen.

Sprachen wir bisher von der katholischen Mission, so ist zu beachten, daß seit dem 17./18. Jahrhundert selbständige Missionsvereine der protestantischen Kirchen auf den Plan traten. Der erste und bekannteste protestantische Missionar war wohl Robert Morrison von der London Missionary Society, der 1807 nach Canton geschickt wurde. Als Übersetzer und Dolmetscher bei der East India Company fand er Eingang ins Land. Seine Missionsarbeit bestand vorwiegend aus Studium und Übersetzung. 1819 beendete er seine Bibelübersetzung ins Chinesische. Bei den sich entwickelnden protestantischen Missionsunternehmungen standen Bildung und Studium, Übersetzungstätigkeit, Erziehung und Wissenschaft eher im Vordergrund als bei den katholischen Missionen, die sich sehr auf die Bildung von Gemeinden und die liturgische Arbeit ausrichteten. Dieser protestantische Ansatz, mit dem Bild des Missionars und vorbildlichen Schriftgelehrten, war in einem Land, dessen Wertekategorien von klassischen Schriften der «Heiligen» bestimmt waren und in dem deren Studium zu den ersten Pflichten aller Aspiranten höherer Karrieren gehörte, erfolgversprechend, von den christlich-moralischen Ansprüchen ganz abgesehen, die mit traditionellen chinesischen zu vereinbaren waren. Diese Beziehung hatten freilich die Jesuiten schon längst bemerkt, ohne diese Erkenntnis ausspielen zu können, wie der «Ritenstreit» gezeigt hat. Die Bibel heißt *Sheng-jing*, was unübersehbar die erste Kategorie chinesischer Bibliographie aufnimmt, nämlich *jing*, «Schriften», die mit *sheng*, «heilig», kombiniert wird, ein sonst auf Konfuzius und andere Heroen der Antike verweisendes Prädikat.

Auf protestantischer Seite hatte ab 1853 J. Hudson Taylor die Inlandmission betrieben, die allen protestantischen Richtungen offenstand und finanziell durch Spenden gestützt war. Die Missionare sollten wie Chinesen im Volk und mit dem Volk leben. Bei ihrer Tätigkeit sollte die schriftbasierte Evangelisation, nicht die Gemeindebildung, im Mittelpunkt stehen.[7] Die chinesische Seite war an diesen gelehrten Möglichkeiten interessiert, und so wurde W. A. P. Martin, seit 1850 in China, zwanzig Jahre später Direktor einer offiziellen Sprachschule für Beamte (*Tong-wen guan*), deren Programm auf eine allgemeine Ausbildung hin erweitert werden konnte. Hier liegen die Anfänge der späteren Peking-Universität (*Bei-jing da-xue*). Auf katholischer Seite etablierte sich mit der katholischen *Fu-ren*-Universität ein Pendant, das heute noch sowohl in Peking wie in Taiwan, wenn auch unter verschiedenen Bedingungen, besteht und unter einheimischer Führung arbeitet. Mit Sicherheit haben all diese Bemühungen dazu beigetragen, eine größere Offenheit für westliches Gedankengut zu fördern. Die Verbindung von erzieherischem und sozialem Wirken wurde von Organisationen wie dem YMCA verkörpert und in China eingebracht. In konservativen christlichen Kreisen erfolgte als Reaktion dagegen wiederum die Betonung dogmatischer Aussagen, die sich mit sektiererischen Traditionen verbanden und in Evangelisationskampagnen engagierter Prediger und in eigene Sektenbildungen mündeten.[8]

Ziel der Missionstätigkeit mußte es sein, chinesische Priester zu gewinnen, welche die ausländischen Missionare ersetzen konnten. Hierzu war es nötig, in der Breite der Gesellschaft zu wirken, um der jungen Elite bei der Suche nach neuen Werten zu helfen. Wesentliche Ansatzpunkte für diese Arbeit waren Bildungseinrichtungen wie die genannten Universitäten. Manche Intellektuelle konnten durchaus die christliche Soziallehre attraktiv finden und in ihre Planungen miteinbeziehen, wenn sie auch andere Glaubensinhalte vielleicht nicht annahmen und nicht in die Kirche eintraten. Doch allein dieses Interesse für die christliche Sozialethik galt und gilt schon als Erfolg. Viele Missionare waren sich bewußt, daß ihr Erfolg unbestimmt war und sich sicher nicht vordergründig an der «Kopfzahl» der Getauften bemessen lassen durfte.

Bei den chinesischen Gemeinden wuchsen zunehmend Selbstvertrauen und nationales Bewußtsein. 1922 schufen die Protestanten einen nationalen Christenrat. 1926 konnten sechs chinesische katholische Bischöfe geweiht werden. In jener Epoche wurde versucht, eine Kirche zu schaffen, in der das Verhältnis zwischen chinesischer Kultur und christlichem Glauben austariert war. Auch ging es darum, sich in gewissem Maße von der langen abendländischen Kirchengeschichte und den theoretischen Weiterungen einer europäisch geformten theologischen Tradition abzusetzen.

Wie schwer es aber war, wesentliche Elemente des katholischen Glaubens, die als Dogmen festgeschrieben waren, zu präsentieren und zu vermitteln, zeigen die chinesischen Namen oder Übersetzungen. Die unbefleckte Empfängnis Marias, *sheng-mu shi-tai*, «erste Schwangerschaft der heiligen Mutter», spezifiziert durch *wu-ran yuan-zui*, «ohne die Grundschuld der Befleckung», mußte einem Chinesen, der mit seinen einheimischen Religionen, mit ihren Überlieferungen und hagiographischen Traditionen vertraut war, zunächst nicht unbekannt erscheinen. *Sheng-mu* («heilige Mutter») ist etwa aus den Titeln der weiblichen Seefahrergottheit *Ma-zu* bekannt. In der Tat sind sich beide Gottheiten, beides Jungfrauen, in ihrer Güte und als Patroninnen aller Menschen in Not frappierend ähnlich. Für *Ma-zu* wird allerdings keine unbefleckte Empfängnis und Mutterschaft berichtet. Zu fast allen anderen berühmten Heiligen der Vergangenheit, Lao-zi und Buddha Gautama allen voran, gab es Berichte von einer magischen Empfängnis und einer unblutigen Geburt. Nur eine ungewöhnliche Schwangerschaft konnte einen ungewöhnlichen Menschen und Heiligen, oder sogar Gott, hervorbringen. Hierfür können unzählige Beispiele aus der taoistischen Tradition angeführt werden. Die Auferstehung Christi, das Zurücklassen eines leeren Grabes und seine späteren Erscheinungen, auch dies sind Elemente, die aus Biographien von chinesischen Unsterblichen bekannt waren. Dennoch, diese neuen christlichen Begriffe, wie zum Beispiel die Auferstehung *Shen-ti zhi fu-huo*, «Wiederbelebung des äußeren Leibes», (auch: *Rou-shen zhi fu-huo*, «Wiederbelebung des fleischlichen Leibes»), waren zwar Chinesisch, aber klangen doch etwas fremdartig. Ähnlich befremdend dürfte zum Beispiel die Übersetzung von Trinität wirken: *Tian-zhu sheng-san*, die «Heilige Drei im Himmelsherrn», was mit der Erklärung *Tian-zhu san-wei yi-ti*, «ein Körper in den drei Positionen des Himmelsherrn», erläutert wird. Wenn gesagt wird, daß Christus als Sohn Gottes den Kreuzestod starb, so begegnet man dieser Aussage auch heute vielfach mit unverhohlenem Unverständnis. Die hiermit verbundene Vorstellung von der Erlösung von einer Erbsünde, nachvollzogen im Sakrament der Taufe, galt schnell als abstrus. Zur «Erbsünde», mit *yuan-zui*, «ursprüngliche Schuld» oder «Schuld vom Ursprung her», übersetzt, wird gefragt, wo sie denn herkomme?[9] Das Konzept einer Erbsünde war unbekannt und im Hinblick auf den Ahnenkult auch nicht akzeptabel. Die Geschichte der chinesischen Menschheit begann mit dem Wirken von Kulturheroen, von vorbildlichen Herrschern, deren Taten die Schriften der Heiligen des Altertums und dann die Historikerbeamten aufgeschrieben hatten. Hier lag der Anfang, und eben nicht in einer Schöpfung des Menschen durch Gott. Der Anfang des Menschen war auch nicht von einem Sündenfall in einem fernen Paradies begleitet. Die chinesische Ablehnung dieser christlichen Konzepte wird vielleicht noch mehr verständlich, wenn wir die Ausführungen zur Göttlichkeit des menschlichen Seins im religiösen Taoismus bedenken, die in einem früheren Kapitel gegeben wurden.

Kein Zweifel, die katholischen und protestantischen Missionare verstanden es, ihre Botschaft zu vermitteln, wie die anwachsenden chinesischen Gemeinden auf dem Festland bewiesen. Wer heute vielleicht die Gelegenheit hatte, an einer Bibelstunde teilzunehmen, der wird sich an die leuchtenden Augen der Gläubigen erinnern, die in tiefer Überzeugung von ihren Visionen berichten können, wie ihnen der Herr des Himmels erschienen sei und was er ihnen mitgeteilt habe. Der Glaube an den Gott der Christen ist geweckt worden, und er äußerst sich gelegentlich in einer fast plastischen Lebensnähe. Wir bemerken, daß christliche Philosophie und Theologie in unserer Zeit wieder vermehrt von chinesischen Gelehrten und Gläubigen, auch unter terminologischen und inhaltlichen Aspekten, studiert werden.

Wie auch immer, die kirchlichen Organisationen, in denen Chinesen seit den Anfängen im 20. Jahrhundert zunehmend führende Positionen einnahmen, konnten nur schwer den Eindruck abschütteln, daß sie von westlichen kirchlichen Bevollmächtigten bevormundet würden. Es bestanden die Netzwerke von sozialen und karitativen Einrichtungen, die nicht aus dem chinesischen Klingelbeutel zu bezahlen waren.

Nach der Gründung der Volksrepublik China wurden im Jahr 1951 die Kontakte mit westlichen Missionen unterbrochen und die Missionare des Landes verwiesen. Viele gingen nach Taiwan. 1950 hatten die Protestanten in der Volksrepublik bereits die «Drei-Selbst-Bewegung» gegründet (Selbstverwaltung, Selbsterhaltung und Selbstgestaltung), was viel über die innere Situation und das Verhältnis zu den ausländischen Kirchenorganisationen aussagt. Ein katastrophaler Einschnitt kam mit dem Ausbruch des Koreakrieges, als eine gesteuerte «Selbstsäuberung» religiöser Organisationen inszeniert wurde. Besonders schwierig wurde die Lage für die katholische Kirche, auf die wegen ihrer Treue gegenüber Rom höchster Druck ausgeübt wurde. 1954 gründeten einige chinesische Kleriker die katholische Selbständigkeitsbewegung, von der ausgehend 1957 erste Bischöfe gewählt wurden. Die Entwicklung des Christentums litt massiv unter den kommunistischen Kampagnen, wie dem «Großen Sprung nach vorne» und der «Kulturrevolution», die sich als menschliche Katastrophen und wirtschaftliche Desaster erwiesen. Ein Nebeneffekt dieser Ereignisse war aber ein massiver Rückgang an Möglichkeiten zu spiritueller Anleitung und seelsorgerischer Betreuung der Gemeinden, von der Ausbildung eines qualifizierten Klerus ganz abgesehen. Die christlichen Gemeinden auf dem Festland sind dezimiert, aber sie sind vorhanden und versuchen sich zu entwikkeln, wobei kirchliche Organisationen behutsam ihre Möglichkeiten suchen. Auf welch subtile Weise in der Volksrepublik bis heute die Vorbehalte gegen eine Beziehung der katholischen Christen zu Rom fortgesetzt werden, sehen wir am geläufigen Begriff für «Papst». Hier spricht man vom «Souverän» oder «Herrscher der Lehre» (*jiao-huang*). *Huang*, «Herrscher», legt die Vorstellung von «Macht» nahe und so die ausländische Einflußnahme, die immer noch zu befürchten sei, wie Vertreter der offiziellen Ideologie des Staates gelegentlich vorgeben. In Taiwan, wo solche Befürchtungen nicht gehegt werden, heißt das sachlich richtige Wort für «Papst» *jiao-zong*: «Patriarch (oder Ahnenlinie) der Lehre».

Bei der Vertreibung der Nationalisten (*Guo-min dang*) vom chinesischen Festland nach Taiwan im Jahre 1949 setzten auch Tausende von Christen nach Taiwan über. Die Insel stand nach fünfzigjähriger Beherrschung durch Japan wieder unter einer chinesischen Administration, die politisch und militärisch von der

Unterstützung durch die USA abhing. In diesem Kontext konnten sich christliche Missionare aller Kirchen auf Taiwan entfalten und erlangten beachtliche Missionserfolge, eben auch im Sinne der Erziehung und Stärkung eines eigenen taiwanesischen Klerus und selbständiger Gemeinden. Sicher standen die Kirchen auf Taiwan zunächst unter der Vorherrschaft von festländischen Christen. Das Verhältnis der einheimischen taiwanesischen Bevölkerung (*min-nan*) zu den politisch bevormundenden, dominanten Festländern war angespannt, was auch auf der Ebene des Gemeindelebens erschwerend wirkte. Dieses Verhältnis hat sich im Laufe der Jahrzehnte zugunsten der einheimischen Bevölkerung verbessert, bedingt durch die positive Entwicklung des Landes mit seiner zunehmenden wirtschaftlichen Macht. Mit der *Fu-ren*-Universität hat die katholische Kirche auf Taiwan eine qualifizierte intellektuelle Basis, eine Ausbildungsstätte unter einheimischer Leitung. Hier werden weltliche Fächer gelehrt und studiert, wobei eine christlich orientierte Motivation da zutage tritt, wo sie angebracht ist. Die Zukunft wird zeigen, wie sich das Christentum in China weiter entwickeln wird.

VIII. Falun Gong – ein neuer Kult?

Durch die Nachrichtensendungen über unnatürliche Todesfälle im Zusammenhang mit polizeilichen Maßnahmen in der Volksrepublik China gegen Anhänger von *Falun Gong*[1] wurde diese Gruppe auch in Deutschland bekannt. Wer sich über sie informieren will, kann im Internet ausgiebige Mitteilungen von einem deutschen Ableger dieser Gruppierung erhalten.[2] Der chinesische Name hebt mit dem Begriff *falun* einen buddhistischen Begriff hervor, der im Deutschen mit «Gebotsrad» mißverständlich übersetzt wird.[3]

Die Administration der Volksrepublik hat die Bewegung verboten und versucht, ihre Vorgehensweise zu begründen, ohne daß diese Begründungen im Ausland akzeptiert würden. So wird etwa unter dem Titel «Falun Gong – Cult of Evil» von Organen der Volksrepublik eine CD verteilt, in der *Falun Gong* mit Sekten aus Nordamerika und Japan verglichen und auf die Stufe gesellschaftlich und individuell schädlicher Kulte gestellt wird. Es wird behauptet, daß *Falun Gong* sich, wie andere Sekten, ihre Anhänger gefügig mache, sie finanziell ausbeute und durch abwegige Instruktionen psychisch und physisch vernichte. So weigerten sich *Falun-Gong*-Anhänger, Medizin zu nehmen, und würden vollkommen ruiniert eine Belastung für die Gesellschaft, die sie in psychiatrischen Anstalten pflegen müßte. Viele begingen aus freien Stücken Selbstmord.[4] Wenn wir aber feststellen, daß die Probleme, welche die Volksrepublik im Umgang mit *Falun Gong* sieht, aus anderen Ländern nicht vermeldet werden, bietet sich die Erklärung an, daß wir mit einem politischen Thema konfrontiert sind, welches im sozialen Umfeld der Volksrepublik entstanden ist. Dieser Aspekt wurde von Thomas Heberer in seiner Studie unter dem Titel «Falungong – Religion, Sekte oder Kult? Eine Heilsgemeinschaft als Manifestation von Modernisierungsproblemen und sozialen Entfremdungsprozessen» angesprochen.[5] Der Untertitel dieser Studie verweist auf ungelöste gesellschaftliche Probleme in der Volksrepublik.

Die Studie von Th. Heberer setzt hinter die Worte «Religion, Sekte oder Kult» ein Fragezeichen. Wenn wir die uns zugänglichen Selbstdarstellungen von *Falun Gong* weiter verfolgen, und das soll unser Vorgehen sein, dann scheint der von Th. Heberer eingeführte Begriff der «Heilsgemeinschaft» der Realität von *Falun Gong* nahezukommen. Dies wollen wir aber weiter prüfen. Allerdings modifiziert Th. Heberer die Bezeichnung «Heilsgemeinschaft» durch die Theorien von E. Durkheim, so daß dieser Begriff in Richtung «Religion» umgedeutet wird.[6] Es ist möglich, den von der deutschen Basis von *Falun Gong* verbreiteten Internetseiten Informationen zu entnehmen, die zeigen, daß *Falun Gong* eine individuelle Lebensform vertritt. Es gibt bei dieser Gruppe kein religiöses Initiationsritual und auch keine Bestallung mit religiösen Symbolen, vergleichbar etwa den «Registern» der taoistischen Priester. Es werden auch keine Gelöbnisse abgelegt. Äußerlich gibt es keine sichtbaren Zeichen, keine Tonsur und keine Kutte.

Im Jahr 1992 hat Li Hongzhi in China die Prinzipien und Regeln von *Falun Gong* verbreitet und zwei Jahre lang erfolgreich propagiert. Im September 1999 formierte sich eine *Falun-Gong*-Gruppe auch in Taiwan, vielleicht als Reaktion auf deren Verbot in der Volksrepublik. In Taiwan soll es inzwischen 100 000 Anhänger geben, ohne daß sie in Staat und Gesellschaft Aufsehen erregten. Da die Anhänger von *Falun Gong* nicht intern registriert werden, sind Zahlen nicht zu bestätigen. Wo sich Gruppen bilden, gleich in welchen Ländern, handeln sie autonom, ohne einander hierarchisch zugeordnet zu sein. Sie kommunizieren wesentlich über das Internet. Äußerlich gesehen sind konspirative Verhaltensweisen festzustellen. Niemand wird gezwungen, sich anzuschließen. Anhänger werden nicht von ihren Familien oder Freunden isoliert, auch werden keine freiwilligen Spenden erwartet. Wegen des offenkundigen Fehlens einer Organisation wird *Falun Gong* vom taiwanesischen Innenministerium nicht als religiöse Gruppe anerkannt.

Die CD «Falung Gong – Cult of Evil» aus der Volksrepublik zeigt den Gründer Li Hongzhi in Buddha-ähnlicher Haltung mit gelber Mönchskutte. Die Bilder eignen sich, einen Anspruch auf überlegene Fähigkeiten und eine an Göttlichkeit grenzende Position zu beanspruchen. Li Hongzhi wird in den vorliegenden

Quellen als charismatischer Führer gezeigt, was auf einen religiösen Kult verweisen könnte, wenn nicht das Fehlen wichtiger Kriterien für einen Kult eingeräumt werden müßte.[7] Eine Betrachtung der Quellen zeigt, daß das Individuum als energetische und geistige Entität gesehen wird, die zu einem neuen Seinsniveau geführt werden soll:

> *Falun Dafa* [«Große Methode des Gebotsrads»], auch *Falun Gong* genannt, ist eine Meditationspraxis für Körper und Geist, wobei der Praktizierende die höchsten Prinzipien von *Falun Dafa* – Wahrhaftigkeit, Barmherzigkeit, Nachsicht – und die fünf harmonischen, leicht zu erlernenden Übungen in sein alltägliches Leben integriert.[8]

Diese Ausführungen sind sehr allgemein gehalten. Es lohnt sich, Kernaussagen zum zentralen «Gebotsrad» (*falun*) zu betrachten, die wir in Paraphrase darstellen. Die «Große Methode der Kultivierung des Gebotsrads» (*Falun-Xiulian-Dafa*) soll dem «Gebotsrad-Kultivationssystem» der buddhistischen Schule entspringen. Es handle sich also um einen besonderen Weg des «buddhistischen Qigong», der sich von den «übrigen buddhistischen Kultivationswegen» unterscheide.[9] Immer wieder wird auf den Buddhismus Bezug genommen, wobei zugleich betont wird, daß *Falun Gong* eben doch etwas anderes sei.[10] Li Hongzhi erklärt, daß das Universum nur zwei Religionen kenne, nämlich Buddhismus und Taoismus. Alle anderen Systeme würden, wenn sie schließlich ausgereift seien, einer der beiden Religionen zufallen. Der Konfuzianismus gehöre dann zum Taoismus, während die meisten westlichen Glaubenssysteme dem Buddhismus zufallen würden. Eine ungewöhnliche Meinung, die verständlich wird, wenn wir bedenken, daß *Falun Gong* sich über diese beiden Religionen oder die Grundkategorie aller Religion erheben will.

Das «Gebotsrad» *Falun* sei eine «Miniatur des Kosmos», die die gleichen Eigenheiten wie der äußere Kosmos besitze. Die Anhänger der *Falun Gong* würden in kurzer Zeit, natürlich nur bei einer richtigen Praxis der von Li Hongzhi beschriebenen Meditationsübungen, ein *Falun* von unendlicher Kraft bekommen.

> Ist das *Falun* einmal entstanden, existiert es als ein intelligentes Lebewesen. Gewöhnlich dreht es sich automatisch an der

> Stelle des Unterbauchs des Anhängers, wobei es aus dem Kosmos Energie sammelt und evolviert. Und schließlich formt es die Energie in dem Körper des Anhängers zur Kultivationsenergie um, wobei der Effekt erzielt wird, daß der *Falun-Xiulian-Dafa* den Menschen kultiviert ... Innerlich kann das *Falun* zur Selbsterlösung benutzt werden, weil es den Anhänger gesund und weise macht, ihn vor Abweichungen bei der Kultivation schützt, und auch davor, von Leuten mit schlechter *Xinxing*[11] gestört zu werden. Äußerlich kann das *Falun* andere Leute durch Heilung ihrer Krankheiten erlösen und die üblen Geister beseitigen und alle anomalen Zustände berichtigen. Das *Falun* dreht sich ununterbrochen am Unterbauch, neun Umdrehungen im Uhrzeigersinn und neun Umdrehungen gegen den Uhrzeigersinn. Beim Drehen im Uhrzeigersinn nimmt es aus dem Kosmos große Mengen hoher Energie auf ... Beim Drehen gegen den Uhrzeigersinn gibt es Energie frei, um alle Lebewesen zu erlösen und die anomalen Zustände zu berichtigen. Davon können alle Leute, die sich in der Nähe von den Anhängern befinden, profitieren. Von allen *Qigong*, die jetzt in China verbreitet werden, ist der *Falun-Xiulian-Dafa* das einzige, das seine Anhänger kultiviert.[12]

An anderer Stelle lesen wir:

> Alltäglich speichert [das *Falun*] ständig am Unterbauch des Menschen Energie, die es durch die Rotation aus dem Kosmos gesammelt hat. Schon durch die Rotation kann es den Menschen läutern, d.h. auch wenn der Mensch keine Zeit hat, den *Falun-Xiulian-Dafa* zu betreiben, das *Falun* läutert ihn ununterbrochen. Wie bekannt ist, muß ein normaler Mensch am Tage arbeiten und sich in der Nacht erholen. Er hat nur sehr begrenzte Zeit den Weg zu praktizieren ... Auf solche Weise ist es wirklich schwer, das Ziel zu erreichen, 24 Stunden lang den Weg zu machen. Aber das *Falun* rotiert ständig, wirbelt große Mengen von *Qi* (der primären Form der Energie) aus dem Kosmos nach innen hinein. Tage und Nächte speichert das *Falun* das hinein gewirbelte *Qi* und wandelt es in eine Art höhere Substanz um, die zum Schluß am Körper des Anhängers zum «Gong» wird. Eben das bedeutet, daß der «*Falun-Xiulian-Dafa* den Menschen läutert». Die Kultivation durch

den *Falun-Xiulian-Dafa* unterscheidet sich von den Kultivationstheorien über *Qigong* der Internen Alchemie von verschiedenen Schulen.[13]

Diese Ausführungen verweisen auf die immense Konkurrenz, die in der Volksrepublik zwischen den unzähligen *Qigong*-Schulen besteht. Oft scharen sich nur wenige Praktikanten um einen Meister, der sie meditativ und praktisch anleitet und auch mit ihnen gemeinsam übt. Diese Verhältnisse sind ein positives Phänomen in der chinesischen Gesellschaft, an dem Jung und Alt frei und individuell partizipieren können. Der Zweck liegt in einer mentalen und physischen Hygiene, nämlich in der Befreiung von Blockaden der spirituellen und energetischen Kräfte des Menschen, welche durch die Ernährungsgewohnheiten, mangelnde Gesundheit und auch durch allgemeine Lebensumstände entstehen. Die ausgefeilten *Qigong*-Praktiken haben ihre Ursprünge letztlich in der Antike, wozu an die Techniken der Unsterblichkeit der Experten (*fang-shi*) erinnert sei, ohne daß eine direkte belegbare Fortsetzung jener Traditionen behauptet werden könnte. Als Mittler zwischen Vergangenheit und Gegenwart ist die Kultur des religiösen Taoismus und Buddhismus anzunehmen, die allerdings in der Volksrepublik dezimiert wurde.

Falun Gong kann daher an diese alten Traditionen nur bruchstückhaft anknüpfen, wenn sie überhaupt bekannt oder verstanden sind. Die Konzentration auf den Begriff *qi* («Vitalkraft», «Energie», «Odem» etc.) bestätigt jedenfalls die Zuordnung zur Sphäre der «*Qigong*-Kultur» in der Volksrepublik. *Falun Gong* unternimmt es nun, die Leistungen des traditionellen *Qigong* zu einer missionarisch verklärten Heilsbotschaft und Pseudoreligion umzudeuten. Dies ist erkennbar an den behaupteten heilenden und erlösenden Effekten der Kultivierung der *Falun-Gong*-Schule.

Nachdem der Körper eines Anhängers, der den *Falun-Xiulian-Dafa* kultiviert, gereinigt worden ist, erreicht er einen Zustand, nämlich den des «Milchweißen Körpers», der den Kultivationsbedingungen für den *Falun-Xiulian-Dafa* entspricht. Nur wenn ein solcher Zustand eintritt, kann sich die Kultivationsenergie entwickeln. Derjenige, dessen Himmelsauge auf einer hohen Stufe liegt, kann wahrnehmen, daß die Kultivationsenergie in der Haut des Anhängers entsteht. Dann zieht sie sich in den Körper des Anhängers zurück. Dieser Vorgang wiederholt sich mehrmals, wobei der Anhänger eine Stufe nach der anderen passiert. Manchmal vollzieht sich dieser Vorgang sehr schnell. Das ist die erste Phase der Manifestation der Kultivationsenergie. Danach ist der Körper des Anhängers kein normaler Körper mehr. Ein Anhänger mit dem Milchweißen Körper kann nicht mehr krank werden. Aber er kann danach hier und da Schmerzen spüren. Oder er fühlt sich irgendwo am Körper unwohl, als ob er krank wäre. Das ist aber keine Krankheit mehr, sonder wird durch das *Karma* verursacht. ... In der zweiten Phase der Manifestation der Kultivationsenergie sind die intelligenten Lebewesen seines Körpers ziemlich groß geworden. Sie können sich bewegen und sprechen. In diesen intelligenten Lebewesen ist eine große Menge an Energie gespeichert. Sie dienen dazu, den *Benti* zu ändern.

Wenn ein Anhänger eine ziemlich hohe Ebene des *Falun-Xiulian-Dafa* erreicht hat, erscheinen manchmal Feine Kindchen überall an seinem Körper, die unartig und gutherzig sind und sehr verspielt. Außerdem kann noch eine andere Art Körper kultiviert werden, der Fötus genannt wird. Er sitzt auf einem Lotosthron und sieht sehr schön aus. Der Fötus entsteht durch die Kombination des Yin und Yang des menschlichen Körpers. Sowohl Anhänger als auch Anhängerinnen können alle den Fötus herauskultivieren. Anfangs ist er sehr klein. Er wächst mit der Zeit und wird schließlich so groß wie der Anhänger selbst und hat ein gleiches Aussehen wie dieser. Er befindet sich in dem Körper des Anhängers. Wenn einer übernatürliche Funktionen hat, kann er wahrnehmen, daß der Anhänger zwei Körper hat.[14]

Die umfangreichen bildlichen Anleihen aus der taoistischen Selbstkultivierung, wie etwa der «Fötus», werden unvermittelt präsentiert und bleiben in ihrem ursprünglichen Sinn unerklärt. Diese Elemente, die im Taoismus eine religiöse Signifikanz haben, sind nur aus dem Kontext der traditionellen taoistischen Selbstkultivierung heraus zu verstehen. Dieser Kontext aber fehlt offenbar bei *Falun Gong*, was die skurrilen Aussagen zum «Milchweißen Körper» oder den «intelligenten Lebewesen [des verfeinerten] Körpers [des Praktikanten]» belegen. Es handelt sich um eine

Zusammenfügung tradierter Bilder, deren reale Entstehung und Bedeutung nicht deutlich werden. Dies zeigt auch die folgende Passage:

> Der *Falun*-Himmelskreis. Der menschliche Körper ist ein kleines Universum für sich. Die Energie des menschlichen Körpers kreist einmal um den Körper, was die Zirkulation des kleinen Universums und zugleich auch der Himmelskreis genannt wird. Die Verbindung des *Ren-Mai* (Ren-Meridian) mit dem *Du-Mai* (Du-Meridian) gehört immer noch zum oberflächlichen Himmelskreis, der für die Kultivation des Lebens keine Rolle spielt. Der wirkliche Kleine Himmelskreis zirkuliert intern vom *Niwan*-Palast zum *Dantian*. Die interne Zirkulation kann dazu führen, daß sich die Energie des Körpers von innen nach außen ausdehnt, wobei alle Meridiane geöffnet werden. Unser *Falun-Xiulian-Dafa* erfordert, daß schon am Anfang alle Meridiane geöffnet werden müssen. Der Große Himmelskreis ist die Zirkulation der acht Sondermeridiane um den ganzen Körper. Wenn der Große Himmelskreis eines Anhängers nicht mehr blockiert ist, wird er folgenden Zustand erreichen: Er kann in die Luft fliegen, was in den «Texten der Internen Alchemie» «Am hellen Tag zum Himmel fliegen» heißt. Aber normalerweise wird ihm ein gewisser Körperteil verschlossen, damit er nicht fliegen kann. Auf diese Weise wird ein Zustand entstehen: Er ist immer flink und schnell beim Gehen ... Die Zirkulation des *Falun*-Himmelskreises ist viel größer als die der acht Sondermeridiane bei anderen Kultivationswegen [!]. Die Energie zirkuliert in allen kreuz und quer laufenden Meridianen des Körpers, die dadurch auf einmal geöffnet werden. In unserem Kultivationssystem [!] wird all dies enthalten, und du mußt das nicht künstlich kultivieren und willkürlich die Energie lenken. Wenn du trotzdem so etwas machst, wirst du bestimmt vom richtigen Weg abweichen. In dem Trainingskurs setze ich dir einen *Qiji* (Energie-Mechanismus), der automatisch zirkuliert, rund um den Körper. Der *Qiji* ist etwas Besonderes für die Kultivation auf hoher Ebene. Er bildet einen Teil zum automatischen Praktizieren unseres Kultivationssystems. Wie das *Falun* dreht er sich ständig und bringt die Meridiane im Körper in Bewegung. Obwohl du den

> Himmelskreis nicht praktiziert hast, wird deine Energie in den Meridianen im ganzen Körper dennoch zur Zirkulation gebracht. Die Kultivationsbewegungen, die wir üben, dienen nur dazu, den *Qiji* rund um den Körper zu verstärken.[15]

Diese Aussagen belegen nochmals das Fehlen eines konkreten Verständnisses der literarisch und historisch begründeten taoistischen Belange. Die vorliegenden Internetseiten geben weitere Erklärungen, die wir in Auswahl betrachten. Die Einsprengsel chinesischer Begriffe im deutschen Text wirken wie eine Geheimsprache, und so agieren hier *Falun-Gong*-Anhänger im erhebenden Bewußtsein, über exklusives Spezialwissen zu verfügen.

> Der *Falun-Xiulian-Dafa*[16] ist ein System, das zur buddhistischen Schule gehört. Aber er geht weit über die buddhistische Schule hinaus und kultiviert in Übereinstimmung mit dem Kosmos. In der Vergangenheit stand die Kultivation der buddhistischen Schule unter der Anleitung der buddhistischen Lehre, und die Kultivation der taoistischen Schule unter der Anleitung der taoistischen Lehre. Keine von beiden hat von Grund auf den Kosmos geoffenbart. Wie ein Mensch besitzt der Kosmos außer der Materie noch Eigenschaften, die zusammengefaßt aus drei Wörtern bestehen: *Zhen* (Wahrheit), *Shan* (Gutherzigkeit), *Ren* (Nachsicht). Die Kultivation der taoistischen Schule legt großen Wert auf «*Zhen*», ein taoistischer Anhänger wird dazu aufgefordert, wahre Worte zu sagen, Wahres zu tun und zu seiner ursprünglichen Natur zurückzukehren. Und schließlich wird er zu einem *Zhenren* (einem Unsterblichen). Auf *shan* liegt der Schwerpunkt der Kultivation der buddhistischen Schule. Von einem buddhistischen Anhänger wird verlangt, Gutherzigkeit zu zeigen und alle Lebewesen zu erlösen. Aber unser System kultiviert gleichzeitig *Zhen*, *Shan* und *Ren*, ein Anhänger kultiviert sich entsprechend den grundlegenden Eigenschaften des Kosmos, um sich schließlich dem Kosmos zu assimilieren ... ein Kultivationsweg, der sowohl das Leben als auch die Natur kultiviert ... Wenn der Anhänger in der Kultivationspotenz und in der *Xinxing* eine gewisse Ebene erreicht hat, wird er in der menschlichen Welt schon Erleuchtung bekommen und sein *Gong*[17] aufmachen. Dabei bekommt er einen unsterblichen menschlichen Körper.[18]

Es ist bemerkenswert, daß dieser Text das Ziel eines «unsterblichen menschlichen Körpers» vorgibt! Anschließend wird erklärt, daß es die zwei Ebenen des «Weltlichen Gebots» (*Shijianfa*) und des «Überweltlichen Gebots» (*Chushijianfa*) gebe, die jeweils wiederum in verschiedene Kultivationsebenen gegliedert seien. Die vielseitigen Anstrengung, die Li Hongzhi unternimmt, sich gegen buddhistische und taoistische Traditionen abzusetzen, die immer wieder oberflächlich bemüht werden, belegt auch der Text «3. Die Besonderheiten des *Falun-Xiulian-Dafa*»:[19]

> Die größte Besonderheit unseres *Falun-Xiulian-Dafa* besteht darin, das *Falun* zu kultivieren und keine interne Alchemie [*nei-dan*] zu praktizieren. Die heute in der Gesellschaft verbreiteten Formen des *Qigong*, gleich aus welchen Systemen oder aus welchen Schulen, ob sie buddhistisch, taoistisch oder im Volk üblich und auch heterodox sind, zielen alle auf die Kultivation des inneren Elixiers ab. Das nennt man *Qigong* der Internen Alchemie. Mönche, Nonnen und taoistische Priester kultivieren alle das innere Elixier. Bei der Verbrennung ihrer sterblichen Überreste kann man das buddhistische Relikt finden, das sehr hart ist und sehr schön aussieht. Auch mit wissenschaftlichen Instrumenten kann man nicht herausfinden, woraus es zusammengesetzt ist. Das ist eben das Elixier, eine Substanz von hoher Energie, die aus einem anderen Weltraum gesammelt wird und eigentlich nicht in unserem Weltraum existiert. Es ist sehr schwer, durch das Betreiben des *Qigong* der Internen Alchemie noch während seines Lebens zur Erleuchtung zu gelangen. In der Vergangenheit versuchten viele taoistische Priester, die das *Qigong* der internen Alchemie betrieben, das Elixier aus ihrem Körper zu heben. Als sie es bis zu dem *Niwan*-Palast [i.e. das Hirn] gehoben hatten, gelang es ihnen nicht mehr, es herauszubekommen. Die Folge war, daß sie daran erstickten. Manche Anhänger versuchten, das Elixier zu sprengen. Aber es gelang ihnen auch nicht ... Natürlich gibt es auch viele wirklich gute Kultivationswege. Die sind dann wirklich gut, wenn man die richtige Unterweisung dafür erhalten hat. Oft wird aber nichts vermittelt, was zu dieser hohen Ebene gehört.

Mit *nei-dan* («Innere Alchemie»), mit dem *Ni-wan* («Lehmkugel»)-Palast im Kopf des Menschen und den drei «Zinnoberfeldern» (*dan-tian*) in seinem Körper werden taoistische Termini angeführt, welche das menschliche Energiepotential und seine Pflege betreffen. Die Worte *ni-wan* und *dan-tian* markieren dabei zentrale Stationen bei der meditativen und atemtechnischen Führung innerer Energien. Dies hat aber mit dem *Falun* und den Praktiken des Li Hongzhi kaum etwas gemein, auch nicht im Hinblick auf den angestrebten «unsterblichen menschlichen Körper». In den Schriften des *Shang-qing*-Taoismus aus dem 4./5. Jahrhundert lesen wir von einer letzten Phase der Pflege des Lebens durch eine ausschließlich spirituelle Ernährung mit kosmischen Essenzen, was als Höhe- und Endpunkt der Selbstkultivierung bzw. des Lebens in dieser Welt angestrebt wird. So soll schließlich die Verschmelzung mit dem Kosmos, das physische Eingehen in die Welten der Unsterblichen, erlangt werden. Dies erreichten wohl nur die legendären Gestalten der taoistischen Hagiographie. Es gab aber entsprechende Praktiken, die von taoistischen Priestern (*dao-shi*) und Eremiten betrieben wurden, um diesem Ideal nahezukommen. Sie sind verbunden mit langwierigen Methoden einer besonderen Diät und mit einer Lebensgestaltung von religiöser Qualität. Davon ist bei *Falun Gong* keine Rede. Die Aussage, daß Taoisten an ihrem Elixier erstickten, lesen wir erstmals in diesem *Falun-Gong*-Text. Behauptungen dieser Art wurden noch nicht einmal von den Gegnern der Taoisten im alten China aufgestellt, von Buddhisten und Konfuzianern, die mit taoistischen Belangen vertraut waren. Die Theorien der *Falun Gong* sind Ideen zur individuellen Lebensgestaltung, die sich im Wettstreit mit Buddhismus und Taoismus[20] befinden. Vor allem aber sind es die anderen *Qigong*-Systeme, die als Herausforderung gesehen werden.

Für den Vergleich mit dem Buddhismus müßten wir die Schulen «Buddhismus des reinen Landes» (*Jing-tu*) und den Meditationsbuddhismus *Chan* heranziehen. Sie haben eine völlig andere Basis und Zielrichtung als *Falun Gong*. Die drei Tugenden der *Falun Gong*, nämlich *Zhen* («Wahrheit»), *Shan* («Gutherzigkeit») und *Ren* («Nachsicht»), sind in Buddhismus, Taoismus und Konfuzianismus Selbstverständlichkeiten, wie überall im säkularen zivilisierten Leben. Der Umstand, daß sie bei *Falun Gong* besonders hervorgehoben werden, kann vielleicht auf gesellschaftliche Situationen im Ursprungsland der Schule verweisen. *Falun*

Gong dokumentiert den Versuch, neue Möglichkeiten der *Einfügung* in die eigene Gesellschaft zu finden und «gut zu sein», ohne sich politischen Strukturen anzudienen. Doch kommen wir zur Frage unseres Themas zurück, ob es sich hier um einen Kult im Sinne von Religion handle.

Wir lernen im Internetdokument «Was ist Falun Dafa?», daß es sich um eine «Meditationspraxis» handelt, die «keine religiösen Formen, keine Rituale oder Anbetung» kennt. Alle Kurse und Übungsgruppen werden von freiwilligen Praktizierenden gehalten und sind kostenlos. Spenden werden nicht angenommen. Alle Materialien sind «kostenlos im Internet erhältlich». *Falun Dafa* ist eine «Anleitung, die Menschen hilft, ihre Moral und ihre Tugenden zu festigen, so daß sie mit weniger Streß und mit mehr Gelassenheit leben können. ... Praktizierende werden dazu aufgefordert, unter allen Umständen ein guter Mensch zu sein. *Falun Dafa* lehrt das Ablegen von Neid, Gier, Egoismus und anderen negativen Verhaltensweisen ... [und] das Loslassen von ungesunden Anhaftungen sowie den Umgang mit Verlust und Gewinn.» «Verlust» meint hier die Forderung, «die weltlichen Gedanken und eigensinnigen Neigungen zu verlieren».[21] «Höchstes Ziel» ist es, zum «wahren ursprünglichen Selbst» zurückzukehren. Dies wird in der Meditation erreicht, die von fünf langsamen Bewegungen begleitet wird.

Aus dem Internet können wir rudimentäre Anleitungen zu diesen begleitenden Übungen entnehmen, die unter dem Titel «Das 4. Kapitel, die Kultivationsbewegungen des Falun-Xiulian-Dafa» präsentiert werden. Wir zeigen Beispiele aus dem ersten Übungsblock dieses Kapitels, die mit dem Namen *Fo Zhan Qian Shou Fa* («Der Buddha streckt eintausend Hände aus») benannt sind. Nachdem sich der Praktikant einen chinesischen Merkvers vergegenwärtigt hat, entspannt er sich zur «Vorbereitung», darf aber «nicht schlaff» werden:

> Die Entfernung zwischen den beiden Beinen gleicht der Schulterbreite. Ganz natürlich dastehen. Beide Beine beugen sich leicht. Die Knie und die Hüfte bleiben leicht krumm. Der Unterkiefer geht leicht zurück. Die Zunge berührt den Oberkiefer. Die Zähne öffnen sich leicht. Die Lippen aber bleiben zu. Die Augen werden leicht geschlossen. Das Gesicht

zeigt eine ruhige und liebenswürdige Miene. Beim Praktizieren kommt der Anhänger sich riesengroß vor.

Es folgen elf Beschreibungen von Bewegungen der Hände. Fast alle haben Namen, die direkt auf den Buddhismus verweisen. Im folgenden geben wir vier aus der genannten Internetseite wieder:

Lian Shou Jie Yin, «Beide Hände bilden ein Siegel», wobei mit *yin* der buddhistische Ausdruck für *mudrâ*, «rituelle Handhaltung», Anwendung findet. Die genannte Handhaltung ist in wissenschaftlichen Lexika nicht belegt. Dies gilt auch für die folgenden «*mudrâs*».[22] Der Text beschreibt, wie die Hände eine «ovale Form» bilden und vor dem «Abdomen» verbleiben, während durch Bewegungen der Arme die beiden Achselhöhlen «ganz offen sind».

Mi Le Shen Yao, «Maitreya streckt sich», diese Bewegung baut auf der vorangehenden auf, indem das «Siegel» (die Hände in Siegelform) hochgehoben wird und die beiden Beine sich strecken. Wenn die Hände auf der Höhe des Kopfes sind, «öffnet sich das Siegel», und die Handflächen drehen sich nach oben. Die Finger sollen dann gegeneinander stehen, «20 cm bis 25 cm voneinander entfernt». Während sich der Kopf nach oben streckt, ist der Körper gerade aufzurichten.

Ru Lai Guan Ding, «Der Tathagata [Buddha Gautama] gießt Energie in den Scheitel». Der vorangehenden Übung folgend drehen sich die beiden Hände nach außen um 140 Grad, wodurch die beiden Hände einen «Trichter» bilden. Die Ellenbogen strecken sich, und die Hände gehen nach unten. Die beiden Hände fallen bis vor die Brust. Die Entfernung zwischen den Händen und der Brust beträgt circa zehn Zentimeter, dann «gehen die Hände wieder vor das Abdomen».

Shuang Shou He Shi, «Beide Hände bilden einen Buddha-Gruß». Hier heißt es: «wenn die Hände vor das Abdomen kommen, ziehen sich die Hände sofort nach oben vor die Brust und bilden einen *He Shi* (Buddha-Gruß). Beim *He Shi* müssen sich die Finger und die unteren Enden der beiden Hände berühren, während sich die beiden Handflächen nicht berühren. Die beiden Ellbogen heben sich ... bilden eine gerade Linie.» Es wird darauf verwiesen, daß die Hände immer in Form der «Lotoshand» *Lian*

Hua Zhang gehalten werden müssen, wenn nicht gerade die Formen *He Shi* und *Jie Yin* angenommen werden.

Photos veranschaulichen diese Anleitungen, die sicherlich nur unter persönlicher Betreuung eines fortgeschrittenen Anhängers auszuführen sind. Die Verwendung von buddhistischen Namen schlägt in China vertraute Saiten an, ohne daß *Falun Gong* damit schon in einem inneren Bezug zum Buddhismus stehen würde, wie mehrfach ausgeführt.

Bei verschiedenen Gelegenheiten wurden in Deutschland von Anhängern der *Falun Gong* Informationsmaterialien verteilt. Bei den «Asien-Pazifik-Wochen» in Berlin (2001) war die Zeitung «Falun Dafa, zum Kennenlernen» kostenlos erhältlich. Neben Darstellungen zur «Situation in China» erhält der Leser Kurzeinführungen zu den zentralen «fünf Übungen» und plakativ gehaltene Darlegungen zu den angeblichen Wirkungen dieser Übungen. So erfahren wir zum Beispiel zur Übung «Die Falun-Pfahlstellung», einer «ruhigen Stehübung», daß beim «öfteren Praktizieren» der Körper «vollständig geöffnet und aufgeschlossen» werde. «Diese Übung fördert die Weisheit und verstärkt gleichfalls die göttlichen Kräfte ... Mit zunehmender Dauer der Übungszeit und häufiger Übungspraxis läßt sich das Drehen des *Falun* (Gebotsrad) zwischen den Armen spüren.»[23]

Die Texte wollen Angebote machen und Neugierde wecken, sich mit Praktikanten von *Falun Gong* zu treffen, was eine bekannte Werbemethode von Sekten darstellt. Allein die Erwähnung von «göttlichen Kräften» und die Bezüge auf die buddhistische Ikonographie können den Eindruck vermitteln, einem Kult zu begegnen. Dies verstärkt das Symbol der Gruppierung mit den abgerundeten Formen des Swastika-Zeichens:

> Kultivierung mit *Falun Dafa*: *Falun Dafa* gehört zur buddhistischen Kultivierungsrichtung. Es werden neben der «Wahrhaftigkeit» und «Barmherzigkeit» noch die «Nachsicht» kultiviert. Somit richtet man sich nach den höchsten kosmischen Eigenschaften. Die Lehre des *Falun Dafa* wurde über Jahrtausende überliefert und ist tiefgreifend. Sie gibt Einblick in die Zusammenhänge zwischen dem Leben, der Natur und dem Kosmos und erklärt die Prinzipien «Wahrhaftigkeit, Barmherzigkeit, Nachsicht» auf verschiedenen Ebenen. Für *Falun-*

Gong-Kultivierende ist das der Maßstab, nach denen man sein tägliches Denken und Handeln richtet.[24]

> Mancher sagt: Dieses Swastika sieht so aus wie das Ding von Hitler. Ich [Li Hongzhi] sage euch, dieses Zeichen hat von sich aus keine Klassenbedeutung. Mancher sagt: Wenn die Ecke nach dieser Seite gerichtet wird, dann ist es das Ding von Hitler. Es kommt jedoch nicht darauf an, es dreht sich nach beiden Seiten. ... Mancher sagt, daß es Glück und Wunscherfüllung bedeutet ... Ich sage euch, das Swastika ist das Symbol für die Ebene des Buddha, nur diejenigen, die die Ebene des Buddha erreicht haben, haben es.[25]

Daneben sehen wir ein Bild des Buddha mit dem Swastika auf der Brust. Die Verbindung mit Bildern Li Hongzhis in Buddha-Pose belegt seine Selbsteinschätzung. Andererseits sehen wir im Buch *Zhuan falun* von Li Hongzhi das Bestreben, für *Falun Gong* eine überlegene Position gegenüber dem Buddhismus zu behaupten. Der Titel des Kapitels *Kaiguang* («Eröffnung der Leuchtkraft») verweist auf das Ritual der Beseelung buddhistischer Kultfiguren, wodurch die spirituelle Macht des Buddha gegenwärtig wird.[26] Im Buch *Zhuan falun* wird dieser Vorgang abschätzig behandelt. Seine Wirkung müsse ausbleiben, da die ausführenden Mönche nicht mehr die Fähigkeit hätten, das Ritual richtig durchzuführen. Explizit wird auf die «Kulturrevolution» verwiesen, während der die gebildeten Mönche verschwanden und die religiösen Traditionen unterbrochen wurden. Auf die Geschichte und Durchführung dieses Rituals im Buddhismus wird nicht konkret eingegangen. Li Hongzhi wendet sich vielmehr rasch seiner eigenen Person zu und berichtet von den Erfolgen der «Eröffnung der Leuchtkraft» durch seine eigene Lehrtätigkeit. Das ist hier «*Kaiguang*».

Li Hongzhi spricht Erfahrungen seiner Landsleute an, wenn er sich zu *Wushu qigong* («Kampfsport-*Qigong*») äußert.[27] Er versteht es, mit solchen Begriffen Interesse zu wecken und auf Geschichte und Tradition zurückzugreifen, wie oberflächlich die Ausführungen auch sein mögen. Gelegentlich tritt der Mangel an Kenntnis unmittelbar hervor, so in den Ausführungen *Xingming shuangxiu* «Doppelte Kultivierung von Sein und Leben».[28] Während der Buddhismus mit der Kultivierung von *xing* («Sein», «Natur», «Disposition») und der Taoismus mit der Kultivierung von *ming* («Leben», «Existenz», «Lebensauftrag») verbunden wird, soll die Lehre von Li Hongzhi den Vorteil haben, beides zugleich zu kultivieren. Dies soll sich am jungen Aussehen des erfolgreichen Praktikanten manifestieren, wie zum Beispiel an Li Hongzhi selbst. Hier wird kein Blick zurück auf den *Quan-zhen*-Taoismus geworfen, der seit dem 12. Jahrhundert als explizite Kernaussage die «doppelte Kultivierung» von *xing* und *ming* auf sein Panier geschrieben hatte. Er praktiziert dies bis heute im taoistischen Tempelkloster *Bai-yün guan* in Peking oder in den vielen anderen *Quan-zhen*-Klöstern.

Falun Gong erweist sich als Bewegung, die auf einen Führer hin angelegt ist. Er versteht es, geläufige *Qigong*-Praktiken neu zu formulieren und mit einer religiösen Aura zu verbrämen. Sicher spricht Li Hongzhi religiöse Bedürfnisse an, erscheint er doch als *quasi*-Buddha und weise Heilsgestalt. Er scheint Orientierung für eine individuelle psycho-physische Praxis zu bieten, die den Praktikanten über die Nüchternheit und Enge einer im Aufbruch befindlichen Gesellschaft hinweghelfen soll.

Als Religion oder Kult kann *Falun Gong* nicht bezeichnet werden, sondern vielmehr als Form einer individuellen *Lebensgestaltung*. Einen Anspruch auf Vermittlung von Transzendenz, von Heil und Hilfe im Sinne der chinesischen Religionen, kann *Falun Gong* nicht erheben. Selbst der Begriff einer «Heilsgemeinschaft», der von Th. Heberer eingeführt wurde, geht über das Angebot von *Falun Gong* hinaus.

Bildnachweis

Alle Fotografien im Buch stammen vom Autor. Die in Abb. 2 dargestellte Steinabreibung ist im Besitz von Professor Dr. Herbert Franke, Gauting.

Zeittafel

Die Zeittafel enthält ausgewählte Daten zu den wichtigsten Epochen und zur Religionsgeschichte Chinas.

Epochen	*Religionsgeschichte*
Die legendären Fünf Herrscher: Huang-di («Gelber Kaiser») Fu Xi (2852 v. Chr.) Tang-di Yao (2356 v. Chr.) Yu-di Shun (2255 v. Chr.) Da Yu (2205–2197 v. Chr.)	Fu Xi enthüllt die Acht Trigramme (*ba-gua*). Die Ordnung des Landes in neun Provinzen durch Da Yu ist eine wichtige Grundlage für den Staatskult.
2205–1766 v. Chr.: Xia-Dynastie	
1766–1122 v. Chr.: Shang-Dynastie	Wen-wang bildet das *Yi-jing* aus den *ba-gua* (Ende Shang/Anfang Zhou). Beginn der Aktivitäten und der Kultur der «Experten» *(fang-shi)*
1122–255 v. Chr.: Zhou-Dynastie	551–479: Konfuzius 6. Jh.: Lao-zi (legendär) 560–480: Entstehung des Buddhismus in Indien 356: Anfänge des Kults um *Wen-chang di-jun* in Sichuan 274–237: König Ashoka in Indien
255–205 v. Chr.: Qin-Dynastie	221–209: *Feng-shan*-Opfer am Berg Tai-shan durch Qin Shi huang-di
206 v. Chr. – 25 n. Chr.: Frühere/Westliche Han-Dynastie	145–90: Si-ma Qian (*Shi-ji*) 122 v. Chr.: Tod des Liu An (*Huai-nan zi*)

Epochen	*Religionsgeschichte*
25–220 n. Chr.: Spätere/Östliche Han-Dynastie	143 n. Chr.: Zhang Dao-ling, «Himmelsmeister»; Einrichtung der «24 Amtsbereiche»; Beginn des *Zheng-yi*-Taoismus 2. Jh.: Tai-ping-Revolte und Abfassung der taoistischen Schrift *Tai-ping jing* 58–75: Kaiser Ming träumt von Buddha. 148: Der Buddhist An Shi-gao wohnt in Loyang. 165–166: Kaiserliche Opfer an Buddha und Lao-zi 220: Tod des Guan Yu (Guan-di)
220–280: Drei Reiche (Shu-Han, Wei, Wu)	239: Erster *Cheng-huang*-Schrein 3. Jh.: Buddhistische Mission durch Kang Seng-hui
265–316: Westliche Jin-Dynastie	283–343: Go Hong (*Bao-pu zi*)
317–420: Östliche Jin-Dynastie	374: Tod des Wu Meng 4. Jh.: Fu Jian besetzt Sichuan; mit Zhang Yu erreicht der Kult um *Wen-chang di-jun* ein neues Entwicklungsstadium 414: Der buddhistische Mönch Fa-xian kehrt aus Indien/Ceylon zurück.
386–588: Nördliche und Südliche Dynastien	334–417: Shi Hui-yuan begründet den Amitabha-Kult 406–477: Lu Xiu-jing (*Ling-bao*-Texte) 456–536: Tao Hong-jing (*Shang-qing*-Texte) 448: Tod des taoistischen Reformers «Himmelsmeister» Kou Qian-zhi 5.–6. Jh.: Bodhidharma begründet den Chan-Buddhismus 6. Jh.: Entstehung des Tian-tai-Buddhismus

Epochen	*Religionsgeschichte*
589–618: Sui-Dynastie	
618–907: Tang-Dynastie	7. Jh.: Nestorianische Christen in Xi-an. – Mit Zhang Ya erreicht der Kult um *Wen-chang di-jun* ein neues Entwicklungsstadium. – Wang Xuan-ho (*San-dong zhu-nang*). – Kaiser Xuan-zong (712–756) sieht in *Tai-shang Lao-jun* seinen Ahnherren. – Buddhistische Missionierung Tibets 7.–8. Jh.: Die ersten Muslime erreichen China. 850–933: Taoist Du Guang-ting
1115–1260: Jin-Dynastie in Nord-China	1112–1170: Wang Zhe (*Chong-yang*), Gründung der taoist. *Quan-zhen* Schule
960–1126: Song-Dynastie	12. Jh.: Donner-Magie (*lei-fa*), Kaiser Song Hui-zong 1122: Die Göttin *Ma-zu* rettet den Staatsbeamten Lu Yun-di aus Seenot.
1206–1368: Yuan-Dynastie (Mongolen)	1314: *Ma-zu* erhält den Titel «Himmelsprinzessin». 1281: Ende des Religionsstreits zwischen Buddhisten und Taoisten 1294–1330: Der Franziskaner J. von Montecorvino ist in Peking.
1368–1644: Ming-Dynastie	14. Jh.: Gründung der Gelben Sekte in Tibet (Beginn des Lamaismus) Ende 16. Jh.: Der Jesuit Matteo Ricci ist in Peking. 1605–1647: Zhang Xian-zhong 1644: Der Jesuit J. A. Schall von Bell wird Direktor des Kalenderamtes in Peking.

Epochen	*Religionsgeschichte*
1644–1911: Qing-Dynastie	um 1660: Koxinga; Beginn des Kultes um *Shi-ba wang gong* in Taiwan 1720: Versuch der Sinisierung der Muslime *(Hui)* 1724: Ausweisung der christlichen Missionare Mitte 18. Jh.: Ritenstreit (zwischen Jesuiten und Vatikan) 1807: R. Morrison in China (protestantische Mission) 1853: Durch die Taiping Revolte wird Nanking «Neues Jerusalem»; 1864 Niederschlagung der Revolte. ab 1850: W. A. P. Martin in China (protestantische Mission) 1900/01: Boxeraufstand
1912–1949: Republik China	
1945: Ende der Herrschaft Japans über Taiwan seit 1949: Taiwan (R. o. C.)	Ungehinderte Weiterentwicklung der traditionellen Religionen, freie Entfaltung der christlichen Kirchen in Taiwan.
seit 1949: Volksrepublik China 1966–1976: Kulturrevolution	Extreme Einschränkung der religiösen Betätigung; Zerstörung zahlreicher Kultstätten und Kulturgüter in der Volksrepublik China seit 1980er Jahren: zunehmendes Wiedererstarken traditioneller Religionen

Anmerkungen

Vorwort

1 Li Hong-zhi: *Zhuan fa-lun*, Titelseite.

Begegnungen mit chinesischer Religion

1 F.C. Reiter: Der Tempelberg Ch'i-ch'ü in der Provinz Sichuan im China der Gegenwart. Würzburg 1993, S. 56–57, 118–122. Kubo Noritada, *Tao-chiao chu-shen*. In: Tao-chiao wen-hua t'an-mi ts'ung-shu. Chengdu 1996, S. 99–100.

2 K.M. Schipper: Neighbourhood Cult Associations in Traditional Tainan. In: G.W. Skinner (Hg.): The City in Late Imperial China, Stanford 1977, S. 652.

3 Zitiert nach G. Wädow: *T'ien-fei hsien-sheng lu*, «Die Aufzeichnungen von der manifestierten Heiligkeit der Himmelsprinzessin». Einleitung, Übersetzung, Kommentar. In: Monumenta Serica Monograph Series XXIX, Nettetal 1992, S. 27–28.

4 G. Wädow: *T'ien-fei hsien-sheng lu*», S. 24–25.

5 W. Eichhorn: Die Religionen Chinas, S. 382, 384. J. Chamberlain: Chinese Gods, S. 145–152 (Lu Pan). Siehe unten den Abschnitt «Der Zeitrahmen: Feste und Gottheiten».

6 D. MacInnis (Übers. R. Malek): Religion im heutigen China, Politik und Praxis. In: Monumenta Serica Monograph Series XXXI, Nettetal 1993, S. 287–306.

7 K. Noritada: *Tao-chiao chu-shen*, S. 164–165. K.M. Schipper: Neighbourhood Cult Associations in Traditional Tainan, S. 660ff.

8 Zu dieser Gottheit siehe die Ausführungen zu *Wen-chang di-jun*.

9 Hierzu siehe die Ausführungen zu Qing-ming jie, in «Der Zeitrahmen».

10 K. Noritada: *Tao-chiao chu-shen*, S. 163–164. S. Feuchtwang: School-Temple and City God. In: G.W. Skinner (Hg.): The City in Late Imperial China, S. 581–608. S. Feuchtwang gibt einen umfassenden Überblick über Tempel und deren Funktionen in der urbanen Gesellschaft.

11 F.C. Reiter: «Some Notices on the «Magic Agent Wang» (Wang ling-kuan) at Mt. Ch'i-ch'ü in Tzu-t'ung District, Sichuan Province». In: ZDMG 148, S. 333–335.

12 Zum signifikanten Unterschied zwischen «kommunaler» und «individueller» Verehrung, letztlich zur Frage, ob der Konfuzianismus als «Religion» zu werten ist, siehe S. Feuchtwang: «School-Tempel and City God», besonders S. 582–583.
13 W. Eichhorn: Die Religionen Chinas. Stuttgart 1973, S. 139, 173–174.
14 F. C. Reiter: Der Tempelberg Ch'i-ch'ü in der Provinz Sichuan im China der Gegenwart. Würzburg 1993. G. Diesinger: Vom General zum Gott, Kuan Yü (gest. 220 n. Chr.) und seine «posthume Karriere». In: Heidelberger Schriften zur Ostasienkunde, Band 4, Frankfurt a. M. 1984.
15 Ein lokaler Informant sprach von 16 000 Stück.
16 *San-jiao*, siehe Kapitel 3, speziell zur *Quan-zhen*-Schule.
17 F. C. Reiter: Der Tempelberg Ch'i-ch'ü in der Provinz Szechwan im China der Gegenwart. Würzburg 1993, S. 14–15.
18 F. C. Reiter: Der Tempelberg Ch'i-ch'ü, S. 23, 26. Zur Überlieferung siehe vor allem auch *Huan-yang guo-zhi jiao-zhu, Han-zhong zhi* 2. 145; Shu-zhi 3. 190–191 (Ed. Chengdu 1984).
19 F. C. Reiter: The creation of Buddhist cliff sculpture on Mt. Ch'i-ch'ü in Szechwan. In: NOAG 147–148, S. 145–153.
20 I.e. TT 170, übersetzt von T. Kleeman: Wenchang and the viper: the creation of a Chinese national god. Ann Arbor 1989.
21 F. C. Reiter: Der Tempelberg Ch'i-ch'ü in der Provinz Szechwan, S. 68.
22 F. C. Reiter: Notices concerning an old cypress at Mt. Ch'i-ch'ü in Szechwan (China). In: ZDMG 142, S. 149–158.
23 Die folgenden Ausführungen sind eine ganz erheblich verkürzte Auswahl und Übersetzung aus: M. Saso: Taoism and the Rite of Cosmic Renewal. Washington 1972, S. 16–30.

Allgemeine Grundlagen

1 TT 1139 *San-dong zhu-nang* 1. 21 a–23 a (Zit. *Tai-ping jing*). F. C. Reiter: Der Perlenbeutel aus den Drei Höhlen *(San-tung chu-nang)*, Arbeitsmaterialien zum Taoismus aus der frühen T'ang-Zeit. Wiesbaden 1990, S. 29–31.
2 S. Feuchtwang: An Anthropoligical Analysis of Chinese Geomancy. Vientiane 1974, S. 44–45.
3 *Bao-pu zi nei-pian* 6. 3 a; 17. 1 a ff; 8 a ff. (*Ru-shan fu*, et. al.).
4 W. Bauer: China und die Hoffnung auf Glück. München 1971, S. 248 ff (Die Welt hinter den Höhlen). Zu den taoistischen Titeln, siehe TT 296 *Li-shi zhen-xian ti-dao tong-jian*, und Folgewerke.
5 F. C. Reiter: Die Ausführungen Li Tao-yüans zur Geschichte und Geographie des Berges Lu (Chiang-hsi) im «Kommentar zum Wasserklassiker», und ihre Bedeutung für die regionale Geschichtsschreibung. In: Oriens Extremus 28, S. 20.

6 TT 1139 *San-dong zhu-nang* 1. 13b. TT 296 *Li-shi zhen-xian ti-dao tong-jian* 27. 1a–2b.

7 F. Verellen: Du Guangting (850–933) taoiste de cour à la fin de la Chine médiévale. Paris 1989.

8 Die beste Präsentation ist immer noch E. Chavannes: Le T'ai Chan, essai de monographie d'un culte Chinois. Paris 1910. Für die «Verwaltung» der Seelen der Toten am Berg *Tai-shan* siehe auch das folgende Kapitel.

9 E. Chavannes: Le T'ai Chan, S. 29–34.

10 W. Eichhorn: Die Religionen Chinas, S. 47, 73, 112–113, 226–228.

11 Generell siehe W. Eichhorn: Die Religionen Chinas, S. 72–75.

12 TT 599 *Dong-tian fu-di yüe-du ming-shan ji* 5 b (Lu-shan).

13 F. C. Reiter: The «Investigation Commissioner of the Nine Heavens» and the beginning of His Cult in Northern Chiang-hsi in 731 A. D. In: Oriens 31, S. 266–289.

14 TT 1139 *San-dong zhu-nang* 7.1 a f.; siehe F. C. Reiter: Der Perlenbeutel aus den Drei Höhlen, S. 107–114.

15 TT 1139 *San-dong zhu-nang* 7. 15 a (Zitat aus *Dong-xuan jing*).

16 TT 1407 *Dong-xuan ling-bao er-shi-si sheng tu-jing*, und speziell zu dieser Schrift siehe F. C. Reiter: Heilige Schriften des Taoismus. In: U. Tworuschka (Hg.): Heilige Schriften, eine Einführung. Darmstadt 2000, S. 221–226.

17 F. C. Reiter: Der Perlenbeutel aus den Drei Höhlen, S. 108.

18 Siehe speziell Wu Chun-wu: *Tian-shi dao er-shi-si zhi kao*. Chengdu 1996.

19 TT 298 *Li-shi zhen-xian ti-dao tong-jian hou-ji* 2. 10a–11a (eigentlich: Li Zhen-duo).

20 *Shi-ji* 28 (*Feng-shan shu*).

21 Zu folgenden Ausführungen, *Shi-ji* 28, 427a.

22 *Shi-ji* 28, 427b.

23 J. Legge: The Chinese Classics, Bd. III, The Shoo King, S. 128ff. «The Tribute of Yü».

24 *Shi-ji* 28, 427b.

25 G. Naundorf: Raumvorstellungen in den *chiao*-Opfern bis zur Han-Zeit. In: G. Naundorf et al. (Hg.): Religion und Philosophie in Ostasien, S. 323–330.

26 *Shi-ji* 28, 430.

27 Zum folgenden siehe *Shi-ji* 28, 430b, 433a; zu den «acht Gottheiten» siehe auch, W. Eichhorn: Die Religionen Chinas, S. 91, 125.

28 W. Eichhorn: Die Religionen Chinas, S. 91. *Shi-ji*, 28, 430b.

29 *Shi-ji* 28, 432a.

30 *Shi-ji* 28, 431 a–b.

31 W. Eichhorn, S. 138.

32 *Shi-ji* 28, 427b.
33 W. Eichhorn: Die Religionen Chinas, S. 167, 329.
34 *Shi-ji* 27, 420a (*Tian-guan shu*).
35 *Shi-ji* 27, 410b–411b.
36 *Huai-nan zi* 3, 39 (*Tian-wen xun*). TT 1168 *Tai-shang Lao-jun zhong-jing* 1.8b–10b.
37 W. Eichhorn: Die Religionen Chinas, S. 114–115.

Taoismus in China

1 Siehe z.B. *Shi-ji*, 27 (*Tian-guan shu*).
2 Generell bestens Ch. O. Hucker: A dictionary of official titles in imperial China. Stanford 1985.
3 *Shi-ji* 6 (*Qin Shi-huang ben-ji*), S. 77b.
4 Shi-ji 28, 427b.
5 Hierzu siehe B. Kandel: Taiping jing, the origin and transmission of the scripture on general welfare, the history of an unofficial text. Hamburg 1979. Sowie B.J. Mansvelt Beck: The date of the Taiping Jing. In: T'oung Pao LXVI, S. 149–182.
6 W. Eichhorn: Die Religionen Chinas, S. 140–143.
7 I.e. TT 1101 *Tai-ping jing* (119 Kapitel erhalten).
8 V. Olles: Spuren des Himmelsmeisters, zur Rolle von Zhang Daoling in der frühen daoistischen Religion. Münster 1998. F.C. Reiter (Hg./Übers.): Leben und Wirken Lao-Tzu's in Schrift und Bild, *Lao-chün pa-shih-i hua t'u-shuo*. Würzburg 1990, S. 39 («Wirkung 58»).
9 V. Olles: Spuren des Himmelsmeisters, S. 11ff., 18ff.. W. Eichhorn: Die Religionen Chinas, S. 143–148.
10 V. Olles: Spuren des Himmelsmeisters, S. 76–82.
11 Hierzu siehe auch A. Seidel: La divinisation de Lao Tseu dans le taoisme des Han. Paris 1969, S. 5–34 (Lao Tseu, patron de l'école Houang-Lao). W. Eichhorn: Die Religionen Chinas, S. 144–145, auch zu den folgenden Ausführungen.
12 Ch. O. Hucker: A dictionary of official titles in imperial China, No. 542.
13 W. Eichhorn: Die Religionen Chinas, S. 148.
14 Zum heiligen Berg des Ostens, *Tai-shan*, siehe auch das voranstehende Kapitel.
15 Gemäß einer Textvariante im späteren Werk TT 1201 *Dao-yao ling-qi shen-gui pin-jing* 12a.
16 TT 790: 1. 1a ff.
17 TT 790 *Nü-qing gui-lü* 1. 4b ff und TT 1201 *Dao-yao ling-qi shen-gui pin-jing* 13a ff.
18 TT 1201: 16a.
19 TT 790 *Nü-qing gui-lü* 3. 1a.

20 *Lao-jun li-shi ying-hua tu-shuo*. Chengdu/Qing-yang gong 1936; Neudruck o.J. (Qing-yang gong).
21 TT 770 *Hun-yuan sheng-ji*.
22 TT 772 *Tai-shang Lao-jun jin-shu nei-xu* 2b.
23 Das hat eine alte Tradition mit noch viel mehr Alternativnamen, siehe A. Seidel: La divinisation de Lao Tseu, S. 131 ff. (*Lao-zi bian-hua jing*).
24 I.e. TT 1168.
25 TT 1168: 1. 1a.
26 TT 1168: 1. 1a–1b.
27 TT 1168: 1. 5b–6a. *Shi-ji* 27, 411a–411b; für die folgende Aussage zur administrativen Funktion von Sternen.
28 TT 1268: 1. 16a ff.
29 Hier handelt es sich um ganz reale Titel, siehe Ch. O. Hucker: A dictionary of official titles in imperial China, No. 5697, 6769.
30 TT 168: 1. 6a.
31 TT 168: 1. 17b, Abschnitt 23.
32 H. Maspero: Le taoisme et les religions chinoises. Neudruck Gallimard Paris 1971, S. 366. Siehe *Bao-pu zi nei-pian* 6. 3a.
33 F. C. Reiter: The Aspirations and Standards of Taoist Priests in the early T'ang Period: In: Asien- und Afrika-Studien 1 der Humboldt-Universität zu Berlin. Wiesbaden 1998.
34 TT 1139 *San-dong zhu-nang* 1. 1a–4a.
35 TT 1139: 5. 1b.
36 TT 1139: 1. 7a–7b.
37 TT 1139: 1. 12a–12b.
38 TT 1139: 10. 8b–9b. TT 1016: 15. 10b–11a.
39 P. Nickerson: Shamans, Demons, Diviners and Taoists: Conflict and Assimilation in Medieval Chinese Ritual Practice (c. A.D. 100–1000), «The Transformation of the Taoist Community: From Sect to Guild». In: Taoist Resources 5/1, S. 63–66. Siehe auch X. Götzfried: Religion, Bücher (S. 12–17) und L. Obi/S. Müller: Die Handschriften (S. 17–21). In: Th. O. Höllmann und M. Friedrich (Hg.): Botschaften an die Götter, religiöse Handschriften der Yao. Wiesbaden 1999. Asiatische Forschungen Bd. 138.
40 TT 1125: 1. 12b f.
41 F. C. Reiter: Taoismus zur Einführung. Hamburg 2000, S. 106–128.
42 TT 299 *Yi-xian zhuan* 2. 4a–5a.
43 TT 299: 1. 7a–8b.
44 Siehe das Kapitel «Allgemeine Grundlagen: Land und Staat».
45 W. Eichhorn: Die Religionen Chinas, S. 151–152. Auch H. Maspero: Le taoisme et les religions chinoises, S. 360ff. und S. 527ff.
46 *Huai-nan zi* 7 (*Jing-shen xun*).
47 F. Pregadio: *Zhouyi cantong qi*, dal libro dei Mutamenti all'Elisir

d'Oro. Venezia 1996, S. 4–10, speziell S. 10 (storia del testo). Siehe vor allem auch M. Strickmann: On the Alchemy of T'ao Hung-ching. In: A. Seidel und H. Welch (Hg.): Facets of Taoism. New Haven/London 1979, S. 123–192.

48 TT 1232 *Dao-men shi-gui*, siehe F. C. Reiter: Grundelemente und Tendenzen des religiösen Taoismus. In: Münchener Ostasiatische Studien Bd. 48. Stuttgart 1988, S. 22–35.

49 TT 973 *Gan-shui xian-yuan lu* 1. 2b–10a. Dies deckt auch die folgenden Zitate.

50 Ausführlich dokumentiert in TT 594 *Ti-xuan zhen-ren xian-yi lu*, hierzu siehe F. C. Reiter: Grundelemente und Tendenzen des religiösen Taoismus, S. 83–90.

51 F. C. Reiter: The Ch'üan-chen Patriarch T'an Ch'u-tuan (1123–1185) and the Chinese Talismanic Tradition. In: ZDMG 146, S. 139–155.

52 F. C. Reiter: The Ch'üan-chen Patriarch T'an Ch'u-tuan, S. 150.

53 TT 1156 *Chong-yang jin-guan yu-so jue*.

54 TT 1233 *Chong-yang li-jiao shi-wu lun* 5b–6a.

55 F. C. Reiter: Grundelemente und Tendenzen des religiösen Taoismus, S. 74.

56 R. B. Mather: K'ou Ch'ien-chih and the Taoist Theocracy at the Northern Wei Court, 425–451. In: A. Seidel und H. Welch (Hg.): Facets of Taoism, essays in Chinese religion, S. 103–122.

57 *Bao-pu zi nei-pian* 8, 2b.

58 Bei Wang Chong-yang, als Mittel es «anzustreben lange zu leben und nicht zu sterben», siehe TT 1156 *Chong-yang zhen-ren jin-guan yu-so jue* 7a.

59 Hierfür siehe die beiden Bücher von M. Saso und J. Lagerwey.

60 M. Saso: Taoism and the Rite of Cosmic Renewal, S. 33.

61 F. C. Reiter: Grundlagen und Tendenzen des religiösen Taoismus, S. 22ff.

62 TT 296 *Li-shi zhen-xian ti-dao tong-jian* 53. 6b (Biographie des Lin Ling-su).

63 W. Eichhorn: Die Religionen Chinas, S. 178–179 (Ren-huang/Huang-di).

64 TT 1250 *Chong-xu tong-miao shi-chen Wang xian-sheng jia-yu* 1a ff.

65 TT 296 *Li-shi zhen-xian ti-dao tong-jian* 53. 5a.

66 TT 1220 *Dao-fa hui-yuan* 84. 8b.

67 F. C. Reiter: Some notices on the Magic Agent Wang (Wang *ling-kuan*) at Mt. Ch'i-ch'ü in Tzu-t'ung District, Szechwan Province. In: ZDMG 148, S. 335–337.

68 TT 1220 *Dao-fa hui-yuan* 86. 4a.

69 TT 1220 *Dao-fa hui-yuan* 124. 1b–2a.

70 TT 1220 *Dao-fa hui-yuan* 56. 14b–15b.

71 TT 296 *Li-shi zhen-xian ti-dao tong-dian* 53. 16a ff.

72 I.e. TT 171 *Qing-wei xian-pu*.

73 F. C. Reiter: Grundelemente und Tendenzen des religiösen Taoismus, S. 42–52.
74 TT 173 *Jin-lian zheng-zong ji*, TT 174 *Jin-lian zheng-zong xian-yuan xiang-zhuan*, TT 175 *Qi-zhen nian-pu*.
75 Y. Yoshioka: Taoist Monastic Life. In: A. Seidel und H. Welch (Hg.): Facets of Taoism, S. 229–252.

Buddhismus in China

1 E. Zürcher: The Buddhist Conquest of China. Nachdruck Taipei 1975, S. 55–56.
2 W. Eichhorn: Die Religionen Chinas, S. 209. Die Reise führte zur See nach Ceylon, wo sich Fa-xian 412–413 aufhielt, ausgehend von Chienkang in der Provinz Kiangsu, siehe E. Zürcher: The Buddhist Conquest of China, S. 152.
3 E. Zürcher: The Buddhist Conquest of China, S. 67, 69.
4 T 784 *Si-shi-er zhang jing* 722 a (Vorrede). E. Zürcher: The Buddhist Conquest of China, S. 18–23.
5 W. Eichhorn: Die Religionen Chinas, S. 156 ff. E. Zürcher: The Buddhist Conquest of China, S. 36–37.
6 Eine vorzügliche Studie zu diesem Thema ist J. Gernet: Les aspects économiques du Bouddhisme dans la société Chinoise du Ve au Xe siècle. Paris 1956.
7 T 2042 *A-yu wang zhuan*; siehe E. Zürcher: The Buddhist conquest of China, S. 277.
8 F. C. Reiter: Der Bericht über den Berg Lu (*Lu-shan chi*) von Ch'en Shun-yü, ein historiographischer Beitrag aus der Sung-Zeit zum Kulturraum des Lu Shan. München 1978, S. 135–136.
9 Zu diesem Themenkreis siehe E. Zürcher: The Buddhist Conquest of China, S. 288 ff., und F. C. Reiter: Leben und Wirken Lao-Tzu's in Schrift und Bild, S. 116 ff.
10 F. C. Reiter: Leben und Wirken Lao-Tzu's in Schrift und Bild, S. 30 («Wirkung 30»).
11 J. Thiel SVD: Der Streit der Buddhisten und Taoisten zur Mongolenzeit. In: Monumenta Serica XX, S. 1–81.
12 E. Zürcher: Buddhist influence on early Daoism. In: T'oung Pao LXVI, S. 112 ff. TT 1139 *San-dong zhu-nang* 8. 1 a–24 a.; und hierzu F. C. Reiter: Der Perlenbeutel aus den Drei Höhlen, S. 129–148.
13 E. Zürcher: The Buddhist Conquest of China, S. 51–55. T 2059 *Gao-seng zhuan* 1, No. 6.
14 T 2059 *Gao-seng zhuan* 1, S. 325 f.
15 T 2059 *Gao-seng zhuan* 3, 323 a f.
16 I.e. T 784 *Si-shi-er zhang jing*.

17 Zu diesem Text gibt es etliche Studien und Übersetzungen, die beträchtlich variieren, S. Beal: A Catena of Buddhist Scriptures from the Chinese. London 1871, S. 188–203. H. Hackmann: Die Textgestalt des Sutra der 42 Abschnitte. In: Acta Orientalia 5, S. 197–237. T'ang Yung-t'uung: The editions of the Ssu-shih-erh-chang-ching. In: HJAS 1, S. 147–155. R. H. Sharf: The Scripture in Forty-two Sections. In: D. S. L. Lopez, Jr. (Hg.): Religions of China in Practice. New Jersey 1996, S. 360–371. E. Zürcher: The Buddhist Conquest of China, S. 29–30. Wir benutzen die Edition T 784 *Si-shi-er zhang jing*.

18 W. Eichhorn: Die Religionen Chinas, S. 255. B. Petzold: Die Quintessenz der T'ien-T'ai-(Tendai-) Lehre, eine komparative Untersuchung. Wiesbaden 1982, S. 3 ff.

19 B. Petzold: Die Quintessenz der T'ien-T'ai-(Tendai-) Lehre, S. 13–16.

20 Zitiert aus B. Petzold: Die Quintessenz der T'ien-T'ai-(Tendai-) Lehre, S. 13–14.

21 Zu Zhi-yi siehe speziell H. R. Kantor: Die Heilslehre im Tiantai-Denken des Zhiyi (538–597) und der philosophische Begriff des Unendlichen bei Mou Zongsan (1909–1995). In: Opera sinologica Bd. 5. Wiesbaden 1999.

22 H. Dumoulin: Zen. Bern 1959, S. 64–65.

23 H. Dumoulin: Zen, S. 66.

24 H. Dumoulin: Zen, S. 73.

25 Hierzu siehe die spezialisierte Studie H. Schmidt-Glintzer: Die Identität der buddhistischen Schulen und die Kompilation buddhistischer Universalgeschichten in China, ein Beitrag zur Geistesgeschichte der Sung-Zeit. In: Münchener Ostasiatische Studien Bd. 26 (1982).

26 R. A. Stein: Die Kultur Tibets, S. 187–195 (Der Lamaismus).

27 Yü Chün-fang: Ming Buddhism. In: D. Twitchett und F. W. Mote (Hg.): The Cambridge History of China, Bd. 8, Part 2. Cambridge 1998, S. 915–919.

28 R. Kaschewsky: Lamaismus. In: W. Franke und B. Staiger (Hg.): China Handbuch. Düsseldorf 1974, S. 715–717. G. Tucci und W. Heissig: Die Religionen Tibets und der Mongolei. Stuttgart 1970, S. 43–58. R. A. Stein: Die Kultur Tibets, S. 187–191.

29 R. A. Stein: Die Kultur Tibets, S. 191, auch zur *Buddha*-Natur, die allen Menschen eigen sei.

30 R. A. Stein: Die Kultur Tibets, S. 222 ff. (Die namenlose Religion oder die Tradition).

31 E. Zürcher: The Buddhist Conquest of China, S. 35 ff.

32 E. Zürcher: The Buddhist Conquest of China, S. 184–197 (Dao-an).

33 E. Zürcher: The Buddhist Conquest of China, S. 72, 193. W. Eichhorn: Die Religionen Chinas, S. 209–210. Zu Dharmaraksa siehe voranstehenden Abschnitt.

34 W. Eichhorn: Die Religionen Chinas, S. 207.
35 R. Taylor: Official religion in the Ming, S. 889 (zum Mißbrauch des Begriffs durch Schamanen), und Yü Chün-fang: Ming Buddhism. Beide Titel siehe D. Twitchett und F. W. Mote (Hg.): The Cambridge History of China, S. 918, 932–933 (*Jing-tu*).
36 E. Zürcher: The Buddhist Conquest of China, S. 240ff., enthält eine vollständige Übersetzung der Biographie des Shi Hui-yuan aus *Gaoseng zhuan* VI 357. 3–361. 2. Folgende Ausführungen sind wesentlich diesem Text entnommen, wenn nicht anders belegt.
37 Shi Hui-yuan: *Lu-shan ji-lüe*, 4. In: Bi-ji xu-bian, Guang-wen Comp. Taipei 1969.
38 F. C. Reiter: Der «Bericht über den Berg Lu» (*Lu-shan chi*) von Ch'en Shun-yü, S. 129ff.
39 T 784 *Si-shi-er zhang jing*, 722a (Vorrede), hier entsendet der Kaiser Zhang Qian (nicht Cai Yin). Dazu siehe auch T 2059 *Gao-seng zhuan* 1, 322c.
40 T 2059 *Gao-seng zhuan* 1, 323a.
41 F. C. Reiter: Der «Bericht über den Berg Lu» (Lu-shan chi) von Ch'en Shun-yü, S. 254–256 (Liu Cheng-zhi); S. 257–258 (Zong Bing).
42 W. Eichhorn: Die Religionen Chinas, S. 194, 300.
43 E. Zürcher: The Buddhist Conquest of China, S. 219.
44 F. C. Reiter: der «Bericht über den Berg Lu» (*Lu-shan chi*) von Ch'en Shun-yü, S. 135ff.

Islam in China

1 R. Israeli: Muslims in China, the incompatibility between Islam and the Chinese order. In: T'oung Pao LXIII, S. 296–323.
2 Es ist bezeichnend, daß z. B. W. Eichhorn in seinem Buch «Die Religionen Chinas» dem Islam gerade eine Seite widmet, S. 368 («VIII. Die Religion unter den Dynastien Ming und Ch'ing»).
3 Hierzu siehe den höchst ausführlichen Artikel von R. Israeli.
4 W. Eichhorn: Die Religionen Chinas, S. 368.
5 F. Aubin: Islam. In: W. Franke und B. Staiger (Hg.): China Handbuch, S. 573–578.
6 D. MacInnis (Übers.: R. Malek): Religion im heutigen China, Politik und Praxis. S. 333ff. (Kapitel 17, Berichte der Nationalen Chinesischen Islamischen Vereinigung), S. 341ff. (Kapitel 19, Islam und Sozialismus).

Christentum in China

1 Siehe die Zeitschriften *China Heute* (St. Augustin, herausgegeben von den Steyler Missionaren), und *Courrier Verbiest*, Katholieke Universiteit Leuven, als die beiden ausgezeichneten periodisch erscheinenden Quellen zu Christentum und Religion in China.

2 P. Pelliot: L'inscription nestorienne de Si-Ngan-Fou, edited with Supplements by A. Forte. Kyoto/Paris 1996, S. 173 ff.; S. 354, 355, 364 u.a. Die geographische Bezeichnung Ta-Qin verweist auf Rom als angeblichen Ursprung der «leuchtenden Religion».

3 Zitiert aus W. Bauer: China und die Hoffnung auf Glück, S. 378.

4 W. Bauer: China und die Hoffnung auf Glück, S. 384–389.

5 F. Michael: Taiping-Aufstand. In: W. Franke und B. Staiger (Hg.): China Handbuch, S. 1356.

6 Kuo Heng-yü: Boxerbewegung. In: W. Franke und B. Staiger (Hg.): China Handbuch, S. 176.

7 R. P. Kramers: Christentum. In: W. Franke und B. Staiger: China Handbuch, S. 232.

8 R. P. Kramers: Christentum. In: W. Franke und B. Staiger: China Handbuch, S. 233.

9 Für die chinesischen Begriffe siehe das Lexikon von Pater Zheng Gu: *Zong-jiao xiao ci-dian*. Taipei 1969 (verfaßt in Hualian, Taiwan).

Falun Gong – ein neuer Kult?

1 Wir verwenden nur hier die Schreibweise wie in deutschen *Falun Gong* Publikationen üblich, ohne Bindestriche zwischen den einzelnen Silben von Binomen.

2 Weitere Kontaktadressen: http://www.falundafa.de. Siehe vor allem Li Hongzhi: *Zhuan fa-lun*. Singapur 1999 (C.O.S. Printers). In Zitaten wird die Diktion unkorrigiert übernommen.

3 *Fa-lun* wird in der Wissenschaft folgendermaßen beschrieben: «Dharma-cakra, the Wheel of the Law, Buddha-truth which is able to crush all evil and all opposition, like Indra's wheel, and which rolls on from man to man, place to place and age to age. *Zhuan fa-lun* [i.e.] to turn, or roll on the Law-wheel, i.e. to preach Buddha truth», see W. E. Soothill und L. Hodous: A Dictionary of Chinese Buddhist Terms. Nachdruck Taipei 1972, S. 273b. Siehe auch dasselbe Werk für den Begriff *gong*, S. 167b. Die Kombinationen *Falun gong* oder *Falun Dafa* werden hier nicht verzeichnet, ebenso nicht in einem maßgeblichen chinesischen Lexikon, Ding Fu-bao: *Fo-xue da ci-dian*. Neudruck Taipei 1974. Wir verwenden weiterhin den Begriff «Gebotsrad», um in der Diktion der *Falun Gong* zu bleiben.

4 New Star Publishers, 2001.
5 Th. Heberer: Institut für Ostasienwissenschaften, Univ. Duisburg 2001.
6 E. Durkheim: Die elementaren Formen des religiösen Lebens. Frankfurt 1994.
7 Internetseite aus Taiwan, vom 09.09.2001. «Something to Believe». Aus http://www.publish.gio.gov.tw
8 Zitiert aus dem Internet: «Willkommen bei FalunDafa.de», November 2001. Siehe Anmerkung 197. Hervorhebung chinesischer Begriff stets durch den Autor.
9 «Das 2. Kapitel Der Falun-Xiulian-Dafa», Internet, s.o. Anm. 197. So stammen auch die folgenden Zitate/Quellen aus derselben Internet-Anschrift, wenn nicht anders angezeigt.
10 Siehe das Buch von Li Hongzhi: *Zhuan falun*, S. 82–88 (*Fojia gong yü fojiao*).
11 Der Begriff wird nicht erklärt. Der Umschrift folgend könnte er «Glaubenspraxis» bedeuten. Eine ausführliche Erklärung findet sich in der Internetseite «Das 3. Kapitel Die Kultivation von Xinxing (der geistigen Natur)», die eine viel breitere Bedeutung als «Tugend» habe, etc. Also, «geistige Natur» ist hier gemeint.
12 Zitiert aus «1. Die Funktionen des Falun (des Gebotsrads). Aus dem Internet.
13 «3. Die Besonderheiten des Falun-Xiulian-Dafa, (1) Der Falun-Xiulian-Dafa läutert den Menschen». Aus dem Internet.
14 «Die Manifestationen der Kultivationsenergie». Aus dem Internet.
15 «Der Falun Himmelskreis», Internetseite. Aus dem Internet.
16 «Große Methode der Kultivierung (oder Übungen) des Gebotsrads». Aus dem Internet.
17 *Gong* wird hier nicht erklärt, vermutlich ist es die «Leistung» oder der «Erfolg» der Kultivation.
18 Zitiert aus «1. Die Funktionen des Falun».
19 Zitiert aus Internet, wie voranstehend.
20 Vergleiche Li Hongzhi: *Zhuan falun*, S. 83 ff.
21 Internetseite, «2. Verlust und Gewinn».
22 Siehe z.B. Ding Fu-bao: *Fo-xue da ci-dian*. Neudruck Taipei 1974.
23 (Zeitung) Falun Dafa, zum Kennenlernen, Stand Juli 2001, S. 2.
24 (Zeitung) Falun Dafa, zum Kennenlernen, Stand Juli 2001, S. 3.
25 (Zeitung) Falun Dafa, zum Kennenlernen, Stand Juli 2001, S. 3.
26 Li Hongzhi: *Zhuan falun*, S. 173–181 (*Kaiguang*).
27 Li Hongzhi, *Zhuan falun*, S. 218–224.
28 Li Hongzhi, *Zhuan falun*, S. 82 ff., S. 171–173.

Literatur

Abkürzungen:

NOAG	Nachrichten der Gesellschaft für Natur- und Völkerkunde Ostasiens/Hamburg
T	Taishô shinshû daizôkyô (Buddhistischer Kanon), Tokyo 1924–1929
TT	Tao-tsang (Taoistischer Kanon), Nachdruck der Kopie von 1925–1927 (Shanghai) durch I-wen Verlag (Taipei 1977), 61 Bände. Die Nummern sind die Titelnummern dieser Edition.
ZDMG	Zeitschrift der Deutschen Morgenländischen Gesellschaft

Übersichten, allgemeine Studien und Lexika:

Bauer, W.: China und die Hoffnung auf Glück. München 1971.

Chamberlain, J.: Chinese Gods. Hongkong 1983.

Chavannes, E.: Le T'ai Chan, essai de monographie d'un culte Chinois. Paris 1910.

Eichhorn, W.: Die Religionen Chinas. Stuttgart 1973.

Franke, W. und Staiger, B.: China Handbuch. Düsseldorf 1974.

Hucker, Ch. O.: A dictionary of official titles in imperial China. Stanford 1985.

MacInnis, D. (Übers.: R. Malek): Religion im heutigen China, Politik und Praxis. In: Monumenta Serica Monograph Series XXXI. Nettetal 1993.

Legge, J.: The Chinese Classics, Bd. III, The Shoo King. Nachdruck Hongkong 1960.

Maspero, H.: Le taoisme et les religions chinoises. Neudruck Paris 1971.

Naundorf, G.: Raumvorstellungen in den chiao-Opfern bis zur Han-Zeit. In: G. Naundorf et al. (Hg.): Religion und Philosophie in Ostasien. Würzburg 1985. S. 323–330.

Paper, J. und Thompson, L. G.: The Chinese Way in Religion. Belmont 1998.

Reiter, F. C.: Taoismus zur Einführung. Hamburg 2000.

– (Hg./Übers.): Leben und Wirken Lao-Tzu's in Schrift und Bild, Lao-chün pa-shih-i hua t'u-shuo. Würzburg 1990.

–: Der Tempelberg Ch'i-ch'ü in der Provinz Szechwan im China der Gegenwart. Würzburg 1993.

–: Der Bericht über den Berg Lu (Lu-shan chi) von Ch'en Shun-yü, ein historiographischer Beitrag aus der Sung-Zeit zum Kulturraum des Lu Shan. München 1978.

–: Auspicious clouds, an inspiring phenomenon of common interest in traditional China. In: ZDMG 141 (1991), S. 114–130.
–: Die Ausführungen Li Tao-yüans zur Geschichte und Geographie des Berges Lu (Chiang-hsi) im «Kommentar zum Wasserklassiker» und ihre Bedeutung für die regionale Geschichtsschreibung. In: Oriens Extremus 28 (1981), S. 15–29.
–: Notices concerning an old cypress at Mt. Ch'i-ch'ü in Szechwan (China). In: ZDMG 142 (1992), S. 149–158.
Saso, M.: Taoism and the Rite of Cosmic Renewal. Washington 1972.
Seidel, A. und Welch, H. (Hg.): Facets of Taoism, essays in Chinese religion. New Haven/London 1979.
Soothill, W. E. und Hodous, L. (Hg.): A Dictionary of Chinese Buddhist Terms. Neudruck Taipei 1972.
Stein, R. A.: Die Kultur Tibets. Dt. Ausgabe Berlin 1989 (Übers.: H. Uebach).
Tucci, G. und Heissig, W.: Die Religionen Tibets und der Mongolei. Stuttgart 1970.
DeWoskin, K. J.: A source guide to the lives and techniques of Han and Six Dynasties Fang-shih. In: Society for the Study of Chinese Religions Bulletin No. 9 (1981), S. 79–105.

Taoismus und Volksreligion:

Beck, B. J. Mansvelt: The date of the Taiping Jing. In: T'oung Pao LXVI (1980), S. 149–182.
Diesinger, G.: Vom General zum Gott, Kuan Yü (gest. 220 n. Chr.) und seine «posthume Karriere». In: Heidelberger Schriften zur Ostasienkunde, Bd. 4. Frankfurt am Main 1984.
Feuchtwang, S.: School-Temple and City God. In: G. W. Skinner (Hg.): The City in Late Imperial China. Stanford 1977.
–: An Anthropological Analysis of Chinese Geomancy. Vientiane 1974.
Höllmann, Th. O. und Friedrich, M. (Hg.): Botschaften an die Götter, religiöse Handschriften der Yao, Südchina, Vietnam, Laos, Thailand, Myanmar. In: Asiatische Forschungen 138. Wiesbaden 1999.
Kandel, B.: Taiping jing, the origin and transmission of the scripture on general welfare, the history of an unofficial text. Hamburg 1979.
Kleeman, T.: Wenchang and the viper: the creation of a Chinese national god. Ann Arbor 1989.
Lagerwey, J.: Taoist Ritual in Chinese Society and History. New York 1987.
Mather, R. B.: K'ou Ch'ien-chih and the Taoist Theocracy at the Northern Wei Court, 425–451. In: A. Seidel und H. Welch (Hg.): Facets of Taoism, essays in Chinese religion. New Haven/London 1979, S. 103–123.

Nickerson, P.: Shamans, Demons, Diviners and Taoists: Conflict and Assimilation in Medieval Chinese Ritual Practice (c. A.D. 100–1000). In: Taoist Resources 5/1 (1994), S. 41–66.

Olles, V.: Spuren des Himmelsmeisters, zur Rolle von Zhang Daoling in der frühen daoistischen Religion. Münster 1998.

Pregadio, F.: Zhouyi cantong qi, dal libro dei Mutamenti all'Elisir d'Oro. Mestre 1996.

Reiter, F. C.: The Aspirations and Standards of Taoist Priests in the Early T'ang Period. In: Asien- und Afrika-Studien 1 der Humboldt-Universität zu Berlin. Wiesbaden 1998.

–: Some notices on the Magic Agent Wang (Wang ling-kuan) at Mt. Ch'i-ch'ü in Tzu-t'ung District, Szechwan Province. In: ZDMG 148 (1998), S. 323–342.

–: Ch'iu Ch'u-chi, ein «Alchemist» im China des frühen 13. Jahrhunderts. Neue Gesichtspunkte für eine historische Bewertung. In: ZDMG 139 (1989), S. 184–207.

–: Heilige Schriften des Taoismus. In: U. Tworuschka (Hg.): Heilige Schriften, eine Einführung. Darmstadt 2000, S. 211–233.

–: The «Investigation Commissioner of the Nine Heavens» and the beginning of his cult in Northern Chiang-hsi in 731 A.D. In: Oriens 31 (1988), S. 266–289.

–: The Ch'üan-chen Patriarch T'an Ch'u-tuan (1123–1185) and the Chinese Talismanic Tradition. In: ZDMG 146 (1996), S. 139–155.

–: Der Perlenbeutel aus den Drei Höhlen (San-tung chu-nang), Arbeitsmaterialien zum Taoismus aus der frühen T'ang-Zeit. In: Asiatische Forschungen Bd. 112. Wiesbaden 1990.

–: Grundelemente und Tendenzen des religiösen Taoismus. Das Spannungsverhältnis von Integration und Individualität in seiner Geschichte zur Chin-, Yüan- und frühen Ming-Zeit. In: Münchener Ostasiatische Studien Bd. 48 (1988).

Schipper, K. M.: Neighbourhood Cult Associations in Traditional Tainan. In: G. W. Skinner (Hg.): The City in Late Imperial China. Stanford 1977, S. 651–676.

Seidel, A.: La divinisation de Lao Tseu dans le taoisme des Han. Paris 1969.

Strickmann, M.: On the Alchemy of T'ao Hung-ching. In: A. Seidel und H. Welch (Hg.): Facets of Taoism, essays in Chinese religion. New Haven/London 1979.

Thiel, J. SVD: Der Streit der Buddhisten und Taoisten zur Mongolenzeit. In: Monumenta Serica XX (1961), S. 1–81.

Verellen, F.: Du Guangting (850–933) taoiste de cour à la fin de la Chine médiévale. Paris 1989.

Waley, A.: The Travels of an Alchemist, the journey of the Taoist Ch'ang-

ch'un from China to the Hindukush at the summons of Chingiz Khan. Neudruck London 1963.
Ware, J.: Alchemy, Medicine and Religion in the China of A.D. 230, The Nei P'ien of Ko Hung. Cambridge/Mass. 1966.
Wädow, G.: T'ien-fei hsien-sheng lu, «Die Aufzeichnungen von der manifestierten Heiligkeit der Himmelsprinzessin», Einleitung, Übersetzung, Kommentar. In: Monumenta Serica Monograph Series XXIX. Nettetal 1992.
Yoshioka, Y.: Taoist Monastic Life. In: A. Seidel und H. Welch (Hg.): Facets of Taoism, essays in Chinese religion. New Haven/London 1979.

Buddhismus:

Beal, S.: A Catena of Buddhist Scriptures from the Chinese. London 1871.
Dumoulin, H.: Zen. Bern 1959.
Gernet, J.: Les aspects économiques du Bouddhisme dans la société Chinoise du Ve au Xe siècle. Paris 1956.
Hackmann, H.: Die Textgestalt des Sutra der 42 Abschnitte. In: Acta Orientalia 5 (1927), S. 197–237.
Kantor, R. B.: Die Heilslehre im Tiantai-Denken des Zhiyi (538–597) und der philosophische Begriff des Unendlichen bei Mou Zongsan (1909–1995). In: opera sinologica Bd. 5. Wiesbaden 1999.
Kaschewsky, R.: Lamaismus. In: W. Franke und B. Staiger (Hg.): China Handbuch. Düsseldorf 1974, S. 715 ff.
Petzold, B.: Die Quintessenz der T'ien-t'ai-(Tendai-)Lehre, eine komparative Untersuchung. In: Studien zur Japanologie Bd. 15. Wiesbaden 1982.
Reiter, F. C.: The creation of Buddhist cliff sculpture on Mt. Ch'i-ch'ü in Szechwan. In: NOAG (1990), S. 147 f.
Schmidt-Glintzer, H.: Die Identität der buddhistischen Schulen und die Kompilation buddhistischer Universalgeschichten in China, ein Beitrag zur Geistesgeschichte der Sung-Zeit. In: Münchener Ostasiatische Studien Bd. 26. Stuttgart 1982.
Sharf, R. H.: The Scripture in Forty-two Sections. In: D. S. L. Lopez, Jr. (Hg.): Religions of China in Practice. New Jersey 1996, S. 360–371.
T'ang Yung-t'ung: The editions of the Ssu-shih-erh-chang-ching. In: HJAS 1 (1936), S. 147–155.
Yü Chün-fang: Ming Buddhism. In: D. Twitchett und F. W. Mote (Hg.): The Cambridge History of China. Cambridge 1998. Bd. 8, Teil 2, S. 893–952.
Zürcher, E.: The Buddhist Conquest of China. Neudruck Taipei 1975.

–: The Buddhist influence on early Taoism. In: T'oung Pao LXVI (1986), S. 84–147.

Islam, Christentum und Falun Gong: (siehe auch den ersten Abschnitt des Literaturverzeichnisses)

Aubin, F.: Islam. In: W. Franke und B. Staiger (Hg.): China-Handbuch. Düsseldorf 1974, S. 535–578.
China Heute. Sankt Augustin (Zeitschrift).
Falun Dafa, zum Kennenlernen. Stand Juli 2001 (Zeitung, Berlin).
Falun Gong – Cult of Evil, CD, New Star Publishers 2001, o. O.
Heberer, Th.: Falungong – Religion, Sekte oder Kult? Eine Heilsgemeinschaft als Manifestation von Modernisierungsproblemen und sozialen Entfremdungsprozessen. Universität Duisburg 2001, Info No. 36.
http://www.falundafa.de
http://www.publish.gio.gov.de
Israeli, R.: Muslims In China, The Incompatibility Between Islam And The Chinese Order. In: T'oung Pao LXIII (1977), S. 296–323.
Pelliot, P.: L'inscription nestorienne de Si-Ngan-Fou, edited with supplements by A. Forte. Kyoto/Paris 1996.

Chinesische Quellen:

a) Aus den buddhistischen (T) und taoistischen (TT) Kanones:

A-yu wang zhuan (T 2042)
Gao-seng zhuan (T 2059)
Si-shi-er zhang jing (T 784)
Qing-wei xian-pu (TT 171)
Jin-lian zheng-zong ji (TT 173).
Jin-lian zheng-zong xian-yuan xiang-zhuan (TT 174)
Qi-zhen nian-pu (TT 175)
Xuan-feng qing-hui lui (TT 176)
Li-shi zhen-xian ti-dao tong-jian (TT 296)
Li-shi zhen-xian ti-dao tong-jian hou-ji (TT 298)
Yi-xian zhuan (TT 299)
Ti-xuan zhen-ren xian-yi lu (TT 594)
Dong-tian fu-di yue-du ming-shan ji (TT 599)
Hun-yuan sheng-ji (TT 770)
Tai-shang Lao-jun jin-shu nei-xu (TT 772)
Nü-qing gui-lü (TT 790)
Gan-shui xian-yuan lu (TT 973)
Zhen-gao (TT 1016)
Tai-ping jing (TT 1101)

Dong-xuan ling-bao san-dong feng-dao ko-jie ying-shi (TT 1125)
San-dong zhu-nang (TT 1139)
Chong-yang zhen-ren jin-guan yu-so jue (TT 1156)
Tai-shang Lao-jun zhong-jing (TT 1168)
Dao-yao ling-qi shen-gui pin-jing (TT 1201)
Dao-fa hui-yuan (TT 1220)
Dao-men shi-gui (TT 1232)
Chong-yang li-jiao shi-wu lun (TT 1233)
Chong-xu tong-miao shi-chen Wang xian-sheng jia-yu (TT 1250)
Dong-xuan ling-bao er-shi-si sheng tu-jing (TT 1407)

b) Andere chinesische Quellen:

Bao-pu zi nei-pian, Edition *Si-bu bei-yao*, Taipei 1966.
Ding Fu-bao: *Fo-xue da ci-dian,* Neudruck Taipei 1974.
Hou-Han shu, Edition Zhong-hua shu-ju Peling 1973.
Hua-yang guo-zhi jiao-zhu, Edition Chengdu 1984.
Huai-nan zi, Edition Shi-jie shu-ju Taipei 1974.
Lao-jun li-shi ying-hua tu-shuo, Chengdu/Qingyang gong 1936. Neudruck Chengdu o.J.
Li Hongzhi: *Zhuan falun,* C.O.S. Printers. Singapur 1999.
Noritada, K.: *Dao-jiao zhu-shen* (chin. Edition), Chengdu 1996.
Shi-ji, Edition Dong-hua shu-ju, Taipei 1970.
Wu Chun-wu: *Tian-shi dao er-shi-si zhi kao,* Chengdu 1996.
Zheng Gu: *Zong-jiao xiao ci-dian,* Taipei 1969.

Register